N. Lafon

Mémoires
secrets et universels
des malheurs et de la mort
de la Reine de France

Elibron Classics
www.elibron.com

Elibron Classics series.

© 2005 Adamant Media Corporation.

ISBN 1-4212-0722-2 (paperback)
ISBN 1-4212-0721-4 (hardcover)

This Elibron Classics Replica Edition is an unabridged facsimile
of the edition published in 1824 by Petit; Pichard,
Paris.

MÉMOIRES

SECRETS ET UNIVERSELS

DES MALHEURS ET DE LA MORT

DE

LA REINE DE FRANCE.

Imprimerie de Mme. V^e. PORTHMANN, rue sainte-anne, n°. 43.

AVIS A MM. LES SOUSCRIPTEURS.

Le petit Portrait qui devait faire Frontispice au présent Volume ne peut paraître avant l'émission du grand Portrait en pied de la Reine, que grave, en ce moment, M. Roger.

MM. les Souscripteurs au présent Ouvrage sont invités à l'attendre, ou demeurent autorisés à reprendre, chez M. Petit, moitié de leur Souscription, moyennant reçu.

MÉMOIRES

SECRETS ET UNIVERSELS

DES

MALHEURS ET DE LA MORT

DE

LA REINE DE FRANCE,

Par M. Lafont d'Aussonne,

Auteur de l'Histoire de Mme. de Maintenon et de la Cour de Louis XIV;

SUIVIS D'UNE NOTICE HISTORIQUE SUR LA GARDE BRISSAC,
ET DE LA LISTE GÉNÉRALE DES SOUSCRIPTEURS AU
GRAND PORTRAIT EN PIED DE LA REINE.

Que deviendra mon Royaume, quand je ne serai plus !...
(Paroles de Louis XIV.)

A PARIS,

CHEZ { PETIT, Libraire, Galeries de Bois, au Palais-Royal,
PICHARD, quai Conty, n°. 5.

ET CHEZ LES PRINCIPAUX LIBRAIRES.

1824.

Préface.

En 1805, je composai une Elégie, ayant pour titre *Marie Stuart, Reine d'Ecosse, prête à monter sur l'échafaud.* L'Académie des Jeux-Floraux, à laquelle j'envoyai cet Hymne *allégorique,* l'accueillit, malgré les circonstances, et le publia dans son Recueil de 1807.

En octobre 1821, je fis paraître une seconde Elégie royale, intitulée *le Crime du Seize Octobre, ou les Fantomes de Marly.* Dans ce Poëme, destiné à célébrer les vertus et l'héroïsme de la Reine, le public remarqua ces vers :

« Le mensonge inhumain poursuivit sa mémoire,
» Et lui dispute encor des cœurs mal affermis :
» Mais le Temps, qui sait tout, va livrer à l'Histoire
» Les noms et le secret de ses fiers ennemis. »

Cette Strophe renfermait l'annonce de l'Ou-

vrage que je publie en ce moment. Je l'ai
écrit avec toute la force de ma sensibilité naturelle, parce que je ne connais rien de plus
émouvant, de plus déchirant, de plus lamentable que l'affreuse destinée de notre Reine.
Elle était l'amabilité même, et elle éprouva
la douleur de se voir haïe et outragée par des
Français. Elle possédait toutes les vertus, et
son acte d'accusation la chargea de tous les
excès et de tous les vices!!!

Quel trésor de bonté renfermait son âme!
Peu d'instans avant de périr, elle écrivit ces
paroles admirables, que ses larmes ont arro-
sées, et que nul intérêt humain ne lui dicta :
*Je pardonne à tous mes ennemis le mal
qu'ils m'ont fait.*

Illustre Princesse, vous aviez des ennemis !!... Méritiez-vous d'en avoir !.... Méri-
taient-ils l'honneur de votre souvenir, et votre
sublime indulgence !

Le Roi Louis-Charles n'existe plus !... hé-

ritier des malheurs de sa Mère, il ne lui sur-
vécut pas long-temps. Prince aimable, si vos
yeux s'ouvraient encore à la lumière du jour,
JE VOUS DÉDIERAIS CET OUVRAGE, non pas à
cause de votre puissance, de vos trésors et de
vos grandeurs, mais parce que vous seriez la
vivante image d'une Reine qui vous transmit
toutes ses grâces, et vous façonna, de bonne
heure, à tous les devoirs, à tous les talens·, à
toutes ses vertus.

Prince aimable, si vous habitiez encore la
terre où nous sommes, vous liriez avec intérêt cet Ouvrage, où j'ai mis des vérités fortes,
et des souvenirs utiles aux Rois.

Je ne veux rien. Je ne demande rien. Un
écrivain ambitieux ne voit pas les choses
comme elles sont : il ne saurait écrire l'Histoire.

Votre estime serait ma récompense. Je ne
vous approcherais pas, ô mon Prince; mais je
contemplerais les actes journaliers de votre sa-

gesse, de votre droiture, DE VOTRE JUSTICE :
et j'aimerais en vous le Fils d'ANTOINETTE,
et un grand Roi.

———————

ERRATA.

Page 205, ligne 18; *lisez :* il fallait passer le Rubicon,
Page 319, ligne 17; *lisez :* il ne la quittera que sur l'échafaud.
Page 328, ligne 17; *lisez :* mourut peu de temps après,
croyant toujours voir les massacres de septembre.

———————

MÉMOIRES

SECRETS ET UNIVERSELS

DES

MALHEURS ET DE LA MORT

DE

LA REINE DE FRANCE.

CHAPITRE PREMIER.

*Naissance de Marie-Antoinette. Son Éducation.
Adieux et derniers Conseils de l'Impératrice
sa Mère.*

L'ADORABLE et infortunée Princesse dont je vais
raconter les malheurs, naquit à Vienne, le 2 no-
vembre 1755, de l'empereur François Ier., et de Marie-Thérèse d'Autriche, impératrice d'Allemagne,
reine de Bohême et de Hongrie.

Je ne rappellerai point les grandes qualités de la

1

reine de Hongrie : l'univers entier les connaît.
Douée de ce génie supérieur et calme qui fait les
grands souverains, elle sut paralyser les efforts des
puissans ennemis de son trône, et rendre heureux
ses innombrables sujets, que son cœur affectueux et
sincère appela toujours *ses enfans*. La mémoire de
cette princesse jouit, dans la vaste Allemagne, du
même culte, de la même vénération que celle du
vertueux Louis XII mérita jadis chez les Français.

Marie-Antoinette, la dernière enfant accordée à
la fécondité de l'impératrice, fut nourrie, et puis
élevée sous ses yeux. Les grâces de sa jeune personne, l'aimable ingénuité de son naturel, ses actes
charmans de compassion et de bonté, lui atta-
chaient, chaque jour, de plus en plus, les dames de
son éducation et son auguste mère; et lorsque la
comtesse de Brandeys, sa grande maîtresse et sa gouvernante, se plaisait à raconter à l'impératrice quelque nouveau trait de sensibilité, glorieux à l'archiduchesse : *N'en parlons plus,* s'écriait la fille des
Césars; *je vais perdre bientôt ce trésor. Je ne l'ai
mise au monde que pour les autres.*

Il n'entre point dans mon plan de rappeler à mon
lecteur la guerre combinée qui réduisit Marie-Thérèse aux dernières extrémités, et qui alluma dans
son cœur cette énergie admirable à laquelle l'Empire
d'Allemagne dut sa conservation et son salut. La
paix la plus glorieuse termina cette lutte opiniâtre;

et Louis XV, après s'être montré, quelque temps, ennemi redoutable, devint ami sincère, et puissant allié. Le duc de Choiseul, son premier ministre, fidèle aux instructions et aux bonnes vues de la marquise de Pompadour, jugea qu'un éclatant mariage cimenterait la nouvelle union des cabinets de France et de Vienne. En conséquence, il demanda Marie-Antoinette pour le duc de Berry, fils aîné du dauphin. L'impératrice-reine s'attendait, depuis long-temps, à cette proposition, que, dans l'intérêt de ses États, elle avait ardemment souhaitée. *J'ai élevé ma fille comme devant être, un jour, Française*, répondit-elle au duc de Choiseul; *et je vous prie de dire au Roi qu'il vient de réaliser toutes mes espérances.*

On envoya auprès de la jeune archiduchesse l'abbé de Vermont, en qualité de précepteur. Cet ecclésiastique, spirituel et de bon sens, termina facilement une éducation à laquelle il ne manquait, tout au plus, que cette instruction minutieuse et de détail, relative aux localités, aux usages de l'intérieur, aux personnages établis, aux convenances imprévues et aux caractères accidentels.

La veille du départ et de la dernière séparation, Marie-Thérèse, très-agitée, fit fermer les portes de son grand cabinet, embrassa plusieurs fois sa fille, sans proférer une seule parole, soulagea l'oppression de son cœur par une grande abondance de

larmes, et lui tint enfin ce discours : « Antoinette,
» mon aimable, ma chère enfant, si j'étais née une
» simple fermière, je pourrais jouir du bonheur que
» ma tendresse méritait : je ne vous perdrais point
» de vue; je vous établirais auprès de moi. Assise
» sur un trône, et ne vivant que pour autrui, je suis
» réduite à m'imposer le plus terrible des sacrifices;
» je donne, je livre ma chère enfant; et je ne la re-
» verrai de mes jours! Antoinette, en passant sur une
» terre étrangère, n'oubliez pas le bon peuple alle-
» mand, qui vous a donné tant de marques d'inté-
» rêt. En devenant la fille du roi de France, ne ces-
» sez point d'aimer cette reine de Hongrie, qui
» vous a élevée sur ses genoux, et qui a besoin de
» tout son courage et de toute sa raison pour vous
» céder à un monarque étranger. Les grandeurs
» sont faites pour vous; le genre de votre beauté,
» tout votre extérieur vous y appelle; mais votre
» ingénuité naturelle, votre candeur, que j'aimais
» tant, sont un défaut chez les maîtres du monde :
» apprenez à vous vaincre à cet égard. Loin de
» moi, séparée de Madame de Brandeys, obtien-
» drez-vous, jamais, un ami sincère et fidèle?.... Ne
» donnez votre confiance intime qu'à votre époux;
» et assurez-vous, encore, de la force de son carac-
» tère. Je vous ai fait lire attentivement les Histo-
» riens où j'ai trouvé ce qui pouvait se rapporter à
» votre nouvelle position. Vous connaissez les im-

» prudences naïves et les grands malheurs de la
» veuve d'Henri IV; les courtisans sont tous jetés
» dans un même moule : ils se ressemblent, dans
» tous les temps.

» Ne faites cas de vos avantages extérieurs, que
» parce que les peuples, et surtout les Français, les
» veulent dans leurs souveraines. Soyez toujours
» compâtissante et miséricordieuse, dussiez-vous
» faire des milliers d'ingrats. La Cour, qui vous ap-
» pelle et vous attend, vous offrira moins de sim-
» plicité que la mienne. Le mouvement donné par
» Louis XIV s'y fait encore sentir, quant à l'é-
» clat, à l'appareil du dehors : mais les mœurs n'y
» sont plus les mêmes..... L'abbé de Vermont sera
» votre guide en tout. N'approuvez que par bien-
» séance; n'estimez que par probité. Aimez Louis XV,
» qui sera votre roi, votre père. Il fut mon ennemi,
» pour ne pas contrarier ses ministres.: il s'est fait
» mon allié, par sagesse et par inclination. Attachez-
» vous à lui faire chérir de plus en plus mon alliance:
» si vous lui convenez, le cabinet de Vienne lui
» conviendra.

» Écrivez-moi souvent; j'arroserai vos lettres de
» mes larmes. Je n'écris point comme la marquise
» de Sévigné, mais vous êtes plus parfaite que sa
» chère fille, et je vous aime autant qu'elle l'aimait.

» Ne vous prononcez sur rien, tant que la France
» conservera Louis XV. Si vous cessiez, un jour,

» d'être dauphine, faites qu'on n'aperçoive point
» la reine : leur *loi salique* ne veut qu'un roi.

» L'extrême timidité du dauphin me donne déjà
» de l'inquiétude : rappelez, citez souvent les grands
» exemples : faites que votre époux sente, pense et
» agisse en roi. Tous les archiducs vos frères vous
» chérissent; restez unis dans tous les temps. Cette
» union fera votre force, et aucun de vous n'en
» abusera. Adieu, ma fille; laissez couler vos larmes
» sur les joues de cette tendre mère à laquelle vous
» ressemblez tant. Puissiez-vous n'éprouver jamais
» les tristes agitations de sa vie! mais, dans tous les
» cas, rappelez-vous que le courage est la vertu
» obligée des princes, qu'il les sauve toujours de la
» honte, et presque toujours du péril. »

Tels furent les sublimes conseils de Marie-Thérèse.

Le lendemain, la dernière séparation eut lieu dans
les formes accoutumées. L'impératrice, malgré la
fermeté extérieure de son maintien, paraissait avoir
répandu beaucoup de larmes; et lorsqu'il fallut en
venir aux derniers embrassemens, ce furent des cris
et des sanglots, et chez la mère, et chez la fille.

Toute la population de Vienne suivit les carrosses
de l'archiduchesse jusqu'aux limites de la banlieue;
et, après l'avoir comblée de marques de tendresse,
et de respectueuses bénédictions, les Allemands
recommandèrent à Dieu la conservation de leur ar-

chiduchesse bien-aimée, à peine âgée de quatorze
ans.

Je ne retracerai point ici l'itinéraire de la dauphine, il est écrit partout. Je dirai seulement qu'elle
voyait avec une sorte de terreur approcher le moment où ses pas ne fouleraient plus les territoires de
sa mère. Lorsqu'on lui montra la colonne de démarcation, et qu'elle se vit sur le point de dépasser les
frontières impériales, la pâleur de la mort se répandit sur son visage. Elle prononça le nom de l'impératrice, et s'écria douloureusement : *Je ne la verrai
plus!*

Princesses à jamais illustres et par le cœur et par
l'esprit, vous vous êtes tendrement aimées sur cette
terre de profanation, où les belles âmes sont si rares.
Vous méritiez de n'être point séparées durant la vie :
l'éternité vous réunit en ce moment. Le siècle qui
vient de finir, témoin de vos malheurs et de vos
nobles vertus, vous a décerné la couronne triom-
phale. Et, désormais, et, dans tous les temps, vos
noms seront plus glorieux et plus révérés que les
noms de tous les Césars vos aïeux, et que les noms
de nos plus grands hommes.

CHAPITRE II.

*Le Roi Louis XV et sa Cour viennent au-devant
de la Dauphine.*

TOUTES nos villes, depuis la frontière jusqu'à Versailles, rivalisèrent de magnificence et de goût, pour
recevoir dignement la fille de Marie-Thérèse. On admira partout son aisance majestueuse et ses grâces
pleines de bonté. Les jeunes étudians d'une ville de
Champagne, croyant faire le mieux du monde, la com-
plimentèrent en vers latins. Quel fut leur étonnement
et celui de leurs professeurs, lorsqu'on entendit l'archiduchesse répondre, en latin, ces paroles aimables:
*Je réponds en latin, pour me conformer à votre
belle harangue ; mais, aujourd'hui, la langue française est celle qui plaît davantage à mon cœur, devenu français pour toujours. Je quitte avec bien du
regret les bons parens dont j'étais si chérie. Les
vôtres vous voient et vous accompagnent : qu'ils
sont heureux ! que vous êtes heureux !*

À Strasbourg, la jeune princesse eut une réception
des plus brillantes, que vint traverser un violent chagrin. Les personnes de sa maison qui l'accompagnaient
depuis Vienne, et qu'elle comptait amener, pour la

plupart, à Versailles, lui furent retirées tout-à-coup;
et elle se trouva comme seule et perdue, au milieu
d'une suite nouvelle qu'elle ne connaissait pas. Logée
au palais du cardinal-évêque, on la voyait fondre en
larmes pendant ses repas, qui, servis avec magnificence, ne captivaient pas même son attention. Ses
beaux yeux se portaient sur sa cuillère d'or, dont elle
paraissait observer la forme, et elle répondait, poliment, des monosyllabes au vieux cardinal de Rohan,
placé à l'autre bout de la table, pour en faire les honneurs.

La ville de Strasbourg choisit vingt-cinq demoiselles,
de l'âge de quinze à vingt ans, toutes belles ou jolies,
et dignes, par leur éducation et leurs manières, d'être,
un moment, ses compagnes d'honneur. Ce cercle
inattendu plut beaucoup à la dauphine, qui parla,
tour-à-tour, avec ces demoiselles, et l'allemand et le
français. L'une d'elles, par la vivacité de son esprit,
mérita sa bienveillance particulière. Elle improvisa
quelques vers allemands qui charmèrent la princesse,
et qui, cependant, lui prédisaient, en quelque sorte,
des malheurs!..Marie-Antoinette voulut emmener cette
jeune flamande à Versailles, pour faire sa fortune, et
ne put l'obtenir de ses parens.

Louis XV, accompagné de sa famille et de toute sa
cour, alla jusqu'au château de Compiègne pour recevoir cette belle-fille, qu'il avait été sur le point de demander pour épouse, dix mois auparavant.

En apercevant ce monarque, l'archiduchesse ne
consulta que son devoir et que son cœur. Elle mit pied
à terre, s'avança rapidement vers son père adoptif,
et se précipitant à ses genoux, lui baisa la main. Le
roi, laissant couler des pleurs, la releva avec tendresse, lui présenta M. le dauphin et ses deux frères,
lui témoigna la joie qu'il éprouvait, en la voyant plus
belle encore et plus aimable que ne l'avait dit la renommée, et la fit monter dans son carrosse, au bruit de
l'artillerie, et des applaudissemens de ses sujets.

En arrivant à Saint-Denis, l'archiduchesse demanda
qu'il lui fût permis de voir Madame Louise, prieure
des Carmélites, dont elle possédait le portrait. Toute
la Cour apprécia cette louable attention de la part
d'une si jeune princesse, et l'on jugea, dès-lors, que
le noble bon sens de la maison d'Autriche brillerait
un jour au milieu des autres qualités d'une excellente
reine. Madame Louise aima sa nièce en la voyant.
Leur union, fondée sur l'estime, s'est accrue avec les
années. Les dames de Saint-Denis, qui ont survécu
en bien petit nombre, se rappellent encore avec délices les heureux momens passés en présence de leur
Souveraine, qui, jeune et adorée de sa cour, s'échappait, régulièrement tous les trois mois, du palais de
Versailles, pour venir dans ce monastère, embrasser
sa tante, lui montrer les progrès de ses enfans, et puiser dans sa conversation judicieuse, des conseils ou
des avertissemens, des consolations ou des espérances.

CHAPITRE III.

Fêtes du Mariage. Premières agitations.

———————

LES fêtes du nouvel himénée, conformes à la brillante étiquette de Versailles, furent d'une magnificence extrême ; et Louis XV, au risque de déplaire à quelques turbulens de cour, se prononça dans cette occasion, pour l'illustre et antique maison de Lorraine.

La princesse Charlotte, fille du comte de Brionne, et sœur du prince de Lambesc, avait été désignée pour l'un des quadrilles des princes du sang. Cette jeune et belle personne, connue à la cour sous le nom de *Mademoiselle de Lorraine*, était parente de la dauphine, et à tous égards méritait une flatteuse distinction. Les femmes de quelques ducs et pairs se récrièrent, et finirent par déclarer que ni elles, ni leurs époux, ni leurs enfans ne paraîtraient aux fêtes du mariage.

Le Roi, de sa propre main, écrivit à ces familles trop difficiles. Il leur demanda comme cession de complaisance, ce qu'il pouvait ordonner, dans son palais. Marie-Antoinette ressentit vivement une attaque si précipitée, et ce fut contre cette minutieuse exigeance de *l'étiquette* qu'on la vit se prévenir, dès ce moment-là.

Après les fêtes de la Cour vinrent les réjouissances de la Ville : réjouissances qui, par l'imprévoyance d'un magistrat, se convertirent en une époque de désolation, de gémissemens et de funérailles.

Le feu d'artifice de la place Louis XV ayant réuni une immense population sur ces grands espaces trop peu surveillés, les filoux tendirent des cordes, et, puis, firent naître un tumulte et une fuite générale, en poussant des cris de terreur et de suffocation. Dans ce désordre toujours croissant, plus de trente mille citoyens périrent, écrasés, déchirés, exterminés les uns par les autres.

La dauphine versa bien des larmes en apprenant, le lendemain, à Versailles, l'immense consternation des Parisiens. Elle et son jeune époux envoyèrent au lieutenant-général de police des sommes considérables pour les blessés, pour les veuves et les orphelins, et renouvelèrent ces marques d'intérêt et de compassion plusieurs fois dans la même année.

CHAPITRE IV.

La jeune Dauphine et son Époux.

La suppression rigoureuse des Jésuistes avait perdu le duc de Choiseul dans l'esprit de feu M. le dauphin. Ce prince, ami de la justice et des bonnes mœurs, regardait la congrégation de Loyola comme le véritable rempart de la religion et de la monarchie; et toutes les imputations faites et prodiguées aux Jésuites n'avaient ni altéré son estime, ni effleuré sa conviction. Les longs et précieux services rendus à Louis XIV par ce corps enseignant, qui voyait tout, qui savait tout, et qui mettait au premier rang de ses devoirs l'obligation d'avertir et de sauver le monarque, ces titres incontestables, et tout-à-coup méconnus, ne pouvaient s'effacer de même dans le cœur reconnaissant du dauphin. Il pleura le corps illustre tombé sous la massue ministérielle, et l'on vit sa santé brillante se faner et s'affaiblir de jour en jour. Sa mort, à laquelle M. de Choiseul n'eut aucune part, fut injustement attribuée à ce ministre; et l'aîné des jeunes princes ne repoussa point assez, peut-être, les bruits que répandait la malignité.

L'archiduchesse Marie - Antoinette, appelée en France par M. de Choiseul, ne put lui exprimer librement sa reconnaissance, et bientôt elle vit ce puissant personnage tomber sous les coups de ses ennemis audacieux.

Le duc de Berri, nouveau dauphin, était guidé secrètement par Mme. Adélaïde, sa tante. Mme. Adélaïde, depuis long-temps contraire aux volontés de M. de Choiseul, n'avait point approuvé le mariage avec une Autrichienne ; et dès les premières nouvelles de cet himénée, elle avait rempli d'alarmes et de méfiance l'esprit docile de son Neveu.

Le Prince trouvait sa jeune épouse belle et charmante ; mais elle était fille de Marie-Thérèse, princesse habile, *ancienne ennemie des Français* : dès-lors, elle ne devait être pour lui qu'une agréable dame de compagnie, et jamais la dépositaire de ses confidences, de ses projets.

Madame Campan, mal instruite du fond des choses, a déclaré dans ses *Mémoires*, que Louis XVI, les six premières années de son mariage, n'éprouva aucun sentiment d'amour pour la jeune compagne de ses destins, et qu'il poussa long-temps l'indifférence jusqu'à s'endormir auprès de son épouse, sans se douter qu'il fût son mari. Madame Campan a voulu, par ce trait, avilir et déshonorer Louis XVI.

Ce passage de son livre a contristé bien des lecteurs. Je vais, en peu de mots, rétablir les faits; je m'y vois contraint, pour la satisfaction des hommes sincères, et pour attester que la reine Marie-Antoinette obtint l'amour et la vive affection de son époux, aussitôt qu'elle parut devant lui ornée de ses grâces naturelles, de sa physionomie distinguée, de son enjouement et de son esprit.

Louis XVI était né bien constitué. Son organisation physique était si parfaite, que peu d'hommes ont eu, sous son règne, la force robuste qu'il se plaisait à laisser voir.

Une légère imperfection contrariait, néanmoins, l'état de ce prince venu au mariage. Sa pudeur excessive l'empêcha long-temps de confier une pareille circonstance à ses médecins. Il fallut que son confesseur le lui ordonnât. Il parla ingénûment. Alors, une rapide et sûre opération consola la nature, et le jeune successeur de Henri IV vit, à son tour, naître ses successeurs.

CHAPITRE V.

La Dauphine et Louis XV.

L'ARCHIDUCHESSE Marie-Antoinette n'était âgée
que de quatorze ans et cinq mois, lorsqu'elle épousa
le duc de Berri, nouveau dauphin de France.
Louis XV aima sa belle-fille en la voyant pour la première fois. Et pouvait-il ne pas aimer une jeune personne douée de tous les agrémens, qui ne songeait
qu'à mériter sa faveur et à lui plaire! *Comment trou-
vez-vous la dauphine?* Telle était la question que
faisait le Roi pendant plusieurs jours.

Cette dauphine, assurée de plaire, n'en fut que
plus aimable; et Louis XV, naturellement triste et
mélancolique, ne reprenait sa sérénité qu'en la
voyant. Il n'avait connu qu'imparfaitement Louis XIV,
et toutefois il tenait au cérémonial des cours et de la
grande étiquette, presqu'aussi sévèrement que son
Aïeul. Un matin, Madame la dauphine, en négligé,
entre gaîment dans son cabinet, vient à lui, et lui présente son front pour recevoir le baiser d'usage. *Mon
papa,* lui dit-elle, *il me tardait de vous voir. Je*

viens vous demander la permission de paraître, au-
jourd'hui, devant vous, en deshabillé du matin.

Louis XV l'embrassa en riant, et dit, en se tournant vers les seigneurs: *J'aime bien qu'on demande*
la permission, quand on l'a déjà prise.

Peu de jours après les fêtes du mariage, le Roi se
promenait avec sa belle-fille dans les jardins de Versailles, dont il lui montrait les curiosités. Arrivés à une
rampe élevée et difficile, Louis XV, au lieu d'un perron, n'aperçut que des pierres en ruine. Il passa le
premier, et puis donna la main à la dauphine, qui s'é-
lança légèrement. «Je vous demande bien pardon,
» ma fille », lui dit le monarque, aussitôt : «De mon
» temps, il y avait ici un beau perron de marbre ; je
» ne sais ce qu'ils en ont fait.» — «Comment, de *votre*
» *temps*», reprit la jeune Étrangère avec un sourire ;
» est-ce que vous n'êtes plus Roi, mon papa ?»

Louis XV rougit, et on parla d'autre chose. L'abbé
Terrai s'empressa de rétablir le perron.

CHAPITRE VI.

Madame du Barry.

———

MADEMOISELLE DE ROMANCE, fille d'un conseiller au parlement de Rouen, était douée d'une beauté remarquable; mais son esprit n'était pas au niveau de son ambition. Elle eut un fils, que le roi ne consentit à légitimer qu'à la condition qu'il serait d'église. Sa beauté extraordinaire a causé sa perte. On l'appelait l'abbé de Bourbon.

La jeune comtesse du Barry succéda à Mademoiselle de Romance; on a parlé d'elle avec trop d'amertume; et l'abbé Delille, je ne sais pourquoi, l'a outragée dans son poëme de *la Pitié*, destiné aux âmes compâtissantes. Madame du Barry, âgée de dix-huit ans, fut conduite à la cour, et donnée à un roi sexagénaire, qu'elle égayait, qu'elle faisait rire, et jamais aux dépens d'autrui.

Les ennemis du duc de Choiseul, devenus maîtres de sa personne, voulurent l'exciter contre Madame la dauphine. La comtesse, prudente quoique ingénue, répondit toujours : *Je la trouve si aimable !.... Elle porte mes modes avec plaisir.*

La dauphine, pénétrée de reconnaissance pour les bons procédés de la favorite, et d'un tendre respect pour le Roi, ne se permit, à son tour, aucune improbation, aucune réflexion contre le rôle de la comtesse. Et lorsqu'on lui demanda trop ouvertement ce qu'elle pensait de Madame du Barry, Marie-Antoinette, âgée à peine de quinze ans, répondit sans détour : *Elle est charmante !*

Après la mort du Roi, Madame du Barry, reléguée dans un couvent de province, et dépouillée de l'administration de ses revenus, écrivit à la jeune Reine une lettre pleine de naturel et d'abandon, qui toucha vivement cette princesse. Malgré l'aversion du nouveau Roi pour le nom que portait la comtesse, Marie-Antoinette sollicita des adoucissemens à sa captivité, et peu à peu sut obtenir sa grâce et la restitution de Lucienne, son domaine favori. Ce noble bienfait inspira une si profonde reconnaissance à Madame du Barry, que dans les jours affreux qui suivirent, elle s'exposa mille fois pour la cause sacrée de la Reine, et qu'elle perdit la vie pour avoir porté son deuil et celui du Roi. (Dans les Notices qui terminent cet ouvrage, on trouvera la lettre de la comtesse du Barry à la Reine, et les détails relatifs à son trésor, qu'elle destinait à nos princes.)

CHAPITRE VII.

Commencemens du règne de Louis XVI.

Louis XV, fils du duc de Bourgogne, était monté
sur le trône, à l'âge de cinq ans, par la mort de
Louis XIV, son bizaïeul, chargé d'années. La vaste
impulsion donnée aux affaires, sous le règne glorieux de Louis le Grand, avait continué d'agir sur
l'administration de son successeur, avec cette différence, toutefois, que Louis le Grand n'assemblait
son conseil que pour connaître et comparer les opinions, tandis que son successeur abandonnait toutes
les hautes décisions d'état à la majorité des suffrages.

Esclave respectueux de toutes les traditions mo-
narchiques, Louis XV s'était déclaré, par conviction, le continuateur de Louis XIV. Mais l'arrière-
petit-fils n'avait de son bizaïeul que le goût général
de la grandeur, et une représentation noble et
royale. L'amour du bien était dans son cœur; l'a-
mour de la gloire et la patience du travail ne domi-
naient pas dans son caractère. Voluptueux par tem-
pérament, amolli par les jouissances, Louis XV
tomba, de bonne heure, dans les ennuis de la sa-

tiété; et comme les soins d'un vaste Empire sont au-dessus d'une âme énervée, il voulut confier à ses ministres ce que Louis le Grand s'était chargé de faire, à lui seul, jusqu'au tombeau.

En 1774, lorsque Louis XV mourut, la France, accablée d'impôts, et privée de ses parlemens véné-rables, n'était plus qu'un sombre théâtre d'inquié-tudes et d'agitations. La mort du roi fut reçue en tous lieux avec les transports d'une indécente allégresse; et le corps de ce prince, porté en poste à St.-Denis, n'éprouva que des railleries ou des malédictions sur son passage.

Les ministres avares et absolus qui venaient de tout ravager, de tout détruire en son nom, reçurent des lettres d'exil, signées par Louis XVI, et les par-lemens tutélaires furent rendus aux vœux ardens et aux besoins du peuple français.

Louis XVI n'avait que 20 ans lorsque Dieu lui commanda de prendre le sceptre en main et d'ac-cepter la couronne de ses ancêtres.

Il était né bon, équitable, vertueux : il desira faire à ses sujets tout le bien possible.

Il était né simple, timide, irrésolu : il comprit aussitôt que le bien lui serait impossible à faire; et il s'affligea d'être roi.

Le comte de Maurepas, fils d'un Pontchartrain, devint aussitôt son premier ministre. Sous la con-duite de cet homme ingénieux plus qu'habile, on

vit la confiance renaître, et l'ordre et la paix se rétablir en tous lieux.

La France, alors, était la nation la plus facile à
gouverner de la terre. Distribuée en classes diverses,
qui, toutes s'appréciaient et chérissaient leur sort,
la grande famille aimait à s'occuper de ses affaires
personnelles, et laissait volontiers au monarque l'examen de l'ensemble et le soin général de l'État.

Lorsqu'une brillante succession, ou les longs
profits d'un commerce, ou les rapides prospérités
d'outre-mer, avaient apporté l'opulence dans une
famille particulière, cette famille s'élevait, d'elle-
même, par quelque magistrature, jusqu'à la sphère
des patriciens. Nulle intrigue, nulle basse adulation,
nul moyen contraire à l'honneur ne venait souiller
le premier élan de ces origines. Et sans trouble,
sans commotion, sans préférence injuste, sans passe-
droits, l'État voyait tous ses tribunaux constamment
remplis, toutes ses magistratures bien composées,
la masse indispensable de sa noblesse toujours au
complet ; et, semblable au vaste corps de la nature,
qui, par une invisible et secrète action, se répare et
s'entretient sans cesse de lui-même, le corps politique de l'État marchait constamment vers sa perfection, par le travail occulte et bien ordonné de ses
rouages.

La jeune Reine et son époux furent aimés du peuple
avec idolâtrie. On leur sut gré de tout le mal qu'ils

avaient proscrit ; de tout le bien qui résultait déjà de leur probité ; de toutes les améliorations que promettait leur modestie et leur sagesse.

Marie-Antoinette, par désintéressement, refusa le don précieux que, de temps immémorial, la nation offrait à ses reines ; et, par humanité, Louis XVI renonça de même au subside connu sous le nom du *joyeux avénement.*

1776. M. Turgot, adoré dans son intendance, fut appelé au ministère, parce que l'opinion publique lui destinait déjà cet emploi. M. Turgot, désirant faire sa cour aux novateurs encyclopédistes, supprima les corvées, favorables au gouvernement, mais gênantes pour les campagnes. Cette suppression désirée fit bénir le nom du jeune roi.

Deux ans après, M. Necker, génevois, né avec le génie financier, et devenu l'un de nos banquiers les plus opulens par l'effet de ce même génie, fut appelé au contrôle-général des finances, c'est-à-dire au véritable timon de l'Etat. Son coup-d'œil pénétrant se rendit bientôt familiers les nombreux et obscurs détours du labyrinthe. Il fit cesser beaucoup de gaspillages et de rapines. Il rendit la joie aux rentiers et la sécurité aux créanciers de l'Etat. Il paya les divers arriérés ; il mit le trésor au courant ; il exécuta des économies. Et le monarque, cependant, faisait la guerre à l'Angleterre, en protégeant à force ouverte l'insurrection des Etats-Unis.

A la cour, et partout, l'aspect d'un homme supérieur est un suplice pour l'infériorité et pour
l'envie. Le vieux comte de Maurepas, bien servi mais
un peu éclipsé par M. Necker, entreprit de l'embar-
rasser dans sa marche, et lui suscita, secrètement,
des antagonistes et des contrariétés.

Le contrôleur-général, par économie, n'approuvait
pas une opération que favorisait et défendait opiniâ-
trement le ministre de la marine : ce ministre (Sar-
tine) avait déjà pour lui M. de Maurepas. Le contrôleur-général, réduit à se défendre dans un mémoire,
remit ce mémoire au jeune monarque, et le Monarque, se défiant de ses propres lumières, renvoya
l'écrit à son Conseil.

En sa qualité de Calviniste, M. Necker ne pouvait
entrer de sa personne au Conseil du Roi. Il demanda
qu'il lui fût permis d'y paraître enfin, pour y expliquer ses vues, et répondre à son adversaire en
combattant ses erreurs ou ses opinions.

Rien n'était plus sensé, rien n'était plus juste que
la demande du contrôleur-général. Le Roi, pour
plaire au vieux Maurepas, accorda *les Entrées de la
Chambre* que ne demandait pas son ministre des
finances, et lui refusa l'entrée au Conseil, qui lui était
d'une indispensable nécessité.

Le contrôleur-général, humilié par une semblable
décision, donna sa démission et rendit le porte-
feuille. Ce malheur arriva en l'année 1781 ; et c'est à

ce funeste événement que se rattachent toutes les calamités de la France.

M. Necker publia son Compte rendu, présenté au roi. Dans cet écrit, nos pères virent avec douleur que la vanité, que la médiocrité venaient d'ôter les finances à un homme incomparable, à un ministre assez habile pour avoir, en moins de quatre années d'une guerre éclatante,, fermé toutes les plaies de l'Etat, et porté le revenu public à VINGT-SEPT MILLIONS au-dessus de la dépense.

La Reine était bien jeune à cette époque; cependant, après avoir lu le Compte rendu, qu'elle voyait dans les mains de tout le monde, elle dit ces paroles charmantes : « Le Roi ne saurait contredire M. de » Maurepas ; mais il est incapable d'avoir voulu of- » fenser M. Necker : j'espère que ce ministre nous » reviendra. »

Le vieux Maurepas termina, peu de temps après, sa trop longue carrière ; le Roi ne rappela point M. Necker.

M. Joly de Fleury (du Grand-Conseil) et le président d'Ormesson lui succédèrent. L'un et l'autre étaient sans talens ; ils devinrent involontairement la proie des intrigans et des subalternes. Les emprunts se multiplièrent, et dépassèrent bientôt un milliard. Le parlement, témoin judicieux de tout ce désordre, s'en plaignit par des remontrances *secrètes;* les nouveaux ministres reconnurent bientôt, eux-mêmes, qu'ils s'étaient mis sur le bord d'un volcan.

CHAPITRE VIII.

Etat de la Cour après la mort de Louis XV.

Si la Reine, entraînée par sa grande jeunesse et les conseils pernicieux de quelques familles insatiables, avait contribué, comme elle en fut accusée, à l'épuisement du trésor royal, je la plaindrais d'une facilité si dangereuse à l'Etat, et si funeste à elle-même ; je déplorerais la triste condition des grands de la terre, qui ne peuvent obtenir des approbateurs et des amis qu'à prix d'or ; et je n'en accuserais pas moins de barbarie et d'impiété les infâmes dilapidateurs, qui, s'affichant tout-à-coup pour des réformateurs austères et des prédicateurs de sagesse politique, ont pris sur eux de mettre en jugement et de punir une princesse dont ils avaient sollicité, peut-être, et obtenu des secours secrets et des charités.

Non, la Reine jamais ne se rendit coupable de prodigalités et de dissipations. Née avec un grand fonds de discernement et de prudence, elle se fit remarquer, en arrivant au milieu de nous, par la modération de ses desirs et le peu d'exigence de ses fantaisies. Les quatre années qu'elle fut dauphine, la

cour ne vit en elle que douceur, modestie et bonté.
Sa figure charmante se passait aisément d'atours, et un
nœud de ruban dans sa chevelure enfantine, un simple collier de perles, deux bracelets semés de papil-
lons ou de fleurs, la rendaient aussi belle et aussi
brillante que la favorite couverte d'or et de diamans.

Avant la mort de Louis XV, sa maison fut tenue et
administrée sur le même pied de représentation et
de dépense que la maison de la dauphine *de Saxe;*
et l'archiduchesse d'Autriche était encore si jeune,
que sa dame d'honneur, la duchesse de Noailles, dé-
cidait rondement sur toutes choses, et ne songeait
pas même à pressentir ses goûts ou ses volontés.

Après la mort de Louis XV, la maison de la jeune
Reine fut montée sur le même pied que la maison de
la reine Lekzinska. La même somme fut affectée aux
vêtemens et aux atours; la même somme au service et
aux officiers. La cassette particulière, malgré l'énorme
changement survenu dans les valeurs, demeura fixée
à quatre cent mille livres par année, comme aux
règnes de Louis XIV et de son successeur; et ce ne
fut qu'à la naissance du premier dauphin (1781),
que le Roi voulut augmenter de deux cent mille francs
la cassette de son épouse.

Marie-Antoinette, en acquérant de l'expérience,
démêla quelques dépenses inutiles dans son intérieur, et aperçut aussi, à n'en pouvoir douter, cer-
taines exagérations sur plusieurs comptes de ses four-

nitures. Elle amena insensiblement une administration plus régulière, et les intéressés à ces nombreux
désordres la taxèrent de minutie ou de dureté. Equi-
table et généreuse, elle ne voulut jamais oublier que
presque toutes les personnes de sa maison avaient
chèrement acheté leurs emplois, leurs offices; et cette
excellente princesse indemnisa, par d'honorables
gratifications, ce qu'elle avait le droit de punir comme
bénéfices trop illicites.

Sa belle âme ne pouvait souffrir les infidélités et
les voleries; mais cette belle âme éprouvait le noble
besoin de donner. Les vieillards, les petits enfans
étaient le continuel objet de son attention et de ses
sollicitudes. Un jour, se promenant seule avec le Roi,
dans le parc silencieux de Versailles, elle vit passer
auprès d'elle un jeune garçon de huit ou neuf ans,
qui, dans une marmite de faïence, portait des débris
de pain et de viandes, et cheminait en hâtant le pas.

De la main qui lui restait libre, cet obscur voyageur
salua la reine et le roi. « Mon petit ami, lui dit la fille
» de Marie-Thérèse, où vas-tu ? Comment t'appeles-
» tu ? » — Je me nomme Joseph, répondit la voix
ingénue; j'apporte cette nourriture à mon père, qui
demeure hors de ces bois, passé Trianon. — « Etes-
» vous beaucoup d'enfans, chez papa ? Avez-vous
» encore votre mère ? » — Nous sommes cinq enfans; papa est vieux, maman est morte. — « Pauvre
» petit, lui dit la Reine, viens; prends ce louis d'or

» que je te donne ; apporte-le de suite à ton père ; et
» prie le bon Dieu pour le Monsieur et pour la Dame
» que tu rencontres sur ton chemin. » Joseph, dans
l'admiration, salue ses bienfaiteurs sans les connaître,
et, reprenant sa marche aisée, se dépêche de gagner
la maison.

Les deux promeneurs le suivirent, pour ne pas
ignorer son habitation, et ils y arrivèrent presqu'aussitôt que lui. Arrêtés en dehors, auprès de la cabane,
ils entendirent la voix du père, que cette pièce d'or
venait de mettre en allarme, et qui ne savait s'il devait se réjouir ou réprimander son enfant.

« Ne repoussez point votre fils, dit aussitôt Louis
» XVI à ce père de famille : c'est nous qui l'avons
» chargé de vous apporter cette pièce d'or. Joseph a
» toute la physionomie d'un honnête homme : aimez-
» le bien, il ne vous a point trompé. »

» Il nous a dépeint votre malheur, ajouta la Reine,
» de manière à nous y intéresser vivement. Joseph
» nous plaît, nous nous chargeons de lui ; et, pour
» récompenser votre probité respectable, nous se-
» rons les bienfaiteurs de vous et de vos enfans. Mes
» chers amis, remerciez la Providence : le bon Roi
» Louis XVI vous visite aujourd'hui dans votre
» maison. »

A ces paroles, le pauvre cultivateur reconnaît ses
princes, et veut se prosterner à leurs pieds. Le Roi le
relève, cause avec lui de sa position, de ses besoins,

et ne le quitte pas sans lui avoir prouvé que son aimable Joseph a changé pour toujours la face de ses
affaires.

Le trait de bienfaisance et de commisération que je
viens de rapporter ici, n'étonnera certainement pas
les anciens habitans de Versailles. Il leur en rappellera beaucoup d'autres, d'une aussi touchante simplicité. Il leur rappellera l'aimable affabilité de Marie-
Antoinette pour tous les jolis enfans qui s'offraient à
sa vue sur son passage, et les caresses gracieuses
qu'elle leur prodiguait involontairement.

La première année de son règne, elle fonda un
hospice à Versailles, pour un certain nombre de
femmes âgées, de toute province et de toute condition.

En 1778, à ses premières relevailles, elle fonda
un asile semblable, pour les pauvres femmes en cou-
ches, soit de Versailles, soit des lieux voisins.

Les libellistes n'ont jamais parlé de ces deux hos-
pices vénérables ; mais, en revanche, ils ont dépeint
avec amertume et fureur la toilette de cette princesse
et l'extrême richesse de ses atours.

La Reine, je dois en convenir, se fit universelle-
ment remarquer par tout son extérieur, rempli de
grâces. Fidèle à sa naissance, fidèle à son rang, fidèle
aux nobles convenances du trône, elle ne parut jamais aux regards des Français qu'avec cet éclat majestueux, dont le prestige est une puissance, et dont

l'attrait lui soumettait les cœurs. La coupe extraordinaire de sa figure, la perfection de son regard et de
sa physionomie, la dignité de son maintien, l'aisance
inexprimable de ses manières, lui méritaient d'abord
un tribut général d'admiration ; et lorsqu'aux grands
jours d'apparat, elle joignait à tous ces avantages victorieux, la pompe de ses vêtemens et les magnificences de sa parure inimitable, on peut dire qu'elle
formait, à elle seule, un spectacle digne des hommes
et des dieux.

Tout autre qu'elle eût fait tourner tous ces hommages au profit de sa vanité.... Marie-Antoinette ne
consentait *à être belle*, que par obligeance. Elle ne
songeait à plaire au public que pour en être aimée ; et
elle ne souhaitait d'être aimée que pour amener tous
ces cœurs au Roi.

Personnellement, par goût de caractère et d'ins-
tinct, cette princesse affectionna toujours la vie
privée, l'existence de la nature, si opposée à la représentation et aux grandeurs. Mais le Roi son époux les
fuyait aussi, de toute la force de son aversion, ces représentations trop assujettissantes, que réclamait pourtant son autorité. Marie-Antoinette, voulant tout con-
cilier, s'imposa courageusement une si fréquente ser-
vitude ; elle tint sa cour avec intelligence, avec dignité.
Ne pouvant se résoudre à tyranniser un caractère
qu'elle respectait, elle montrait du moins, à sa cour,
l'épouse du monarque ; et tous les placets accueillis

par ses mains charmantes étaient bien assurés de ne pas tomber dans l'oubli. Quel règne eût jamais été comparable à celui de Marie-Antoinette, si le sceptre de Blanche de Castille eût jamais passé en ses mains.

L'affreuse envie et la méchanceté n'émettront pas, j'en suis sûr, le même suffrage ; mais la justice et la sincérité prononceront, à cet égard, la même opinion que moi. Qu'ils vieillissent accablés d'infirmités et du mépris public, ceux qui, foulant aux pieds toute pudeur, ont dénaturé les nobles actions et les bons sentimens de cette Reine, pour l'avilir dans l'esprit de la multitude et lui ravir une considération qui faisait crouler leurs desseins ! Trente années d'agitations publiques et de malheurs ont suivi le jour nébuleux qui la vit entrer dans sa tombe. Le soleil de vérité se lève enfin sur cette tombe solitaire ; et Dieu permet que la candeur et l'innocence ayent aussi leur tour.

Par l'effet de ce naturel simple et vrai qui savait chérir la nature, Marie-Antoinette aimait la campagne et ses habitans. Eloignée, par sa position, de ces objets qu'elle croyait plus près du bonheur, elle s'en rapprochait par l'imagination et par l'espérance.

Les opéras qu'elle affectionnait le plus étaient ceux où dominait une action champêtre : le joli drame de *Nina* lui fit verser bien des pleurs. Dans ses appartemens, on ne voyait ni tableaux d'histoire, ni de batailles : et elle disait elle-même avec abandon : « Ne mettez que des fleurs, des paysages et des Vateaux. »

Pénétrée de respect pour la mémoire de Louis XIV, elle aimait son Versailles, et approuvait jusqu'à ses imperfections; mais Versailles était à ses yeux un costume de cérémonie, et son cœur lui demandait sans cesse un hameau. Elle distingua le Petit-Trianon, commencé par Louis XV, et elle pria le Roi de lui donner ce joli séjour. Quelle fut sa joie lorsqu'après sa première couche, elle obtint cette légère propriété!

On a calomnié Trianon, comme on a calomnié sa Maîtresse. Trianon, vu de près, m'étonna beaucoup, je l'avoue, lorsque j'y fus admis pour la première fois. Mes yeux s'attendaient à y trouver prodige sur prodige, enchantement sur enchantement.... Et mes yeux, bien surpris, n'y trouvèrent que ce qu'ils avaient rencontré partout ailleurs. Une chaumière principale, à deux étages, servis par un escalier en plein air, comme en Savoie ou dans les Treize-Cantons. De jolies petites cabanes, semées au hasard sur les bords d'un lac romantique. Un agréable moulin, presque toujours en activité. Quelques ruines attendrissantes. Des rochers, des ponts, dans le genre anglais. De grands arbres, comme aux déserts du Nouveau-Monde; des gazons aussi purs que les gazons d'Abel. Voilà ce que m'offrit ce Trianon si renommé, pour l'expiation duquel on a fait mourir une Reine!

Tous les jardins anglais, voisins de la Capitale, avaient occasionné bien plus de dépenses; et les connaisseurs n'auraient pas accepté Trianon, en

3

échange du Raincy, de Morfontaine ou d'Ermenonville.

A Marly, Louis XIV, autrefois, ne déposait qu'une
très-faible portion de la pompe et de la majesté royale.
Entouré de dames et de seigneurs, tous étincelans
d'or et de pierreries, il ne renonçait ni à son jeu formidable, ni aux plaisirs de son théâtre, ni à la féerie
de ses concerts. Sa table, même, devenait plus dispendieuse qu'à Versailles, puisqu'il y recevait, alors,
et les grands dignitaires, et sa cour, et les ambassadeurs invités.

A Trianon, Marie-Antoinette ne recevait et n'appelait qu'un petit nombre de personnes choisies ; ces
personnes, toutes aimées et estimées du Roi, venaient habiter les chaumières ; leurs vêtemens, alors,
comme ceux de la Reine, prenaient les modifications
les plus simples, afin de s'unir et de correspondre
à la simplicité du lieu. On renonçait pendant huit
jours à toutes les habitudes, et, pour ainsi dire, au
souvenir de Versailles. On s'était couché de bonne
heure, on se levait presqu'au même instant que le
soleil. On jouissait avec délices du baume et du
parfum des matinées printannières. On allait manger
du lait pur, des œufs frais, au sein de la ferme ou de
la laiterie. On déjeûnait sous les ombrages, sur des
tapis de vert gazon. On festonnait, on brodait en
cercle ; on épuisait une quenouille villageoise ; on
s'exerçait à la dentelle ; on faisait, au moins, du filet.

Des promenades bocagères venaient suspendre ces travaux; et, après le dîner, qui, parfois, avait lieu dans le moulin, et plus souvent dans la chaumière de la Reine, on dansait quelques pas champêtres, au bruit modeste de la mandoline et du tambourin.

Toute la cour ne put être admise à ces plaisirs innocens, et réservés. Le turbulent orgueil se plaignit des préférences. L'envie agita ses vipères; elle les chargea de lancer leurs poisons.

Mais on reconnut aisément les auteurs de ces calomnies. La Reine pouvait les faire punir avec rigueur : elle se contenta de déclarer qu'elle n'ignorait point leur malice et leur ingratitude. Elle aima toujours Trianon; mais elle y amena plus rarement sa compagnie. Et pour que ce lieu charmant ne tombât pas dans les tristesses de la solitude, elle y établit cinq ou six ménages de cultivateurs, de bergers véritables, qui l'ont habité jusqu'à sa mort.

3 *

CHAPITRE IX.

Sacre de Louis XVI, à Rheims. Premiers Effets du Caractère de la Reine sur le Public.

Louis XVI, naturellement ennemi du faste et des prodigalités, ordonna que la plus grande simplicité présidât aux cérémonies de son sacre. Mais comme chaque règne ne voit qu'une seule fois cette solennité fondamentale, on crut devoir lui désobéir, pour sa propre gloire, et le sacre de ce prince jeune et modeste fut le plus brillant appareil qui jamais ait été déployé aux yeux des nations.

Marie-Antoinette, du haut de sa tribune, observait tous les symboliques détails de cette fête religieuse, ne perdait jamais de vue l'auguste et principal Acteur qui occupait la scène, s'intéressait à la dignité de tous ses mouvemens, s'unissait du fond du cœur à ses prières candides, et demandait au roi des rois qu'il voulût favoriser et bénir le règne de la justice et de la probité.

Marie-Antoinette, au milieu de cette assemblée immense, ne voyait que le Roi, et cette immense réunion ne voyait et ne contemplait que la Reine. Vêtue d'une robe d'argent couverte de saphirs et de pierreries, elle étincelait de toutes les lumières du temple; et sa beauté personnelle éclipsait et surpassait encore tout cet éclat.

Elle n'avait pas atteint sa vingtième année, et la dignité de son caractère était déjà si proportionnée à sa haute position, que cette cour nombreuse et cette affluence de spectateurs furent contenues dans le calme et dans le respect par la seule attitude et la noble sérénité de la Reine. Après la cérémonie, dans le salon de ses appartemens, une légère plaisanterie s'étant élevée sur la perpétuité de *la Sainte-Ampoule*, Marie-Antoinette, par un regard de tristesse et d'étonnement, punit et dissipa ce scandale. On l'aimait, on la respectait. La jeunesse de la cour, malgré la licence des temps, et des habitudes façonnées en usage, admirait les grâces modestes de sa Souveraine, se faisait un bonheur de sa présence et de son aspect, et adoptait, pour lui plaire, tout l'extérieur de la décence et les sages discours de la régularité.

Des livres, inspirés par la haine, ou payés par la vengeance et la malignité, ont parlé, dans un temps affreux, *de la légèreté, des imprudences de Marie-Antoinette* : ces livres n'ont répété, n'ont répandu que les propos des calomniateurs.

Prisonnier de la révolution, à un âge très-tendre, j'ai habité les sombres cachots avec les anciens habitans des salons de Versailles, et le malheur voulut me lier avec les grands de cette cour, qui n'était plus.

Parmi ces nobles compagnons d'infortune, je trouvai des opinions tout-à-fait différentes sur la politique générale, sur les ministres, sur les événemens, sur les qualités ou les défauts du bon Louis XVI lui-même. Mais à l'égard de la Reine son épouse, je le déclare en présence de Dieu et de la postérité, tous ces seigneurs, tous ces prélats, toutes ces femmes de qualité, chargés d'afflictions et d'années, s'accordaient à pleurer, à gémir sur son sort. On citait ses paroles charmantes d'indulgence ou de conciliation; on citait ses innombrables bienfaits connus, mille fois moins nombreux que ses bienfaits restés dans l'ombre et le silence.

On parlait des charmes de sa personne, de l'éblouissante majesté de son maintien, du séduisant effet de son accueil, à quoi rien ne fut jamais comparable; mais tous ces anciens courtisans s'accordaient à reconnaître en elle une sœur affectueuse et dévouée, une épouse aimante et irréprochable, la mère la plus tendre, la plus attentive, l'amie la plus généreuse, et la reine la plus honorable que le trône ait possédée jamais.

Je demandais, un jour, à Madame la duchesse de Duras, douairière, si la Reine avait beaucoup d'esprit. «Dans les occasions importantes, me répondit
» cette dame, la Reine parlait avec toute la justesse,
» tout l'à-propos qui convenaient aux circonstances
» et à son rang suprême. Dans les conversations or-

» dinaires, elle ne cherchait pas à montrer de l'es-
» prit, mais à faire valoir celui des autres. Jamais je
» ne l'ai vue sourire à un trait de moquerie ou de
» malignité : elle appelait ces sortes de discours *le*
» *mauvais esprit*. Vers les commencemens, les
» jeunes femmes, un jour, dans le carrosse, par-
» laient avec peu de ménagement de quelques dames
» absentes, Madame la dauphine les interrompit, et
» leur dit : *Mesdames, seriez-vous bien aises qu'en*
» *votre absence, l'on vous traitât ainsi, devant*
» *moi!....* Le lendemain, elle en causait avec la du-
» chesse de Mouchy, ma mère, et lui demandait in-
» génûment ses conseils pour l'avenir. *Madame,*
» lui dit la maréchale, *je vous conseille de vous*
» *adonner à la lecture ; votre altesse royale met-*
» *tra beaucoup de faits remarquables dans son*
» *esprit ; et ces événemens, rappelés à propos,*
» *fourniront naturellement aux entretiens du car-*
» *rosse.*

» La jeune Archiduchesse, à dater de ce jour, se fit
» donner nos meilleurs livres, les lut avec attention,
» avec fruit, et se composa la plus solide et la plus
» aimable instruction qui puisse distinguer une prin-
» cessse. »

Le Roi, son époux, aimait aussi beaucoup la lecture ; mais la tournure de son imagination le jetait
vers les sciences, et les choses de système, ou de cal-
cul. Ces objets, étrangers à son état, ne lui furent

d'aucune utilité quand le délire des passions fit éclater autour de lui la plus effroyable des tempêtes. La Reine, au contraire, à qui les temps anciens étaient vivans et présens comme les jours de son existence, comprit que lorsque le feu se déclare dans une forêt, il faut isoler rapidement les arbres incendiaires, sous peine de voir l'embrasement saisir et dévorer la vaste étendue, en répandant partout la désolation et la mort.

Elève particulière de Gluk, ce compositeur immortel dont l'Allemagne se glorifie à juste titre, Marie-Antoinette donna, parmi nous, un grand essor au perfectionnement de la musique. Après ses lectures, la musique vocale et les instrumens étaient son délassement favori. Elle y consacrait des heures entières, qui pour elle s'écoulaient aussi vîte que des instans. Plafonds majestueux de Versailles, vous les avez entendus et répétés les doux accens de cette voix harmonieuse; vous les avez entendus!.... Et depuis les cris de terreur qui leur succédèrent dans la nuit du 6 octobre, vous êtes restés silencieux et muets. La nature, en créant Marie-Antoinette, avait fait un effort sublime : de si brillans prodiges ne se répètent point. Versailles a cessé d'exister pour les pompes du trône et le triomphe des arts. Versailles languira, désormais, dans le vuide, dans la consternation et le silence. Versailles n'a plus rien à espérer, plus rien à attendre: la Reine Marie-Antoinette en est sortie pour toujours.

CHAPITRE X.

Les Fils de Marie-Thérèse viennent voir la Reine.

L'ARCHIDUC MAXIMILIEN et l'empereur Joseph vinrent en France, incognito, pour y revoir une sœur qu'ils avaient toujours aimée, et dont les voyageurs et les poëtes célébraient, à l'envi, les appas. Ils virent avec attendrissement l'amour des Français pour cette jeune Souveraine. Au grand opéra, Joseph II, ému, jusques aux larmes, de l'enthousiasme universel qu'inspirait sa Sœur, remercia, du geste, les Parisiens, et dit à haute voix ces paroles : *Qu'on est heureux de régner sur une semblable nation!...*

Nous méritions, alors, cet éloge honorable : Joseph II eut la douleur, avant son agonie, de le rétracter en pleurant.

Vers la fin de l'année 1778, Marie-Antoinette, âgée de vingt-trois ans, devint mère. Cet événement fit tomber les craintes ou les espérances de ceux qui, jusqu'alors, l'avaient accusée de stérilité. La reine de Hongrie, sa mère, lui écrivit pour la féliciter sur cette naissance, long-temps désirée ; et les fêtes publiques, à Vienne, furent presqu'aussi brillantes qu'à Paris.

Trois ans après, Marie-Antoinette donna le jour à un dauphin, qui fut reçu par les Français avec tous les transports de la joie la plus sincère.

Trois ans après, elle donna un frère à ce Dauphin. Et lorsqu'elle vint remercier Dieu, suivant l'usage, à la Cathédrale et à Sainte-Geneviève-du-Mont, le peuple, ravi d'admiration et pénétré de reconnaissance, voulut dételer son char de triomphe, et le traîner, lui-même, dans tout Paris.

Ce carrosse étonnant, inventé pour la satisfaction des Parisiens, était d'une forme entièrement nouvelle. Transparent dans toutes ses hauteurs latérales, il n'offrait que des glaces, au lieu de peintures et de panneaux. Ces glaces, retenues par une légère charpente de vermeil, semée de rubis, de saphirs et de diamans, formaient l'ensemble diaphane de la voiture, au sein de laquelle tous les regards contemplaient l'heureuse santé de la Reine, la beauté inaltérable de sa personne, et la magie extraordinaire de ses vêtemens.

Parvenue à la hauteur de cette place qu'on nomme aujourd'hui *le Panthéon*, Marie-Antoinette aperçut une foule innombrable, qui, à son aspect, s'agenouilla comme devant la Divinité elle-même, et qui, par ses cris, fit entendre qu'elle désirait *voir la Reine marcher. Oui, oui*, dit aussitôt Marie-Antoinette, à son capitaine des gardes, *je ne saurais refuser cette satisfaction à tout ce bon peuple qui m'aime. Allez*

*leur dire que je serai sans crainte au milieu d'eux ;
et que* JE MARCHERAI, *jusqu'au portail de l'église.*

L'espace immense quel a Reine avait à parcourir
fut couvert ausitôt par les belles tentures et les tapis
de l'abbaye Sainte-Geneviève. Le clergé s'avança jusques au cortége, arrêté pour l'attendre, et la Reine,
en long manteau de taffetas fleurdelisé, descendit de
son carrosse, au milieu des bénédictions de la multitude, et des plus touchantes acclamations.

J'ai rapporté, sans la moindre exagération, ce fait,
que je tiens de plus de vingt témoins oculaires. Je prie,
en ce moment, mon lecteur, de l'établir en sa mémoire, et de l'y conserver, pour la plus triste des
comparaisons,

Avant la naissance du premier dauphin, et à l'é-
poque même où elle mit au monde le duc de Normandie, la Reine jouissait de l'estime universelle des
Français. L'envie seule a forgé les horribles bruits qui
se propagèrent contre cette aimable princesse. On
l'avait chansonnée lorsqu'on la croyait stérile : trois
ou quatre méchans la déshonorèrent pour la punir de
sa fécondité. Marie-Antoinette, arrachée si jeune à sa
famille véritable, s'était liée, par le besoin même de
son âge et de son cœur, à sa nouvelle famille adop-
tive. Tous les Bourbons de Versailles, devenus ses
frères et ses sœurs, eurent la même part à son estime,
parce qu'ils y avaient, tous, le même droit. Sa confiance
et son amitié se laissèrent aller, peut-être, à quelques

nuances légères de choix et de prédilection, que la cour se fit un plaisir de remarquer. Mais il fut visible aux cœurs honnêtes, aux esprits bien faits, aux observateurs estimables, que ces préférences de la jeune Reine, ingénues comme son âme, ne portaient que sur des rapports de caractère, d'enjoûment, de franchise, d'amabilité. Les yeux qui ont vu les choses différemment étaient des yeux louches et stupides, ou des yeux méfians par envie et sévères par corruption et perversité.

Je n'insisterai pas sur ce point : j'offenserais l'Ombre respectable dont ma plume s'est chargée de raconter les malheurs. Le Dieu clairvoyant et juste, qu'elle a invoqué en marchant au supplice, l'a accueillie avec bonté lorsqu'elle a été abandonnée de la nature entière. Et il a permis que tout un peuple ait lu dans le calme de ses traits et dans sa fermeté majestueuse, l'innocence que des scélérats lui contestaient.

CHAPITRE XI.

La Reine fait cesser l'exil de Voltaire.

(Mois de mars de l'année 1778.)

VOLTAIRE, malgré les hommages et les honneurs dont on le comblait à Ferney, regrettait et redemandait toujours la Capitale de la France. Le marquis de Villette, considéré comme son neveu (1), supplia la Reine de prendre sous sa protection bienveillante l'*auteur de* la Henriade, *poëme des Bourbons ;* et il communiqua à cette princesse une manière d'élégie, où l'Ovide français exprimait, aussi, en beaux vers, les amertumes de l'exil et le touchant souhait de revoir, avant sa mort, la terre natale. Marie-Antoinette promit son intervention, et Paris eut bientôt la joie

----

(1) Mademoiselle de Varicour, *Belle et bonne,* n'était point parente de Voltaire. Cette aimable enfant était la fille d'un gentilhomme peu riche, voisin de Ferney. Voltaire la prit en amitié, parce qu'elle semblait se plaire avec lui, et qu'elle lisait ses vers avec grâce et intelligence. (Elle vient de mourir à Paris.)

de contempler enfin celui qui, depuis soixante ans,
occupait l'attention de la Renommée et du monde.

Voltaire vint habiter l'hôtel de Villette, sur le quai
des Théatins. Il y reçut, pendant plusieurs jours, les
visites des grands, et de tous les étrangers de marque;
sa vanité, toujours en bas-âge, eut de quoi se satisfaire amplement. Octogénaire et presque moribond,
il voulut voir représenter sa tragédie d'*Irène* sur le
Théâtre-Français des Tuileries. Il s'y rendit, en costume fort riche et dans un carrosse du meilleur goût,
que les élégans traînèrent, eux-mêmes, depuis la
naissance du Pont-Royal jusqu'au Pavillon-Mar-
san. La Reine, le regardant passer du haut du Pa-
villon de Flore, voulut bien agréer son salut. Elle as-
sista, dans sa loge parée, à la représentation d'*Irène*,
qui fut suivie du *Couronnement* le plus solennel; et
les spectateurs la remercièrent de son accueil et de
sa complaisance, par toutes sortes de démonstrations.
(Elle avait, alors, vingt-deux ans.)

Voltaire, trop sensible aux honneurs excessifs de
son apothéose, éprouva, tout-à-coup, un frisson des
plus convulsifs. Ces sortes de frémissemens sont la
décomposition elle-même. Le vieillard le comprit; et,
au milieu des transports bruyans des loges et du par-
terre, il s'écria : *Ils m'ont tué.*

Sa mort, peu de jours après, occasionna une tristesse
universelle. Et la Reine, qui l'apprit, à Versailles,
daigna faire dire à M. et à Mme. de Villette combien
cet événement l'affectait.

Quelques prélats, fort animés, parlaient d'ôter au défunt la sépulture ecclésiastique, voulant *venger*, disaient-ils, *les outrages prodigués à la religion.* La Reine n'approuva point des intentions si rigoureuses, et elle prononça ces paroles, beau témoignage de sa prudence, de son esprit et de sa bonté : *Il a fait* Zaïre *et* la Henriade, *l'*Histoire de Louis XIV *et de* Charles XII. M. *de Voltaire était irascible, mais j'ose répondre de son cœur : il était bon.*

Le corps du poëte, déplacé à la hâte, fut transporté en Champagne, et inhumé dans l'église de Scellières, abbaye d'un de ses neveux. Si l'Ombre du savant illustre eût été consultée, on ne l'eût jamais retiré de ce lieu.

CHAPITRE XII.

La Reine marie avec opulence le Marquis de Gontaut-Biron.

MARIE-ANTOINETTE aimait beaucoup ses jardins anglais de Trianon, et elle se plaisait à pouvoir leur comparer les autres parcs de ce genre qu'elle entendait vanter autour de la Capitale. Tantôt elle descendait, à l'improviste, chez le marquis de Girardin, pour visiter, dans le plus grand détail, les délices d'Ermenonville. Tantôt elle acceptait une fête brillante et rapide que lui donnait, à Morfontaine, le prévôt-des-marchands (1) Lepelletier. On la voyait arriver comme un éclair, à Limours, au Raincy, à Bel-OEil, à Méréville.

Un jour, passant auprès d'une habitation neuve et de belle apparence, Marie-Antoinette demanda le nom du propriétaire. On lui nomma le trésorier-général du duc d'Orléans. Se rappelant alors que cet opulent financier venait de construire, en ce lieu, le plus beau jardin d'hiver qu'il y eût en France, elle

_____

(1) Ce qu'est le lord maire à Londres.

voulut voir la merveille dont cet homme aimable était
possesseur. On annonce la Reine ; et le propriétaire,
accompagné de sa fille unique, vient recevoir la
Princesse, en la remerciant de l'honneur qu'elle fait
à lui, à sa fille, et à son château (1). Marie-Antoinette remarque aisément la tendresse paternelle de
son hôte, et, avant toutes choses, elle lui adresse les
complimens les plus flatteurs sur sa modeste et belle
Antigone. Elle demande à voir, ensuite, le fameux
jardin d'hiver. Le possesseur avoue, en ce moment,
que certains préparatifs sont indispensables, et pro-
met que ce spectacle aura lieu pendant le repas. On se
met à table, et cette table est servie comme si les
Fées avaient ordonné le festin. Tout-à-coup un rideau
se lève, de vastes croisées s'ouvrent d'elles-mêmes,
et la Reine aperçoit, dans la perspective éclairée, un
élégant jardin, qu'un immense portique de vitrages
couvre et environne, et dans le sein duquel des oiseaux voltigent, au doux murmure des jets d'eau.
L'automne a fait sentir ses traits piquans, et toutes
les fleurs du printemps embaument l'air sous ces
treillages. La Reine exprime avec abandon et naïveté
la jouissance qu'elle éprouve, et elle remercie, à plusieurs reprises, le vénérable châtelain qui lui fait une
si agréable réception. *Vous n'avez qu'une fille*, lui

---

(1) Le château de Montgermont, près Ponthierry et Fon-
tainebleau.

dit-elle, après le repas : *je vois, Monsieur, com-*
bien vous l'aimez ; combien elle est aimable. Elle
a seize ans. Elle est parfaitement élevée. Elle est
jolie comme un ange. Elle joue de la harpe mieux
que moi..... Tout l'univers va la demander en ma-
riage. Ne la promettez à personne : laissez-moi,
je vous prie, le plaisir de la marier à un grand-
seigneur.

La Reine eut, en effet, le bonheur de faire ce mariage ; et elle donna, ainsi, au marquis de Gontaut-
Biron, le beau jardin d'hiver, une épouse accomplie, l'hôtel magnifique du boulevard, et 300,000 liv.
de rentes.

CHAPITRE XIII.

*La jeune Reine fait quelques changemens dans
sa Chapelle.*

MARIE-ANTOINETTE avait remarqué, dès son arrivée à la cour, que les prédicateurs du siècle présent
étaient bien inférieurs aux Bossuet, aux Massillon,
aux grands orateurs de Louis XIV. La grande-Aumônerie confiait souvent les Carêmes à des moines:
et le Roi n'aimait pas les moines, et ne pouvait souffrir leurs sermons. Un jour, dans son impatience,
il dit ces propres paroles : *Otez ce moine, il a mauvais accent et mauvais ton.*

La Reine, pour éviter, désormais, des scènes aussi
désagréables, fit décider qu'à l'avenir, les Religieux
ne prêcheraient que *les petites stations*, et que les
sermons des uns et des autres n'auraient qu'un
seul point. L'abbé Lenfant, qu'elle aimait pour son
débit rempli d'onction et pour sa figure angélique,
se soumit sans peine à la nouvelle loi; et l'abbé Richard, ancien jésuite de Nancy, réduisit, par obéissance, son magnifique sermon *du Bonheur des
saints.* Toutes les richesses de l'éloquence et de la

poésie sont prodiguées dans cet admirable discours. La Reine, oubliant ses rêveries et ses distractions, en demeura frappée. Elle voulut que le prédicateur lui fût présenté après l'office; et, devant tous les seigneurs et toutes les dames, elle lui dit ces mots obligeans : *Monsieur l'abbé, jusqu'ici, j'avais vu des diamans et des pierreries : grâces à vous, je viens d'en entendre.*

———————

CHAPITRE XIV.

Relations de la Reine avec la Famille royale.

———————

Il faut rendre cette justice à la Famille royale, qu'elle apprécia, dès les premiers instans, l'aimable naturel de la dauphine, et qu'elle lui sut gré de ses prévenances, de son désintéressement, de son bon cœur, de ses attentions.

Après la mort de Louis XV, Mesdames Tantes, filles du monarque, se retirèrent à Bellevue, maison de plaisance de la marquise de Pompadour. La jeune Reine s'occupa de leurs intérêts, à l'insu même de ces princesses, et ne voulut pas recevoir leurs re-mercîmens lorsqu'elles eurent appris tout ce que son zèle avait fait pour elles auprès des ministres et du Roi.

Louis XV était mort, presque subitement, de la petite-vérole pourprée. Marie-Antoinette, aussitôt, voulut s'occuper de la conservation de son époux et de ses frères. Exempte personnellement de ce danger, puisqu'elle avait payé son tribut en Autriche, elle soutint avec persévérance que les trois frères devaient être inoculés sans délai; et pour que le virus fût à l'abri de tout reproche, elle saisit le moment où une jeune fille de l'orangerie était dans la bonne crise de son éruption.

Le succès fut complet. Les trois princes, en peu de jours, passèrent de leur épreuve à la convalescence, et de la convalescence à la santé. Versailles, Paris, la France entière, poussèrent des cris d'allégresse; et la Reine s'applaudit de son heureuse témérité, que les vieillards venaient de blâmer avec indécence.

Louis XVI, âgé de vingt ans, était mince, fluet; tout son extérieur semblait indiquer alors une grande faiblesse d'organes. Peu à peu, ce corps délicat termina son accroissement, et des menaces d'embonpoint se manifestèrent. La figure était noble, bien dessinée. L'œil assez grand: le regard timide; la démarche balancée; l'ensemble, à peu près, comme il le fallait.

Le comte de Provence, son frère puîné, avait moins d'élévation dans la taille. Sa figure, un peu étroite vers le front, rachetait ce défaut par un teint de rose et de lis, vrai symbole de la jeunesse. Sa démarche était balancée, son regard attentif, pénétrant. L'embonpoint de la santé brillait déjà sur sa personne. On parlait de son goût pour l'étude. On citait sa magnificence. On s'accordait à lui trouver de la mesure, de la prudence, de l'esprit.

Le comte d'Artois, le plus jeune des trois frères,

était celui que toute la cour semblait environner de sa prédilection. Une taille élevée et bien prise, une tête élégante et bien ordonnée, la physionomie la plus heureuse, un regard de bienveillance et de candeur qui ne lui ôtait rien de sa dignité. De l'enjouement, des grâces, une sincérité à toute épreuve, un esprit naturel et sans fard, la plus tendre humanité dans le cœur et dans les paroles, faisaient adorer ce prince : et à Versailles, ainsi que dans tout Paris, son amitié pour le Roi son frère était citée comme le modèle des amitiés.

Madame, comtesse de Provence, fille du roi de Sardaigne et de Piémont, n'avait point de beauté ; mais sa conversation passait pour être agréable. Sa raillerie était sans malice ; sa gaîté ne l'a abandonnée qu'au fort de ses souffrances corporelles et de ses malheurs.

Madame la comtesse d'Artois, sa sœur cadette, était petite, mignone, et ne manquait ni d'amabilité, ni d'agrémens. La douce ingénuité formait la base de son caractère. La Reine l'aimait beaucoup ; et elle en était si tendrement aimée, que l'infortune et la catastrophe de Marie-Antoinette causèrent le dépérissement et la mort de la comtesse d'Artois.

Madame Élisabeth-Philippine, sœur du Roi, n'était âgée que de neuf ou dix ans, à la mort de Louis XV, son grand'père. La belle âme de cette princesse était peinte sur son visage accompli. Laborieuse et modeste, elle mettait son bonheur à n'être presque point aperçue. La cour ne connaissait guère d'elle que ses bonnes œuvres : comme ces parfums aériens qu'on respire, et qu'on ne voit pas. Entourée de cette famille bienveillante, au milieu de laquelle on la voyait briller et pyramider, la Reine était devenue, sans s'en apercevoir, l'unique objet de l'empressement et de la curiosité générale. A la chapelle, tous les regards se dirigeaient vers sa tribune. On venait l'admirer dans la grande galerie. On attendait, des journées entières, qu'elle parût un instant au sein des parterres ou des bosquets. Le dimanche, à son dîner public, l'affluence venue de Paris était si considérable, que les gardes ne pouvaient admettre et satisfaire la centième partie des curieux.

CHAPITRE XV.

Affaire du Collier.

Depuis la naissance du duc de Normandie, la Reine, toute entière aux nouveaux devoirs de son état, paraissait devenue presqu'insensible à ces plaisirs brillans de la cour, dont on avait, jusqu'alors, environné sa jeunesse. Elle ne quittait presque plus le château. L'appartement du dauphin était son habitation favorite ; c'est dans ce lieu qu'elle se réunissait, deux fois par jour, à ses chers enfans, sous les yeux de leurs gouvernantes et de leurs nourrices.

Le bonheur de la plus tendre mère était à son comble, lorsqu'une affaire énigmatique et scandaleuse vint, tout-à-coup, fixer l'attention du public, et tourmenter la sensibilité de Marie-Antoinette offensée.

Le procès du Collier, cette affaire, si simple, si futile, en elle-même, pour peu qu'on l'examine de près, acquit bientôt, par la maladresse de M. de Breteuil, une consistance prodigieuse. Les esprits débiles et pusillanimes s'en affligèrent, comme d'une apparente immoralité. Les esprits légers s'en applaudirent

comme d'une proie admirable offerte à leurs plaisan-
teries, à leurs bons mots. Les êtres caustiques et
frondeurs la firent servir de base à mille déclamations ou satyres. Les ennemis personnels de la Reine
y puisèrent avec audace les plus téméraires accusations.

Quoique la déplorable affaire du Collier soit à
mes yeux le premier anneau de cette chaîne de malheurs qui, de son poids accablant, a écrasé les dernières années de la Reine, mon intention n'est pas de
lui accorder en cet écrit un ample développement.
Les *Mémoires de l'abbé Georgel*, secrétaire du cardinal prince Louis, ont publié à cet égard tous les
détails les plus satisfaisans, les plus désirables. A ces
détails, Madame Campan, femme-de-chambre de la
Reine, a cru devoir ajouter ses propres souvenirs et
ses réflexions. L'affaire est aujourd'hui, comme dans
le temps, parfaitement éclaircie et connue; et si je
me détermine à en présenter ici l'analyse rapide à
mes lecteurs, c'est pour ne point laisser incomplète
une narration générale, dont la marche va devenir si
dramatique, et dont tous les faits préparent et néces-
sitent le dénouement.

Au mois de mai 1785, les joailliers Bohmer et
Bassanges, effrayés sur leurs intérêts, firent savoir au baron de Breteuil, ministre de Paris et de
la maison du Roi, qu'ils avaient vendu et livré au
cardinal de Rohan-Guémenée, évêque de Strasbourg,

un collier, du prix de 1,600,000 fr., acheté pour la Reine; ils exhibèrent des lettres de change, signées *Marie-Antoinette*, données par l'évêque, en paiement du collier somptueux.

La Reine, avertie de ces circonstances tout-à-fait extraordinaires, se fit représenter les lettres de change dont les joalliers se trouvaient possesseurs. En les voyant, elle reconnut que son écriture était imitée, et que sa signature avait été défigurée par des ignorans.

Son imagination, trop promptement émue, crut apercevoir dans la conduite du prince Louis (son ennemi), un complot criminel et punissable; elle s'en plaignit avec véhémence au Roi; et ce prince, excité par le baron de Breteuil, homme violent, quoique juste, ordonna qu'il serait informé contre l'évêque de Strasbourg.

Le cardinal de Rohan, peu de jours après, se rendit à Versailles, pour y remplir ses fonctions de grand-Aumônier de France, dans la tribune même du Roi. C'était un jour de Pentecôte, solennité de l'ordre du Saint-Esprit. Toute la cour se trouvait réunie dans les grands appartemens, en attendant la messe. Le cardinal, appelé à haute voix par un officier aux gardes, se rend, en habits pontificaux, dans le cabinet royal, où il est reçu comme un téméraire et un coupable. Les ministres, debout en face du Monarque, détournent leur regard en voyant paraître le prélat. La Reine, assise auprès de son Époux, agite son éventail et se montre émue. Louis XVI, d'une voix mal comprimée, dit au grand-Aumônier : *Qui vous a chargé, Monsieur, d'acheter un collier de diamans pour la Reine de France ?* — «Sire, ré-» pond le prince Louis avec fermeté, c'est Sa Ma-» jesté, elle-même.» — «Moi, Monsieur, s'écrie» Marie-Antoinette avec indignation! Moi, qui, de-» puis mon arivée à la cour, ne vous ai point adressé» la parole! A qui persuaderez-vous, s'il vous plaît,» que j'aie donné le soin de mes atours, à un évêque!» au grand-Aumônier de France!»

— « Sire, répliqua l'évêque, à l'instant, les lettres» même de la Reine attesteront ce que j'avance : par» bonheur, ces lettres sont en mon pouvoir. — Rien» n'est plus faux, s'écria la Princesse.» Et le Roi, se levant, dit à l'évêque : *Sortez.*

En se retirant pour obéir, le cardinal fit une profonde révérence au Monarque, mais, cherchant et rencontrant le regard de la Reine, il osa la braver, comme s'il eût été son égal.

A peine avait-il reparu dans la grande galerie, où les courtisans se montraient l'un à l'autre la vive altération de ses traits, le cardinal fut arrêté par ordre du Roi, et conduit précipitamment à la Bastille.

Tout Paris sut, le lendemain, qu'un Rohan, qu'un prince de l'église, prévenu du crime de lèse-majesté, était tombé dans la disgrâce du Monarque, et que le parlement de Paris avait reçu l'ordre de lui faire son procès.

Les Rohan-Rohan, les Rohan-Soubise descendent, indirectement, des anciens Ducs souverains de Bretagne. Cette famille, en cette qualité, se regardait comme supérieure au reste de la noblesse de France. Deux ou trois princesses du nom de Rohan avaient, en divers siècles, épousé des Bourbons : ces alliances ne pouvaient que rendre plus considérable encore une maison qui, par son illustration non interrompue et ses vastes richesses, ne voyait au-dessus d'elle que les potentats.

L'humiliation du cardinal la pénétra de douleur, et cette affliction lui fit chercher tous les moyens d'approcher et de fléchir le Monarque. Louis XVI, rendu inébranlable par la juste sensibilité de la Reine et par les violens conseils du baron de Breteuil, ne répondit aux Rohan que ces paroles : *Mon parlement est incorruptible : si votre parent n'est point coupable, vous et lui devez être en repos.*

Cependant le haut-clergé, très-puissant alors, se réunit, à Paris, pour prendre connaissance de cette affaire. L'abbé de Dillon, archevêque de Narbonne, déclara que les évêques ne pouvaient être soumis à des tribunaux séculiers, et, sur ses instances, le corps des prélats supplia Louis XVI de permettre que l'abbé de Rohan fût jugé par un tribunal ecclésiastique, au gré des canons.

La cour ne fit aucune attention à cette demande irrévérencieuse. La grand'chambre, d'après l'usage et les lois, commença l'instruction du procès.

Quel fut l'étonnement du public, aussitôt qu'il vit naître et se succéder les curieux *factums* de cette procédure, où nos avocats, jeunes et vieux, commencèrent à déployer un genre de talent, si funeste depuis à la tranquillité des royaumes !

Le cardinal de Rohan, persistant dans son assertion puérile, énoncée fièrement devant la Reine et le Roi, osa soutenir en présence de ses juges, qu'il n'avait agi que pour complaire à la Reine, et sur son mandat bien formel. On lui demanda ses preuves. Il exhiba une correspondance signée *Marie-Antoinette de France*, et la munit de son paraphe, sans se troubler.

Il était de bonne foi ; mais il était dupe.

Peu de jours après, sa fermeté l'abandonna tout-à-coup, lorsqu'il apprit que ses prétendus billets de la Reine étaient faux ; que les lettres de change étaient faussement attribuées à cette princesse ; qu'en achetant le collier de MM. Bohmer et Bassanges, il avait servi de jouet à des intrigans ; qu'en se dessaisissant de ce riche collier, il l'avait laissé tomber dans un gouffre ; que la Reine, jamais, n'avait eu connaissance de cette affaire ; que jamais elle n'avait songé à lui cardinal ; qu'il s'était laissé tromper comme un enfant ; et que sa conduite allait amener sur sa personne et sur ses actions le triste mécontentement du clergé, le blâme austère des gens de bien, et l'animadversion de la magistrature.

Pour éclaircir ce peu de mots, il faut exposer l'ensemble et l'enchaînement de cette aventure, à jamais mémorable dans les fastes de l'univers.

CHAPITRE XVI.

La Comtesse de la Mothe. Mademoiselle d'Oliva.

Un petit garçon et une petite fille, nés champenois, mendiaient leur pain, sur la route de Paris à Versailles. Ils habitaient le joli village d'Auteuil, près Passy, et appartenaient à un journalier vigneron, qui se disait issu d'un fils naturel de Henri II, roi de France. La marquise de Boulainvilliers eut pitié de ces deux enfans, dont la figure et le bon accord avaient excité son attention, lorsqu'ils passaient sous sa terrasse de la Viste. Elle s'occupa de leur éducation, et leur procura les moyens d'arriver jusqu'au Roi. Il paraît que la généalogie de leur père fut trouvée concluante; car, après s'en être fait rendre compte, Louis XVI autorisa les deux orphelins à prendre le nom et les armes de *Valois*. Le jeune baron entra au service, en qualité de cornette ou porte-drapeau. Sa sœur épousa un garde d'Artois, le comte de la Mothe, de Bar-sur-Aube.

Cette femme, douée de quelques agrémens extérieurs, n'avait reçu ni la pudeur, ni la probité en partage. Nos ministres, inattentifs, négligèrent de lui assurer un sort convenable à son origine : elle résolut de se faire riche, par elle-même, puisque, malgré ses armes et son nom, personne, à la cour, ne songeait à ses intérêts, à ses droits.

Naturellement éloquente et persuasive, elle obtint de fréquens secours aux bureaux de la grande-Aumônerie, où son nom de Valois ouvrait les coffres, applanissait les difficultés. Le cardinal de Rohan, qui l'avait aisément distinguée, accueillit ses placets et ses mémoires ; il lui prodigua les fonds des nécessiteux. Il aima son genre d'esprit, rechercha sa conversation, sa présence. Il finit par croire aveuglément toutes ses paroles, et par vouloir tout ce qu'elle voulait.

« Monseigneur, lui dit-elle un jour, ma joie est à » son comble. La Reine, enfin, a daigné prêter at-» tention à ma signature *Valois*. Elle m'a reçue dans » ses petits cabinets. Ma personne a paru lui faire » plaisir. Elle a trouvé mon esprit digne de quelque » éloge. Notre fortune bornée a obtenu son impro-» bation ; Marie-Antoinette, généreuse et sensible, » va s'occuper de notre bonheur.

» Lorsque j'ai vu qu'il y avait tant de bonté dans » le cœur de cette Souveraine, j'ai pris sur moi de » prononcer votre nom.... oui votre nom, malgré » l'aversion qu'elle lui porte. Je lui ai dit que, me » trouvant délaissée de tous les princes et minis-» tres, j'avais cru ne pas déshonorer mes ancêtres

5

» en m'adressant à M. le grand-Aumônier. Ce nom
» l'a frappée. Je lui ai dit aussitôt avec effusion toutes
» vos bontés pour mon frère et pour moi, tous vos
» secours multipliés, toutes vos générosités délicates
» et polies. La Reine, de plus en plus attentive, m'a
» fait répéter ces circonstances, et je suis parvenue
» à lui faire sentir profondément que si elle a eu des
» raisons, jusqu'à ce jour, pour ne vous point aimer,
» elle n'en saurait avoir, désormais, pour vous re-
» fuser son approbation et son estime. »

On croit aisément ce qu'on desire. Le prince Louis,
simple et crédule, prit toutes ces folies pour des vérités. Il remercia mille fois la comtesse de la Mothe;
il la supplia de voir souvent la Reine, pour achever
dans son esprit l'heureuse révolution qu'elle y avait
généreusement commencée.

La comtesse, douée d'un esprit inventif et d'un
front d'airain (deux puissantes qualités nécessaires
aux fourbes), feignit plusieurs voyages à Versailles,
et ne manqua jamais d'appuyer ses récits par des détails remplis d'intérêt et par des circonstances vraisemblables.

A Paris, un jour, en descendant de voiture, elle
ouvrit son joli porte-feuille, et dit au cardinal en
souriant : « *Remerciez votre bonne étoile : voici la*
» *Reine de France qui vous écrit.* — La Reine, s'é-
» cria le cardinal ! — Oui, la Reine. Elle-même.
» Lisez, Monseigneur. »

Le prince Louis, dans ce billet, d'une écriture menue et rapidement tracée, trouve une demande polie *de soixante mille francs sur les fonds de la grande-Aumônerie :* Marie-Antoinette désire recevoir cette somme, *à l'instant même, pour une noble libéralité.*

Le cardinal, enchanté de faire, sans réflexions, ce qu'exige poliment de lui une volonté si auguste, remet soixante mille francs à la comtesse, qui lui emprunte ses chevaux, se rend le lendemain, de bonne heure, à Versailles ; se montre à quelques personnes de marque, afin d'établir son *alibi :* retourne de suite au palais-cardinal ; et remplit, de nouveau, l'esprit et l'espoir du pontife, de chimères et d'illusions.

La *reconciliation avec la reine* est toujours le mot principal de ces négociations diplomatiques et fantastiques. Ce point capital est devenu l'unique pensée de l'évêque ; son émulation n'a pas d'autre perspective. Les exactions de l'intrigante, les libéralités du prélat, n'ont que cet appui, n'ont que ce mobile.

Je dois apprendre ou rappeler à mon lecteur une circonstance essentielle : je dois dire ici pourquoi Marie-Antoinette punissait de son aversion le cardinal prince Louis. Jamais aversion ne fut plus motivée. Jamais grand seigneur ecclésiastique ne se mit plus loin de son caractère et de son état.

Peu de temps après le mariage de la dauphine, le

5 *.

jeune abbé de Rohan, alors co-adjuteur de Strasbourg, obtint (au préjudice de M. de Breteuil),
l'ambassade de Vienne, où il étala, sans retenue et
sans conduite, toute la magnificence d'un souverain.
L'impératrice Marie-Thérèse, désirant plaire à nos
ministres, lui offrit et mit à sa disposition une maison de plaisance toute meublée, générosité qui n'a-
vait jamais eu lieu pour aucun ambassadeur. Elle le
combla d'attentions et de prévenances. Elle fit l'impossible, pour obtenir sa bienveillante amitié.

L'abbé de Rohan, émissaire secret de la faction
anti-autrichienne, dédaigna les soins de l'impératrice;
tourna sa modestie et sa régularité en ridicule; donna
des festins et des bals dans son hôtel de l'Ambassade;
eut des maîtresses publiquement; et poussa l'irrévé-
rence, un jour, jusqu'à traverser la procession de la
Fête-Dieu, sur son cheval de chasse, en habit de
chasseur, escorté et suivi de ses gens, de ses chiens,
de toute sa bande joyeuse.

L'impératrice, affligée de ces désordres, s'en plaignit avec modération : il ne daigna pas même lui faire
parvenir ses excuses.

Peu de jours après, il écrivit à Versailles, pour dénoncer à Louis XV la politique de Marie-Thérèse, et
pour tâcher de rompre leur union. Une lettre particulière, adressée à Madame du Barry, *pour le monarque lui seul,* recommandait toute méfiance en-

vers la dauphine, et lui supposait un *cœur moins français qu'autrichien*.

Louis XV, distrait, égara cette lettre, qui fut retrouvée et donnée à la dauphine secrètement. A dater d'une semblable découverte, elle regarda le prince Louis comme l'ennemi de sa personne, de sa tendre mère et de tous ses bons parens. Elle le vit, dès-lors, avec effroi. Mais comme elle n'était ni absolue, ni vindicative, il parvint, aidé par sa naissance, à toutes les dignités opulentes que savait exiger sa maison.

Riche de deux millions de revenu en bénéfices, il se plaignait de *son triste sort, et de sa disgrâce.* Se croyant le génie du cardinal de Bernis, il soupirait après le porte-feuille des affaires étrangères ; et l'homme qui ne savait ni démêler une intrigue de soubrette, ni reconnaître une lettre de change controuvée, ni régler sa dépense et gouverner sa maison, voulait gouverner la France et diriger les autres royaumes !

Tel était son dessein lorsqu'on le vit embrasser avec tant d'ardeur l'espoir de reconquérir les bonnes grâces de la Reine. Madame de la Mothe, qui s'en aperçut, ne négligea point cette effervescence ambitieuse. Elle avait de l'empire sur cette âme ignorante et molle : elle en profita.

Ayant ouï parler du fameux collier de brillants qu'avaient monté Bohmer et Bassanges, elle voulut

le voir. L'éclat de cet objet précieux enflamma sa cupidité : elle en résolut la conquête. Par cette bouche
artificieuse, le cardinal se laissa persuader que Marie-
Antoinette voulait acquérir, à l'insu du Roi, une
parure si digne d'elle. Il se laissa persuader que Marie-Antoinette le choisissait pour acquéreur, pour
intermédiaire. Que cette princesse ne pouvait payer,
d'abord, qu'avec des lettres de change ; et qu'en
souscrivant, lui, ces lettres de change, il parvien-
drait à fléchir le courroux de cette princesse, et à
rentrer, désormais, dans le chemin des grâces et des
principaux honneurs.

Un épais bandeau sur les yeux, il exécuta ponc-
tuellement tout ce que lui prescrivit ou recommanda
la comtesse. Il acheta le magnifique et resplendissant
collier. Il le remit, de ses propres mains, à un fort
beau garçon, vêtu de la livrée de la Reine, et qui
n'était autre chose qu'un amant de Madame de la
Mothe-Valois. Il endossa les lettres de change (faites,
à Paris, par un petit gentilhomme nommé Villette) ;
et il s'applaudit de sa condescendance flexible et de
son heureuse association.

Un doute léger, une méfiance de quelques minutes
s'avisa d'éclore dans son esprit : aussitôt la comtesse
le rassura, et lui dit : « J'ai vu la Reine ; elle est ravie
» de son collier ; elle veut vous en remercier elle-
» même. J'ai ordre de vous conduire à Versailles,
» la nuit, dans un des bosquets. Marie-Antoinette

» s'y promène, de temps en temps, avec Madame
» comtesse d'Artois et Madame. Elle s'éloignera de
» ces princesses pour quelques minutes. Vous serez
» dans le boulingrin que je vous montrerai. La Reine
» s'approchera, pour vous remercier de votre obli-
» geance aimable. Vêtu en berger, le genou en terre,
» vous serez admis à baiser sa charmante main. La
» paix sera faite. Tous vos ennuis vont cesser. »

Le prélat ambitieux donna, tête baissée, dans tous
ces panneaux. Il se laissa conduire dans les bosquets
sinueux de Versailles, à travers le silence et la nuit.
Vêtu en taffetas rose et bleu, comme les bergers de
théâtre, il attendit la Reine au milieu des charmilles,
et la reine qu'on lui avait promise parut en effet. A la
vive lueur des étoiles, il la distingua parfaitement.
C'était sa taille, son air, les parfums de ses vêtemens,
et sa coiffure majestueuse. Elle le remercia du collier, lui promit sa protection auprès du monarque,
l'oubli de toutes les choses passées, et donna, de
plus, son bracelet et sa main à baiser.

Cette reine mystérieuse et nocturne rejoignit ses
compagnes, et le cardinal, dans les enchantemens
de la vie, savoura, quelques instans, une si noble
félicité.

La comtesse de la Mothe et son mari le rejoigni-
rent bientôt. On remonta en carrosse. On ne dormit
point durant la route. A peine osa-t-on s'endormir à
Paris.

Les commissaires du parlement, chargés de la procédure, apprirent tous ces détails du cardinal lui-même, qui s'en appuyait dans ses interrogatoires multipliés. La comtesse, interrogée séparément, ne manquait point de soutenir aussi et d'affirmer cette audience du bosquet, cette apparition de la Reine en personne.

Les magistrats, faute de renseignemens positifs, reculaient le rapport du procès, et tombaient, non point dans le doute, mais dans le découragement et le chagrin, par amour pour le Roi, par respect pour son épouse auguste.

Une conscience timorée, surmontant ses incertitudes, et comptant pour rien son intérêt personnel, ou, pour mieux dire, son amour propre, vint apporter la lumière et l'évidence dans ce profond abyme d'iniquités.

CHAPITRE XVII.

Révélation du père Loth.

Le cardinal de Rohan, toute visible qu'était sa bévue et sa folle crédulité, s'obstinait à faire dire par ses avocats-rédacteurs, que la Reine avait reçu le Collier, et qu'elle avait daigné lui en donner l'assurance verbale, au milieu des bosquets, pendant la nuit. Marie-Antoinette, informée de cette circonstance du procès, crut, d'abord, que le cardinal inventait ce scandaleux épisode, par stratagême, ou par vengeance. Mais les juges-interrogateurs, ayant assuré la Princesse que l'évêque paraissait en cela de très-bonne foi, on ordonna des recherches non interrompues, afin de parvenir, s'il était possible, à la vérité. La comtesse de la Mothe, attaquée avec toute l'habileté de l'instruction criminelle et du palais, demeurait victorieuse de toutes les tentatives, en persistant dans son adroit système de diffamation. Enfin, la vérité se fit jour à travers les plus épais nuages. Les Magistrats commencèrent à respirer. Et les méprisables ennemis de la Reine eurent la douleur de voir que son innnocence allait éclater aux yeux de l'Europe attentive.

Un jeune religieux *Minime*, de la Place Royale, vint trouver le procureur-général, et lui tint ce discours : « Monseigneur, je vais vous parler avec tout
» l'abandon et toute la sincérité d'une âme qui con-
» naît ses fautes. J'ai demandé pardon à Dieu, et à
» mon supérieur, d'une irrégularité de conduite,
» que ma jeunesse elle-même ne saurait excuser.
» Mais si ma conduite n'a pas été ce qu'elle devait
» être, selon mon état, mon cœur est demeuré fidèle
» à mes autres devoirs ; et je préfère me nuire à moi-
» même, aujourd'hui, que de taire plus long-temps
» ce qui doit justifier la Reine devant tout son
» peuple.

» Les circonstances que vous allez connaître,
» Monseigneur, m'ont lié avec Madame la comtesse
» de la Mothe. Cette dame trompe la justice, comme
» elle a trompé M. le cardinal. Madame de la Mothe
» a préparé, exécuté, elle-même, toute la scène du
» bosquet : et je déclare avoir vu, de mes propres
» yeux, dans son hôtel, la jeune personne chargée
» du rôle important que le public ne saurait péné-
» trer ni comprendre. »

Expliquez-moi, d'abord, lui dit M. le procureur-général, comment vous avez été à même de fréquenter la maison de M. de la Mothe.

« Ayant désiré très-vivement, reprit le religieux,

» de prêcher à la cour, afin d'avoir le titre de *Pré-*
» *dicateur du Roi*, je soumis un de mes sermons à
» M. le cardinal, grand-Aumônier de France. Les se-
» crétaires du prince trouvèrent cette composition
» trop faible; mais un de ces messieurs me conseilla
» de m'adresser à la comtesse de la Mothe, comme
» ayant un absolu pouvoir sur l'esprit de M. le car-
» dinal. Cette dame m'accueillit, m'accorda sa pro-
» tection, me fit avoir un bon discours, composé
» par un homme de lettres; fit accepter cet ou-
» vrage, à la grande-Aumônerie, et m'obtint facile-
» ment l'honneur de prêcher devant le Roi.

» L'hôtel de la Mothe, situé Place Royale, est dans
» notre voisinage : la comtesse décida que j'y vien-
» drais fréquemment; et j'étais, puisqu'il faut l'a-
» vouer, un de ses convives les plus assidus. Un jour
» à dîner, une jeune personne, extrêmement remar-
» quable, fixa l'attention des invités, peu nombreux.
» On admira les grâces particulières de cette incon-
» nue, et je me ressouviens que sa grande ressem-
» blance avec la Reine causa, surtout, notre éton-
» nement.

» Après le repas, on s'occupa de sa seconde toi-
» lette; et je n'ai pas oublié qu'elle reparut au salon
» *avec la même coiffure de la Reine*, et un négligé
» plein d'élégance, qui augmentait encore l'illusion.
» J'ai su, depuis, que l'on était parti aussitôt pour
» Versailles; et que cette belle personne avait été

» choisie, au Palais-Royal, où le carrosse allait la
» prendre et la ramener, vers le soir. »

Le procureur-général annonça au père Loth qu'il
aurait à soutenir cette déposition devant la comtesse
elle-même. Il fut saisi à cette parole ; mais, après tout,
n'ayant dit que la vérité, s'il comparut devant cette
dame avec la timidité du maintien et l'embarras d'une
âme bien née, il y soutint son récit avec l'assurance
du discours et tout le courage de la probité.

CHAPITRE XVIII.

Le Comte de Cagliostro.

Il fallait que le célèbre procès du Collier fût extraordinaire dans tous ses personnages, comme il l'était dans ses circonstances et ses détails. Le comte de Cagliostro s'y trouva impliqué ; et son arrestation, à elle seule, fit plus de sensation et de bruit que toutes les autres arrestations ensemble. Le procureur-général aurait pu se dispenser d'en venir à une pareille rigueur ; mais, durant les premiers mois, d'épaisses ténèbres couvraient encore les traces du vol des diamans, disparus sans retour ; et Madame de la Mothe, s'appuyant de la dépense visible et du train de maison de Cagliostro, égyptien à peu près inconnu, publia d'élégans Mémoires, où cet homme était désigné comme étant le mauvais génie du cardinal. Dans ces Mémoires, on voyait le prélat, en adoration continuelle devant un empyrique, devant une espèce de magicien, qui, se disant fils ou d'un Pontife mahométan, ou d'un Grand-Maître de Malte, affichait, non le mépris, mais une grave indifférence pour tous les cultes religieux établis sous le ciel. Le comte égyptien possédait toutes les langues vivantes, et les parlait toutes avec aisance, moins l'accent. Il était mathématicien profond, astronome universel, médecin prodigieux, physicien, chimiste, alchimiste.

Comme il avait fait de la botanique une étude particulière, il connaissait à fond les vertus des plantes; et, dans ces plantes, il savait trouver l'amélioration ou la prolongation de la vie humaine. Souvent, il se dispensait de tâter le poulx aux malades : il lui suffisait d'observer le son de leur voix ou l'effet de leur regard. A Strasbourg, un homme riche vint le consulter sur un léger mal-aise, qu'il éprouvait en ce moment-là. *Monsieur*, lui dit le comte, après l'avoir observé deux minutes, *rentrez chez vous, faites-vous administrer tel remède, ou bien, dans trois jours, vous êtes un homme perdu.* L'homme riche se mit à rire, et trois jours après il mourut. Un convoi d'apparat venant à passer sous les croisées de Cagliostro, il dit : *Gageons que c'est là mon incrédule*, et c'était lui-même, en effet.

Les maladies les plus opiniâtres ne lui résistaient pas; il guérissait, en se jouant, des infirmités réputées incurables. Ses remèdes favoris étaient des bains, où dominait l'extrait de saturne. Il employait les sang-sues à profusion et commandait une tisanne, où entraient des simples, que son apothicaire recevait de lui seul. Il préférait donner ses soins aux pauvres qu'aux riches, et les riches, néanmoins, le trouvaient toujours prêt à les écouter. Le train de sa maison était magnifique. Il donnait, à pleines mains, aux nécessiteux : et, de la part des riches, il n'acceptait que des hommages ou des cadeaux. Il payait toutes choses d'avance, et par ce moyen, ne signait jamais : son écriture est restée inconnue.

Il prêchait ouvertement la religion naturelle, et disait, sans détours et sans dissimulation, qu'il fallait aux classes polies et supérieures une croyance à part, de même qu'elles avaient d'autres vêtemens, un autre ton, une autre manière de jouir, une autre manière de penser et de s'énoncer que le vulgaire. Il était fortement soupçonné de faire DE L'OR; et, véritablement, il avait presque toujours des lingots parmi ses effets. En divers pays, son valet-de-chambre affidé vendait çà et là des lingots, qu'admiraient et recherchaient les orfèvres.

Lorsqu'il fut arrêté par ordre du procureur-général, on trouva chez lui des creusets, des fourneaux, et beaucoup de ces objets indicateurs qui révèlent un alchimiste. Mais il soutint qu'il était chimiste seulement, et qu'en sa qualité de médecin, de pareilles occupations ne devaient point paraître étonnantes.

Renvoyé de France, par l'arrêt final du parlement, il commit la faute d'aller en Italie, au lieu de passer vers les États-Unis, ou en Angleterre. On assure qu'un homme puissant, attaché à la cour de Rome, voulut avoir de lui le secret de la transubstantiation des métaux, et qu'il s'y refusa, niant qu'il l'eût jamais possédé. Il fut mis au cachot, dans le tombeau d'Adrien (le château Saint-Ange). On lui fit le procès comme déiste et comme impie. Quelques années après, l'Europe sut qu'il était mort.

Le comte de Cagliostro ressemblait beaucoup à M. Necker. Il y avait plus de génie dans le regard de l'égyptien, et plus de dignité dans la physionomie et dans le maintien du ministre. L'un et l'autre faisaient de l'or, chacun à sa manière; mais des creusets de ces deux empyriques sortit l'effervescence des idées, et notre fatale révolution leur succéda.

CHAPITRE XIX.

Mademoiselle d'Oliva retrouvée en Hollande.
Arrêt du Parlement. Le Cardinal refuse d'im-
plorer la bonté du Roi.

———————

DÈS l'arrestation du prince Louis, la comtesse effrayée avait fait partir la fille d'Oliva pour la Hollande, où la police, bientôt, sut la retrouver. Con-
frontée au père Minime, et à la comtesse, elle s'avoua
coupable du rôle indécent et hardi que les la Mothe
lui avaient imposé. Elle ajouta, fondant en larmes,
qu'en se prêtant à cette scène nocturne, elle avait cru
obéir à la Reine; mais que les contradictions fré-
quentes de la dame la Mothe n'avaient pas tardé à lui
ouvrir les yeux.

La comtesse, très-décontenancée par cette confron-
tation, soutenait encore obstinément que les diamans avaient été, sous ses yeux, remis par le cardinal
à un valet de pied de la Reine. Le lord-maire de
Londres informa tout-à-coup le baron de Breteuil du
véritable état des choses. L'ex-garde du corps, mari
de la comtesse, était à Londres, dans ce moment-là :
il y était venu vendre une quantité considérable de
gros diamans. Milord donnait les noms des joalliers

6

anglais, acquéreurs, et jusques au détail des sommes
comptées par chacun d'eux.

Enfin le parlement, suffisamment instruit, déclara
le cardinal *coupable seulement de surprise et d'erreur*. Il lui enjoignit, pour l'avenir, une conduite plus
circonspecte. Ses revenus ecclésiastiques demeurèrent affectés au paiement du collier.

Mademoiselle d'Oliva fut pardonnée, en considération de sa grande jeunesse et de la fourberie de ceux
qui s'étaient joués de sa crédule ignorance.

Le jeune gentilhomme, auteur des fausses écri-
tures, fut banni du royaume à perpétuité ; l'arrêt se
montra indulgent, moins pour lui que pour sa famille.

Le comte de la Mothe, absent et contumace, fut
déclaré complice de l'intrigue, et de la soustraction
des diamans.

La comtesse de la Mothe, *se disant de Valois*, fut
condamnée à être fouettée et marquée, par la main
du bourreau, et à subir une détention perpétuelle,
en la maison de la Salpétrière, de Paris.

MM. Dupuys-de-Marcé et Titon-de-Villotran, magistrats opulens et incorruptibles, avaient été les rap-
porteurs de cette importante affaire. La grand-
chambre et la Tournelle n'adoptèrent pas en entier
leurs conclusions, infiniment rigoureuses pour l'évêque de Strasbourg.

Si, de lui-même, ce prélat s'était reconnu fautif
envers la Reine, que son orgueil avait offensée, au

moins dans le grand-cabinet du Roi; si, tout Rohan, et tout cardinal qu'il était, on l'eût vu, par de justes et indispensables soumissions, chercher à adoucir le ressentiment d'une Princesse auguste, la Reine et Louis XVI allaient être assez bons pour lui pardonner. Il crut que la hauteur et la fierté lui devenaient indispensables : il se perdit complètement.

Le Roi le dépouilla de ses dignités à la cour, et l'exila dans son abbaye de la Chaize-Dieu, en Touraine. Au lieu de bénir la clémence du Monarque et la modération de son Epouse, tous les Rohan jetèrent les hauts cris. La vieille comtesse de Marsan, turbulente et impérieuse, osa rappeler à Louis XVI qu'elle avait soigné son enfance, et ne balança pas à lui faire comprendre qu'elle le tenait pour un ingrat. Les pamphlets injurieux à Marie-Antoinette se multiplièrent. La noblesse de province, les gros fermiers, les riches bourgeois les reçurent par la poste, gratuitement et affranchis. Et l'Hôtel des Monnaies de Strasbourg mit en émission des louis d'or abominables.

A dater de cette époque sinistre, une opinion publique, absolument erronée, se forma contre l'Epouse du Souverain. Le peuple, sot et crédule, adopta les plus impudentes absurdités; et les orages qui éclatèrent, peu de temps après, se trouvèrent comme formés à l'avance dans l'horrible chaos d'opinions qu'un indécent procès avait répandu sur la France.

Le parlement était une puissance bien respectable, sans doute : mais les bons esprits trouvèrent inconvenante l'attribution qui lui fut donnée en ce moment-là. Au Monarque seul appartenait l'examen d'une si étrange prévarication. Il fallait ou sévir en Roi, ou ne pas apercevoir cette basse intrigue.

Ce n'est pas ainsi que Louis XIV maintenait dans le bon ordre et l'obéissance les premiers de l'Etat et les grands seigneurs de sa cour.

Louis XVI n'osant punir un Rohan, par lui-même, chargea de cette punition le parlement de Paris, et dès-lors, il autorisa la publicité d'une turpitude, et le scandale anti-monarchique de ses débats. Il mit, pour ainsi dire, son Epouse en cause; il lui attira toutes les imputations blasphématoires qu'un orgueilleux et qu'une intrigante jetèrent dans le monde pour se disculper.

Marie-Antoinette n'avait jamais vu la dame de la Mothe : et Madame de la Mothe poussa l'audace jusqu'à soutenir dans ses Mémoires, répandus avec profusion, qu'elle avait été plusieurs fois admise à l'audience de la Souveraine, en ses cabinets de Versailles et de Marly. A la vérité, elle ne pouvait nommer comme témoin ni un seul officier, ni un seul domestique, ni un seul être vivant. Mais le gros du public, peu difficile sur de telles circonstances, n'en admettait pas moins toutes les assertions de l'effrontée, et toute l'invraisemblance de ses récits.

*La Reine ne désavoue point à haute voix : donc
la Reine se reconnaît coupable :* tels étaient les
raisonnemens universels, en ce temps-là. Le baron
de Breteuil, à la sollicitation de la Princesse outragée, demanda la permission au Roi de lui faire un
Rapport officiel sur la marche et sur le matériel du
procès qu'instruisait la grand-chambre. Ce rapport
solennel eût paru, aussitôt, dans les gazettes ; et sa
lumière eût éclairé tous les esprits. Louis XVI répondit « qu'il était au-dessous de la Reine de France
» d'entrer en explication avec le public. » L'erreur
prit racine, et porta ses fruits.

Quatre ou cinq années auparavant, une Madame de
Villers avait mis en circulation de fausses lettres de
change, signées *Marie-Antoinette*, *Reine*, et ces
lettres se montaient à une somme de six ou huit
cent mille francs. Le crime fut découvert, la dame
de Villers arrêtée. Mais son mari, Trésorier de France,
estimé, honoré dans son corps, alla se jeter aux
pieds de la Reine. Il se chargea d'acquitter les lettres
mensongères ; et le Roi, qu'on devait bientôt sur-
nommer *le Tyran*, daigna pardonner ce délit im-
pardonnable.

La postérité remarquera, je n'en doute point, l'o-
piniâtre fatalité attachée à la personne de la Reine.
Une foule d'intrigans et d'industrieux, abusant ef-
frontément d'un Nom aussi respectable, prétendirent
avoir obtenu son intimité, ou sa confiance. Ils bà-

tirent leur fortune hasardeuse sur ce fondement dé-
pourvu de réalité ; et l'on verra, dans les derniers cha-
pitres de cette histoire, que les mêmes intrigues se
sont renouvellées lorsque le Nom de cette Princesse,
abymée de douleurs, aurait dû se montrer plus respectable, plus vénérable, plus sacré que jamais.

———————

CHAPITRE XX.

*La Reine confie ses chagrins à l'Archiduchesse
Christine, sa sœur.*

En exécution de l'arrêt du parlement, la comtesse
de la Mothe, mise entre deux guichets, pour lui éviter la honte publique, fut fouettée et marquée par la
main du bourreau; et, à l'instant même, on la conduisit à la Salpétrière, où elle arriva poussant les
hauts cris.

La supérieure de cet hôpital, femme ignorante et
fanatique, se prit d'un attachement et d'une compassion sans bornes pour une intrigante, digne de
haine et de mépris ; et cette Religieuse téméraire s'a-
visa de déclamer ouvertement contre l'Epouse de son
Roi. Elle aurait pu, sans crime, adoucir, comme elle
le fit, le sort de sa captive; mais elle ne borna point
là son intérêt affectueux et son zèle. Chaque jour, elle
admit des curieux de la plus haute importance dans
l'intérieur de ce lieu, destiné aux expiations; et à
tous ces personnages, plus ou moins suspects, elle
représentait sa prisonnière comme une déplorable
victime des volontés de la Reine et du baron de Breteuil.

La princesse de Lamballe, informée d'une conduite si répréhensible, vint à la Salpétrière, incognito, et après avoir répété plusieurs fois à la supérieure qu'elle était la dupe de son bon cœur, et que jamais sa prisonnière n'avait approché la Reine, elle se fit connaître, et se nomma sans détour. « Je veux » voir Madame de la Mothe, ajouta la princesse compâtissante. Toute coupable qu'est sa conduite, je » m'intéresse à son malheur, et si elle consent à ne » plus renouveller ses outrages, et à confesser enfin » la vérité, je me charge d'amener le Roi à un acte » de clémence, et de la faire transférer bientôt dans » un couvent. »

Madame, répondit, avec aigreur, *la servante des pauvres, l'arrêt du parlement ne condamne pas Madame de la Mothe à vous voir.*

Peu de temps après, une longue échelle, introduite à la Salpétrière, et appliquée, la nuit, contre les murs de la prison, facilita l'évasion de la comtesse, et le public sut, à n'en pouvoir douter, que cette violation coupable avait eu pour exécuteurs les gens même du cardinal Louis et de la maison de Soubise.

La comtesse, reçue dans une berline de poste à quatre chevaux, s'embarqua, le jour suivant, pour l'Angleterre, où elle rédigea un libelle diffamatoire, tissu de mensonges et d'horreurs. Le baron de Breteuil, informé à temps, dépêcha un homme de confiance à Londres pour traiter avec le comte et la com-

tesse de la Mothe, et acheter d'eux ce manuscrit fu-
ribond. Ils le vendirent cent mille francs comptant, et
s'en réservèrent secrètement une copie. Cette copie
fut imprimée, réimprimée, et courut l'univers en peu
d'instans.

Les ministres français, tant que la Reine a joui de
quelqu'autorité, n'ont point permis la libre circulation de cette œuvre infernale; mais, après la journée
du 10 août, on imprima le libelle avec profusion ; et
le libraire Batillot, à lui seul, en a inondé toute la
France.

La lettre suivante, écrite par la Reine elle-même à
l'Archiduchesse Christine, sa sœur, jetera les derniers
rayons de clarté sur cette machination ténébreuse et
vindicative.

*Lettre de Marie-Antoinette, Reine de France, à
Marie-Christine de Saxe-Teschen, sa Sœur,
Gouvernante générale des Pays-Bas.*

« Ne me blâmez point, ma chère sœur, je suis assez à plaindre. Je ne me donne point pour une personne très-habile ; mais on m'accorde, en général,
un jugement solide ; et, du premier abord, je vois les
choses à peu près comme il faut les voir. Ce n'est pas
à moi qu'il faut imputer *la grande publicité* que vient
d'avoir cette affaire. Je désirai, dès le principe, que
le Roi punît, *Lui-même*, l'indécente conduite de
cet évêque, par la démission forcée de sa charge, et

par l'exil. M. de Breteuil, quoique dévoué à mes intérêts, ne m'a point secondée à cet égard, et le Roi, toujours esclave des formes, a voulu renvoyer cette intrigue à son parlement. J'ai cru devoir insister. J'ai représenté le chagrin qu'on allait donner, par tout cet éclat, à une famille importante. On m'a répondu qu'il fallait *cette publicité*, pour intimider à jamais les faussaires. Et le Roi m'a rappelé, à plusieurs reprises, les fausses lettres de change de madame de Villers, qui osa prendre mon nom.

» Je n'ai point lu ce Factum dont vous me parlez, et, cependant, j'ai suivi avec attention la marche d'une si étrange affaire. Puisque ce Mémoire vous paraît digne d'être approfondi, rendez-moi le service de me l'envoyer : on l'aura soustrait à mon regard, pour épargner ma sensibilité, mise à tant d'épreuves.

» Je n'ai jamais vu la comtesse de la Mothe. On dit qu'elle a de la tournure, mais un air cavalier, et des manières peu distinguées. On l'a souvent remarquée dans la grande galerie, et dans le salon du grand couvert. Elle a été rencontrée, deux ou trois fois, dans mon petit escalier de la cour des princes : apparemment pour tromper ses dupes, et faire accroire qu'elle était reçue dans mes cabinets.

» Le duc de Nivernais m'a raconté, à cette occasion, qu'une intrigante de Paris fit sa fortune, en venant, deux fois par semaine, s'asseoir sur les marches de ce même escalier, du temps de Madame de Maintenon. Un jour, ayant trouvé le salon de cette dame ouvert, elle eut la hardiesse d'y pénétrer; elle s'avança jusques sur le balcon, qui fait saillie vers la place d'armes, et prouva, par cette effronterie, qu'elle avait la faveur de Madame de Maintenon.

» Nous sommes entourés, ici, de gens de cette espèce; et le Roi m'a dit : «Si l'escroquerie du col-
» lier et les lettres de change des la Mothe ne sont
» point punies par un arrêt des plus solennels, au
» premier jour, on imitera ma propre signature, et
» quelqu'intrigant fera des édits en mon nom. »

» Ma sœur la Reine de Naples, vient de me demander mon portrait. Elle me parle *de ma beauté* avec une tendresse qui me touche; mais je lui ai dit avec franchise, qu'elle doit se mettre en garde contre de pareilles exagérations. J'ai fait venir Sicardy au château de la Muette, tout près de Paris. Je lui ai accordé quatre séances, pour qu'il saisisse ma ressemblance de son mieux, et ce portrait sera le dernier où je *poserai*, de ma personne.

» Votre lac est, dit-on, une chose charmante. Je voudrais bien le voir, et le sillonner, deux ou trois fois par jour, dans vos petites nacelles. Ma chère sœur, vos lettres sont bien aimables à lire; j'ai lu votre dernière plus de vingt fois. M. le dauphin a couvert de baisers les quatre lignes que vous lui avez consacrées. Son esprit est digne du vôtre : son cœur est exactement le mien. Il a fait une chute, que l'on nous a trop long-temps cachée. Je ne sais si ma tendresse s'alarme trop vîte; mais il me semble que la santé de cet enfant dépérit..... Mon Dieu, ma sœur, que deviendrais-je s'il fallait le voir souffrir, et le perdre!!!

» Dites, je vous prie, à votre prince aimable que jamais il n'accorda ses souvenirs et ses hommages à personne qui en fût plus digne et plus enchantée que moi. Mes enfans vous baisent les mains; et moi, ma sœur, je vous embrasse. MARIE-ANTOINETTE. »

« *P. S.* — M. le duc de Normandie a les yeux un peu moins fendus que M. le dauphin; ils n'en seront pas moins agréables. Son frère l'aime de passion. Si on le laissait faire, il passerait ses journées auprès de son lit ou de son berceau. Puissent-ils s'aimer toujours de même! Puisque vous le désirez, je vais ordonner qu'on exécute pour vous un portrait bien ressemblant de mon gros duc de Normandie. Lorsqu'il aura atteint sa quinzième année, je veux qu'il voyage en Allemagne. Sa première visite sera pour Bruxelles, et je suis bien assurée que vous l'embrasserez de bon cœur. Vous lui montrerez *ce lac*, dont je suis toute occupée, et il me racontera les merveilles de votre beau jardin.

« Il dira: J'étais là; telle chose m'avint:
» Nous y croirons être nous-mêmes. »

» Adieu, mon aimable et bien bonne sœur. Que j'aurais de plaisir à passer nos journées ensemble! Souvent, mon cœur est gonflé de tristesse, et personne, ici, n'est capable de comprendre ou d'écouter mes chagrins. Mon âme était née pour les douceurs de l'amitié. Mais je suis Reine : et vous et moi, ma sœur, nous n'avons autour de nous que des ennemis voilés, ou des amis plus respectueux que sincères.

» Ne cessez jamais de m'aimer, vous l'avez promis à l'impératrice mourante. »

CHAPITRE XXI.

Assemblée des Notables. Le Contrôleur général
de Calonne.

———

Les Anglo-Américains, protégés par la France,
avaient triomphé. Le cabinet de Saint-James, las
d'une longue résistance inutile, venait de consentir
à leur indépendance républicaine. La paix était
conclue : nous nous regardions comme les véritables
vainqueurs; et Louis XVI, ardent ennemi des Anglais, par mécontentement et patriotisme, laissait
éclater sa joie naïve, sans précautions ni ménagement. Cette humiliation de l'Angleterre, achetée par
nos trésors, fut la cause de tous les malheurs que
l'affreuse vengeance des Anglais réservait à Louis XVI
et à son empire.

Avec de la prudence, on eût pu les éviter ces malheurs.... On commit, à loisir, toutes les imprudences
possibles; et nos voisins irrités, profitèrent des
fautes de nos ministres, comme nos ministres
avaient abusé des embarras politiques de nos voisins.

Tout-à-coup, et au milieu de l'ivresse et de la sécurité générales, le Roi, par un édit solennel, con-

voqua les Notables de son royaume, les invitant à le
venir assister de leurs lumières, pour la guérison des
maux urgens de l'Etat.

A ces notables, venus de toutes les provinces,
Louis XVI, avec franchise et bonhommie, déclara
que les finances de son trésor étaient épuisées; que
la dette publique dépassait toutes proportions possibles avec la recette, et qu'il existait un DÉFICIT
annuel des plus effrayans.

A cette nouvelle, le corps entier de la nation fit
éclater sa surprise et son mécontentement : et ce
mécontentement prit une teinte de haine et d'indignation, lorsque le contrôleur-général, au nom du
Roi, proposa les indispensables moyens qui pouvaient rétablir l'équilibre dans les affaires.

Je n'écris point ici l'histoire générale de nos temps
orageux : je ne ferai que les crayonner, pour l'intelligence de ce livre. Je me bornerai à rappeler les
causes premières, afin de les lier aux tristes événemens qui en furent la suite et le résultat.

Le contrôleur-général de Calonne, entrant dans
les vues personnelles du Roi, ne crut devoir jamais
avouer que la guerre d'Amérique venait d'épuiser le
trésor. Il voulut dérober cette joie aux Anglais, qui
le devinèrent sans peine, et qui, dès-lors, reprirent
toute la confiance et la présomption que notre bonne
administration présumée leur avait fait perdre.

Les notables, affligés d'un épuisement général

que toute leur pénétration ne pouvait s'expliquer, accusèrent tantôt l'inattention et l'insouciance du Roi, tantôt l'avidité de ses courtisans, tantôt l'infidélité des ministres, tantôt les dépenses immodérées de la cour. L'homme est avare et mesquin, de sa nature. Offrez-lui des libéralités, des dons, des récompenses,.... il vous adorera. Demandez-lui le plus petit secours, les sacrifices les plus légers,.... vous n'aurez de lui que dédains, avis, conseils réformateurs et remontrances.

Les notables se séparèrent, après avoir coûté des frais de toute espèce, et sans avoir assisté le trésor public d'un seul écu. Poussés, les uns par un véritable esprit d'ordre et de sagesse, les autres par une injurieuse curiosité, ils persistaient à vouloir connaître *l'état général de recette et de dépense*, et M. de Calonne, ministre vain et léger, s'il en fut au monde, leur répondait *qu'on ne les avait point appelés pour cela*.

Presque tous les *notables* étaient des magistrats, des bénéficiers, des gentilshommes : le ministre, cherchant à les rendre plus traitables, essaya d'effrayer leur intérêt personnel. Il publia un Rapport au Roi, dont la préface, composée par Gerbier, célèbre avocat, menaçait, dans le lointain, *les deux Ordres privilégiés,* c'est-à-dire le système monarchique lui-même.

Cette imprudence opéra le double mal d'irriter

jusqu'à la fureur Messieurs des Notables, et d'éveil-
ler dans le cœur du Tiers-état tous les rêves et toutes
les prétentions de la démocratie. Ces choses se passaient sous les yeux du Monarque, assez peu clairvoyant pour ne pas s'en épouvanter, assez peu versé
dans la connaissance des hommes pour croire que
de pareils moyens étaient bons dans les mains d'un
Roi !

M. de Calonne, cherchant à déguiser, ainsi que je
l'ai dit, la véritable cause du mal, faisait remonter le
déficit jusqu'à Louis XIV. Quelqu'une de ses réflexions ou de ses assertions traita de chimère le fameux Compte rendu de 1781. M. Necker, aussitôt,
rentra dans la lice, et par un Mémoire, fort de raisonnement et de preuves, il démontra que le mal ne
remontait qu'à sa démission de 1781.

Cet écrit extermina M. de Calonne, et le Roi se
vit obligé de le renvoyer. On l'avait cru jusqu'alors
la créature de la Reine : il n'en était rien. Marie-
Antoinette, au contraire, demandait l'éloignement
de ce ministre, et elle le fit remplacer par un personnage, qu'elle croyait homme de génie et de probité.

~~~~~~

CHAPITRE XXII.

L'Abbé de Brienne.

L'ABBÉ de Loménie de Brienne, archevêque de Toulouse, s'était fait une réputation distinguée aux États du Languedoc, dont sa prélature lui donnait la présidence. C'était une réputation usurpée : l'archevêque ne possédait que des superficies. Sa vanité, beaucoup plus que son avarice, lui avait fait désirer, toute sa vie, le poste éminent où l'appelèrent nos malheurs. Il y commit faute sur faute. Au lieu de réconcilier le trône et ses défenseurs naturels, il aigrit ceux-ci au préjudice de l'autre. Là où Mazarin eût mis de la concession et de la politesse, il mit de la hauteur et de l'arbitraire, comme Richelieu. Là où Richelieu eût mis de la vigueur et de la persévérance, il ne laissa voir que de l'irrésolution et de la peur. Les fureurs populaires arrivaient à grands pas : et il détruisit nos grandes magistratures, dont l'épée flamboyante avait défendu sans cesse les portes d'Eden.

Prêtre impie, et remarqué parmi les incrédules, il perdit un temps considérable à se faire nommer

cardinal; et ce violent ennemi des religieux, des
parlemens, de la noblesse et de toutes les institutions conservatrices, avait toujours été le plus avide
et le plus arrogant des humains.

L'abbé de Vermond, ancien précepteur, et, depuis, lecteur de la Reine, l'avait donné à cette Princesse comme un de nos premiers hommes d'État.
Cette bévue, intéressée, produisit des maux incalculables. La Reine, avant que les choses fussent dé-
sespérées, pria le cardinal de rentrer dans le tour-
billon, et proposa le rappel de Necker et des cours
souveraines, que la nation redemandait à grands
cris.

Arrivant au ministère avec la bienveillance de la
Reine et l'honorable appui des parlemens, M. Necker
pouvait bien aisément sauver la France. Par malheur, cet habile financier n'était qu'un politique mé-
diocre. L'excessive popularité dont il jouissait alors
dans le monde, flattait son orgueil, incurable maladie de son esprit. Il avait promis aux protestans, ses
confrères, tous les avantages que ce parti désirait reconquérir dans l'État. Il avait promis aux philo-
sophes le triomphe de *la raison*, déesse de ces fous
académiques. Il avait promis quelque part de succès,
quelque part de faveur (et la suite l'a bien prouvé),
à tous les Niveleurs de cette époque.

Partant de ce point désastreux, il s'empressa de
confirmer la promesse des États-généraux, solen-

7 *

nellement donnée par l'incendiaire archevêque. Il
en précipita la convocation et l'ouverture. Il fit entendre à Louis XVI que la division *par ordres* serait maintenue, et que le Tiers-état, néanmoins, devait jouir d'une double représentation. Cet homme,
jadis utile, maintenant funeste, alla plus loin encore :
il osa déclarer, dans son Rapport fait au Roi, que
cette double représentation *était due au Tiers,
parce que les lumières et les talens, dans cette portion de ses sujets, étaient bien plus considérables
que dans les deux autres.* Le Roi, mécontent de la
noblesse de Dauphiné et de Bretagne, qui avait re-
demandé les parlemens, et mécontent, aussi, de
l'assemblée des évêques, qui venait de refuser un subside, permit l'impression du Rapport.

Quelle union, quelle concorde pouvait-on attendre
et espérer après ce coup de tocsin populaire?... Il
en arriva ce que tout le monde prévoyait, excepté
Louis XVI et ses ministres. Les braconniers, les
contrebandiers commencèrent à se moquer ouvertement de nos cavaliers de maréchaussée ; et, dans
presque tous les régimens de France, les officiers
perdirent subitement la confiance et le respect de
leurs soldats.

Les parlemens, à la vue du péril, supplièrent le
Roi de ne pas abandonner, du moins, les formes
antiques. Sentinelles vigilantes et inspirées, ces corps
illustres signalèrent les fléaux que l'avenir indiquait à

leurs yeux. La lassitude du Monarque, la mauvaise foi des ministres, traitèrent ces *Doléances* de *folie;* et, de gaîté de cœur, sans ombrage, sans méfiance aucune, on se jeta dans la nouveauté des Etats-généraux.

CHAPITRE XXIII.

Ouverture des États-Généraux , à Versailles.

(5 mai 1789.)

M. NECKER, en créant les Assemblées provinciales, les avait organisées sur un plan conforme à son métier et à ses goûts. Leur composition était moins aristocratique et moins brillante que celle des états provinciaux : leur tenue devenait, par conséquent, moins dispendieuse. Durant le court espace de son premier ministère , il n'avait eu qu'à se louer de la déférence, de la soumission de ces assemblées, pour ainsi dire fiscales. Son esprit routinier se flatta de diriger aussi lestement, aussi commodément l'assemblée immense de la nation. Mais tout avait changé de face en un petit nombre d'années. C'étaient bien les mêmes villages, les mêmes cités, les mêmes provinces, la même France géographique, en un mot : ce n'était plus la même France morale, ce n'était déjà plus la même nation.

M. Necker, protestant fanatique, tout incrédule qu'il était peut-être à sa loi, voulut dépouiller brusquement le clergé catholique et l'ordre de Malthe.

Pour ce coup de main, digne d'un chef de bande, il lui fallait une puissance aveugle et jalouse : voilà quel fut son but véritable quand il fit consentir un malheureux Prince à doubler la représentation du Tiers-état.

Remplir ses coffres, n'importe à quel titre : il n'accepta le ministère qu'à cette condition.

Plusieurs jours avant l'ouverture des Etats-généraux, Paris vit arriver dans ses murs les élus des provinces les plus voisines. On sut à Versailles que parmi ces nouveaux députés du Tiers, il était facile de remarquer déjà des hommes bien nés, des esprits justes et faciles, qui se liaient de procédés et de bon accord avec leurs collègues futurs de la noblesse et du clergé. M. Necker en prit de l'ombrage ; et voici les mesures barbares qu'il adopta.

On régla le protocole général des costumes et de l'étiquette ; et ce protocole, injurieux et provocateur, décida que le jour de la présentation solennelle, au château, le clergé se réunirait dans le grand cabinet du Roi, la noblesse dans son salon, et le Tiers-état dans cette antichambre ou salle des pas perdus, nommée la salle de Louis XIV. Les deux battans furent ouverts quand on introduisit les deux premiers ordres : le Tiers n'obtint qu'un seul battant. Les deux premiers ordres eurent l'honneur d'aborder le Monarque en le saluant par une profonde inclination : le programme et le grand-maître des cérémonies ordonnèrent au Tiers-état de mettre un genou en terre, malgré *ses vastes lumières* et sa double représentation. Les gouvernans, pour brouiller les cartes, avaient résolu d'aigrir les députés de la troisième série : ils y réussirent, au-delà de leurs intentions.

Les murmures du Tiers-état vinrent frapper l'oreille du Monarque, au point qu'il en parut inquiet quelques instans.

A la messe du St.-Esprit, qui fut célébrée devant les Etats-généraux et la famille royale, le jeune évêque de Nancy (1) prononça le discours d'apparat. Ce discours, rempli de talent, suppliait avec dignité les représentans de la nation de ne pas abuser de leurs forces, et de se méfier de l'esprit novateur. Quand l'orateur chrétien, rendant justice à *la Fille des Césars*, parla de sa douceur, de sa bonté, de sa bienfaisance inépuisable, Mirabeau se leva, prit sa lorgnette, et osa la diriger, cinq ou six minutes, sur le prédicateur, et vers l'Epouse de son Roi.

Il paraissait, dix fois par jour, des brochures pleines de violences, et dans presque tous ces écrits, on attaquait la Reine indirectement. Elle voulait tout lire, tout connaître, et passait les nuits à pleurer.

La veille de l'ouverture solennelle, ses pressentimens acquirent un tel degré de terreur, qu'elle

---

(1) Aujourd'hui cardinal de la Fare.

aborda le Roi pour lui découvrir la triste position de son âme. Elle lui révéla d'importans secrets sur les projets de la faction maçonnique, et termina son discours par ces mots : « Feignez une attaque subite, » une maladie. Traînons les choses en longueur : le » moment n'est pas favorable. Les hommes les plus » pervers se sont emparés des élections. Ils ont la » science du crime et du mal, et vous n'avez que la » droiture de l'honnête homme. Remédions aux » maux de l'Etat, par nous-mêmes. Qu'aucun sacri- » fice ne nous coûte : il y va de votre empire et » de notre sort. L'évêque d'Usez et le jeune ar- » chevêque de Toulouse (1) me sont venus voir » au nom des principaux évêques leurs confrères : » le haut clergé vous offre, pour dix ans, la » moitié de ses revenus, et consent que vous em- » pruntiez sur ses domaines. L'ordre de Malthe, » rempli d'hommes de mérite, suivra cette noble » impulsion. Vendez vos domaines innombrables; » vous en avez le droit : Henri IV les a donnés » presque tous à la couronne. De quoi nous servi- » raient ces domaines, si nous ne les conservions » que pour périr !

» A Paris, vos salons du garde-meuble étincèlent » de pierreries et de richesses. Vendez toutes ces

(1) M. de Béthisy et M. de Fontanges.

» magnificences inutiles ; vendez jusqu'aux diamans
» de la couronne , dont le prix , lui seul , est incal-
» culable. L'ignorance ou la mauvaise foi de vos mi-
» nistres nous a mis dans un défilé : sortons-en par
» un coup de vigueur. Sauvons l'Etat par nos moyens
» personnels , puisque d'injustes préventions nous
» ont ravi la bienveillance et la confiance publiques.
» Il n'y a pas de temps à perdre , Monsieur , ajouta
» Marie-Antoinette avec émotion. Depuis dix mois
» on vous a perverti la nation française ; d'horribles
» complots sont tramés : les Cahiers des villes et des
» bourgs sont anéantis d'avance. Demain vous allez
» ouvrir la boîte de Pandore : il s'en échappera tous
» les maux , et vous n'y retrouverez pas même l'es-
» pérance. »

Louis XVI fut inébranlable. Il dit que , toute sa
vie , on le trouverait fidèle à ses engagemens.

La salle des Etats-Généraux avait été décorée avec
une magnificence inouie , que n'autorisaient pas nos
besoins. A midi , le Roi parut sur son trône , vêtu de
son grand costume et du manteau royal. Le fauteuil
de la Reine , placé deux degrés plus bas , et à la
gauche du Prince , ne se trouvait point sous le dais.
Marie-Antoinette remarqua cette circonstance , et les
larmes lui vinrent aux yeux.

Pleine de bon sens , et animée de cet esprit conci-
liateur qui n'appartient qu'aux grands caractères ,
elle était vêtue , ce jour-là , avec la plus touchante

simplicité. Pas un seul diamant sur toute sa personne. Point de boucles d'oreilles. Point de collier. Ses bracelets n'étaient que deux rangs de perles. Sa robe, de taffetas blanc, laissait voir quelques franges d'or, et sa coiffure, surmontée de trois plumes et d'une aigrette, eût paru mesquine, si les grâces naturelles de son maintien et de son ensemble n'étaient venues s'y joindre pour l'embellir.

Le discours solennel du Monarque fut très-applaudi de l'Assemblée. On cria long-temps *vive le Roi*, *vive la Reine;* et ces marques d'estime et de bienveillance, ayant fait couler les pleurs de cette Princesse, les cris de *vive la Reine* recommencèrent jusqu'à trois fois.

Ce premier hommage de la civilité française, de la justice et de la loyauté, fut la dernière consolation que Marie-Antoinette ait reçue en France. Depuis ce jour, elle n'a plus connu que dédains, que dénonciations, qu'accusations de toute espèce, que menaces et qu'attentats. Il est bien juste que nous la pleurions aujourd'hui, après trente années. Il est bien juste que l'encens de la douleur et de la pitié fume, devant nos autels, sur ses sarcophages : car c'est notre peuple abominable qui l'a offensée, qui l'a outragée, qui lui a contesté ses vertus, et qui, l'abreuvant d'opprobre et de désespoir, l'a précipitée, du haut d'un échafaud, dans la tombe.

CHAPITRE XXIV.

*Les États-généraux deviennent menaçans. Dispo-
sitions répressives. Le prince de Lambesc.*

———

Tout ce que Marie-Antoinette avait prédit à son
Époux, se vérifia. L'assemblée des États-généraux,
dès le second jour, ne présenta plus que le spectacle d'une arène de gladiateurs. L'ordre de la noblesse et l'ordre du clergé, diffamés, avilis par le
Gouvernement lui-même, s'aperçurent que le Tiers-
état ne visait qu'à leur destruction. M. Necker pressait, de toutes ses forces, l'adoption de ses moyens
et de ses plans réparateurs. Les députés laissèrent là
tout ce qui concernait la chose publique, pour s'occuper, avant tout, de leurs misérables querelles et
de leurs rivalités. Le contrôleur-général, malgré
toute la popularité de ses mesures, perdit la confiance des Communes, éprouva bientôt une improbation manifeste, et, peu de temps après, ne put
former aucun doute sur l'animadversion que le
Tiers-état lui portait.

Le premier ministre ouvrit enfin les yeux, et vit

toute l'horreur du précipice. M. Necker, désabusé de ses cruelles théories, se rappela, mais trop tard, qu'un Roi sans détours et sans expérience l'avait chargé de son salut. On fit approcher des régimens bien intentionnés, destinés à contenir l'effervescence de la capitale.

Tous les moyens de corruption furent alors employés avec audace. Les ennemis de Louis XVI parvinrent à lui ravir l'estime et la fidélité des soldats.

Le Palais-Royal, séjour du premier prince du sang, devint le foyer de toutes les agitations que chaque instant voyait éclore ; et c'est en ce lieu que la résolution fut prise d'enlever la Bastille au Monarque, et de changer la face de l'Etat.

Le prince de Lambesc, parent de la Reine, était un jeune officier rempli de courage, sur les talens et la fidélité duquel le Monarque pouvait compter : on lui confia le soin de disperser les attroupemens populaires, et la mission d'introduire quelques troupes allemandes dans Paris.

Le jeune prince, hué, insulté sur la place Louis XV, lança son cheval fougueux vers un groupe de mutins, qui se replièrent, et qui voulurent pénétrer dans les jardins du château ; il les y poursuivit, causa la chute non pas d'un vieillard, mais d'un jeune instituteur, et se vit, à son tour, assailli par des milliers de séditieux.

Le Roi apprit ce commencement de désordre, à Versailles. Si, trouvant en son âme l'énergie que les souverains ne peuvent se dispenser de faire voir, au jour du péril, il eût suspendu les Etats-généraux jusqu'à la cessation des troubles ; s'il avait, sur le champ, publié l'ordre de rechercher, de punir les rebelles, en appuyant cet ordre rigoureux de sa propre attitude et de son courroux, la commotion n'aurait pas eu de suites : le peuple et les agitateurs se seraient cachés dans l'ombre. Le Roi se tut complètement ; le ministère biaisa ; le palais-royal redoubla ses clameurs ; les perturbateurs triomphèrent.

Alors Versailles apprit, coup sur coup, la défection des gardes françaises, le pillage de l'Arsenal et des Invalides, l'incendie des barrières et la dispersion des commis, la prise de la Bastille et le meurtre du brave Launay, son gouverneur ; l'égorgement de l'intendant de Paris, sur les marches de l'Hôtel-de-Ville ; la mort ignominieuse de son beau-père, du respectable M. Foulon, pendu au réverbère, et puis coupé en lambeaux.

Sur les représentations de la Reine, on ferma, jusqu'à nouvel ordre, la salle des Etats-généraux. Mais, peu de jours après, les députés (sans autorisation) se réunirent au jeu de paume, et y prêtèrent le fameux serment de ne plus obéir aux volontés de la cour.

Le nom d'Etats-généraux cessant de convenir à ces révoltés, qui allaient désavouer leur mandat et leur origine, cette réunion d'Erostrates abolit la démarcation des trois ordres, et, profitant de la majorité que l'imprudent ou perfide Necker y avait amenée , s'intitula *Assemblée de la Nation.*

Tous les excès commis par cette assemblée , dite *nationale*, sont devenus les récits de divers auteurs. Il s'est trouvé des plumes assez complaisantes pour accorder quelques louanges ou à ses travaux , ou à ses intentions. . . . . Ma plume ne descendra jamais à de pareilles condescendances. Ami de la paix et du bon ordre, j'ai les factions et les factieux en horreur. Témoin de toutes les calamités que ces hommes de rapine ou d'orgueil ont jetées à pleines mains sur ma patrie , je les ai jugés par leurs œuvres ; et je sais, d'ailleurs, qu'ils ont fait le mal parce que le mal était l'élément et le besoin de leur cœur. Qu'ils jouissent de leurs fortunes criminelles et scandaleuses ; qu'ils nous écrasent sous les roues de leurs équipages , après avoir immolé nos amis dans les prisons et sur les échafauds. Les voilà chargés de décorations et de titres, eux qui bouleversèrent les royaumes pour faire triompher le culte de l'Egalité. Leurs palais somptueux , leurs tables , leurs trésors , les ont mis au-dessus de nous , au-dessus des lois elles-mêmes....... Un tel état de choses est une trop dure affliction pour la vertu , pour la morale outragées ! Mais si le mépris public est un contre-poids à d'injustes jouissances , et si les honteux remords gâtent les plaisirs d'ici bas , peut-être ces hommes gorgés de prospérité ne sont-ils pas aussi heureux que leur fastueuse impunité pourrait le laisser croire.

CHAPITRE XXV.

Journée du 6 octobre.

L'ORDRE de la noblesse ayant refusé de se réunir à l'Assemblée générale, qui, dédaigneusement, abandonnait le nom d'Etats-généraux, Louis XVI épouvanté ordonna à ces évêques, à ces gentilshommes, de cesser toute résistance, et de se laisser emporter au torrent. S'ils avaient suivi les conseils de Marie-Antoinette, qui voyait les choses tout autrement que son Epoux, ils auraient persisté dans leurs énergiques protestations, et, par une scission inébranlable, opéré le salut de l'Etat. Le respect pour le Roi prévalut dans ces âmes chevaleresques, et en obéissant au Monarque, ils se perdirent avec lui.

Le clergé eut beau renoncer à ses dîmes, et les seigneurs de paroisse à leurs droits féodaux ; les deux premiers ordres de l'Etat se soumirent en vain à descendre de leur piédestal, pour supporter, malgré leurs dispendieuses obligations, toutes les charges publiques : la haine du Tiers n'en fut pas un instant diminuée. Il exigea, non pas l'abaissement de ses rivaux, mais leur dispersion, mais leur ruine totale. On eût cru voir, non deux castes dans une même nation, mais deux peuples absolument opposés, deux peuples ennemis depuis des siècles, deux peuples résolus à s'entre-détruire par la diffamation et l'assassinat.

Les *comités des recherches* s'organisaient de toutes parts, depuis que la nation, exaltée par un moteur invisible et secret, s'était armée, du nord au midi, le même jour, à la même heure. Les nobles, désignés à la fureur des paysans et des populaces, tombaient massacrés dans les villes, dans les hameaux, dans les forêts. Les châteaux brûlaient au milieu des campagnes. Le calme des champs n'existait plus : les vibrations du tocsin venaient glacer les cœurs durant le jour, au sein des ténèbres.

Le Roi, de temps en temps, mettait sous les yeux de l'assemblée nationale un si douloureux tableau. Le style même de ces plaintes dévoilait toutes les craintes de leur auteur, et les hommes qui s'étaient saisis du pouvoir ne se disposaient pas à le rendre.

La Reine, imitant son auguste mère, vit qu'une position si déplorable ne pouvait changer que par un coup d'état. On appela le régiment de Flandre à Versailles, et les officiers de cette légion, presqu'allemande, fraternisèrent avec les gardes-du-corps. Il y eut un brillant repas dans les beaux emplacemens de l'Orangerie ; Marie-Antoinette fit le tour des tables, accompagnée de son aimable dauphin.

8

Deux jours après, trente mille bandits, venus de la capitale, assiégèrent le château de Versailles, égorgèrent les gardes-du-corps les plus intrépides, pénétrèrent, à quatre heures du matin, dans la chambre à coucher de la Reine, et furent sur le point de répandre son sang.

Le Roi, pour calmer toute cette populace immonde, que le général la Fayette ménageait, que les gardes-françaises excitaient du geste et de la parole, consentit à quitter pour toujours le palais de Louis XIV, et vint se constituer en ôtage dans cette capitale bouleversée, où, depuis la chute de la Bastille, tous les forfaits se commettaient impunément.

L'assemblée nationale, secrètement liée avec les auteurs des derniers crimes, transféra promptement ses bureaux à Paris. Libre, désormais, dans ce labyrinthe, où le bien et le mal sont inaperçus, elle affermit rapidement sa puissance, et parut s'occuper sans relâche du soin de forger une constitution.

Cependant, le Châtelet de Paris, encore debout, informait des excès commis à Versailles, dans la nuit du 5 au 6 octobre. Les nombreux témoins entendus chargeaient le duc d'Orléans, le duc d'Aiguillon, et quelques autres ennemis personnels de la Reine. Cette magnanime Princesse, invitée par les commissaires à fournir au tribunal sa propre déclaration, répondit ces paroles attendrissantes : *J'ai tout vu, j'ai tout su, et j'ai tout oublié.*

Le premier prince du sang, sur le conseil même de ses amis, partit pour la capitale de l'Angleterre. Au lieu de rentrer en lui-même, et de considérer à tête reposée l'effroyable chemin qu'il avait parcouru, il écouta plus favorablement que jamais les secrètes inspirations de sa haine, de sa vengeance; et, pour son malheur, comme pour le nôtre, il se lia avec Pitt, le plus habile et le plus méchant homme qui jamais ait fait mouvoir le timon des états.

CHAPITRE XXVI.

Le Duc d'Aiguillon. Le Duc d'Orléans.

LA postérité, paisible et désintéressée, demandera, dans sa douleur et sa surprise, pourquoi la plus belle femme de l'univers, pourquoi la Reine la plus gracieuse et la plus aimable, pourquoi la fille de Marie-Thérèse, l'auguste sœur des empereurs Joseph et Léopold, a trouvé chez les gentilshommes français des ennemis ardens, furieux, implacables .. Ces ennemis, dont le rang lui seul condamnait la conduite, Marie-Antoinette ne les avait point mérités. Je vais le prouver aisément, et en bien peu de paroles.

Le duc d'Aiguillon, fils d'un gouverneur de Bretagne, que Louis XV, avec injustice, s'était plu à défendre contre la sévère équité du parlement : le duc d'Aiguillon, comblé de richesses et d'honneurs, devait, ce semble, et son amour et son respect à la famille royale. Ce seigneur oublia tous ses devoirs, pour satisfaire un ressentiment particulier, dont il faut dévoiler la cause.

Libertin par désœuvrement, par ton et par habitude, il voulut séduire une jeune Élève de Saint-Cyr, admise, après son éducation, dans les appartemens de la Reine. Marie-Antoinette, informée d'un semblable projet, fit observer soigneusement le duc, et le surprenant elle-même dans un de ses cabinets, le fit rougir d'une immoralité si téméraire et si offensante. M. d'Aiguillon mit un genou en terre, obtint sa grâce, et ne pardonna jamais ses torts et son affront.

───────────

Philippe-Joseph, d'abord duc de Chartres, et puis duc d'Orléans, était né avec des dispositions plus heureuses que malfaisantes. Une instruction vaste et solide avait perfectionné son éducation, que tous ses contemporains se sont accordés à trouver digne de sa naissance. Fils d'un père indulgent et affectueux, peut-être connut-il trop facilement et trop tôt la plus entière indépendance. Quoi qu'il en soit, il se montra fils respectueux, époux rempli d'égards (à défaut de tendresse), et l'un des meilleurs pères qu'on ait remarqués dans ce haut rang. Sa bravoure, son intelligence militaire, ne furent jamais équivoques : on lisait ces deux bonnes qualités dans son extérieur.

Ayant eu le bonheur d'épouser la fille unique de l'opulent duc de Penthièvre, il se trouvait au moment de posséder la plus belle fortune du royaume. Arrière-petit-fils du roi Louis XIII, le duc d'Orléans désira rapprocher sa branche de la tige royale, par un

double hyménée, qu'il vint proposer au Roi. « Sire,
» lui dit-il, vous mettrez le comble à ma félicité, si
» vous daignez accorder Madame première au duc de
» Chartres, mon fils, et le jeune duc d'Angoulême à
» ma fille. Louis XIV unit sa fille bien-aimée au Ré-
» gent, mon illustre aïeul : mon dévouement, ma
» fidélité me permettent d'espérer aujourd'hui la
» même faveur, la même récompense. »

Louis XVI avait déjà fait ses projets d'hymen pour
Madame première. Mais il n'osa point contrarier le
duc d'Orléans, et il lui répondit, en peu de mots,
qu'il verrait ce mariage de sa fille avec plaisir, « ayant
» toujours souhaité de ne la point éloigner de Ver-
» sailles. »

Le duc d'Orléans baisa la main du Roi ; et de retour au Palais-Royal, il parla du mariage consenti,
comme d'une chose assurée et prochaine.

Il y eut un dîné superbe à Mouceaux ; presque
tous les ambassadeurs s'y trouvèrent. Le duc d'Orléans porta les santés de la Famille royale, et *celle
de Madame première, épouse future de son fils.*
Ce mariage de concorde aurait fait plaisir à toute la
France : les illustres convives félicitèrent M. le duc
d'Orléans.

Peu de jours après, le Roi dit à son Cousin que
s'entretenant de cette affaire en famille, la Reine lui
avait remis en mémoire des engagemens bien antérieurs, et que ce mariage ne pourrait avoir lieu.

Le duc d'Orléans, très-affecté, supplia le Roi de ne pas revenir sur sa parole donnée ; il lui observa la circonstance des ambassadeurs, et le bruit déjà répandu dans la capitale. Les choses demeurèrent rompues : Louis XVI n'eut point la force de changer d'avis.

J'ai dû, comme historien, rapporter ce fait, qui est connu de toute l'Europe. Il ne m'appartient pas de censurer ici avec amertume cette irrésolution d'un Roi, que sa fin déplorable a rendu si cher à tous les bons cœurs. Mais qu'il me soit permis de dire rapidement, de dire avec une noble franchise, que le duc d'Orléans, à cette époque, n'avait point démérité de la Cour. On blessa trop vivement une âme irascible et fière. Les caractères de ce genre sont excellens amis, ou mauvais ennemis. Le choix était si aisé à faire : pourquoi Louis XVI ne l'a-t-il point fait !...... Réflexions déchirantes ! regrets superflus ! que de larmes, que de revers dans l'une et l'autre famille ! que d'admirables qualités perdues ! quelles races éteintes ! quelle immense ruine donnée en spectacle à l'univers !

Quant à la Reine, on l'a punie d'une improbation qui n'était ni dans son caractère, ni dans son âme. Je l'affirme, parce que j'en ai l'assurance : elle désapprouva la mortification donnée à M. le duc d'Orléans. Elle aimait d'une amitié tendre et respectueuse ce duc de Penthièvre accompli, dont Madame d'Or-

léans était la fille. Donner de semblables parens à
Madame première eût été pour Marie-Antoinette un
doux échange, une garantie, plutôt qu'une séparation. Mais le Roi son époux, involontairement porté
aux antipathies, s'était persuadé que la jeunesse un
peu mondaine de son Cousin supposait des mœurs
en contradiction avec les croyances religieuses, et
son attachement excessif pour sa fille lui fit adopter
un autre hyménée, qui la retiendrait, pour toujours,
et sous ses yeux et dans son palais. Louis XVI ne se
ressouvint pas que les filles des rois sont du domaine
extraordinaire de la politique. Et le duc d'Orléans
feignit d'oublier que le premier devoir du premier
des princes est une obéissance respectueuse et sans
bornes envers le Chef de la Famille et de l'Etat. L'excès de son irritation mit à nu tout son caractère :
et ce caractère implacable et terrible justifia, lui seul,
toutes les répugnances du Roi.

CHAPITRE XXVII.

Le Général de la Fayette.

———

LE marquis de la Fayette n'avait ni prévu, ni projeté le rôle extraordinaire dont le chargea la révolution. Au collége du Plessis, où il fit ses études, on l'avait vu doux, modeste, recueilli; et son plus grand plaisir, à l'âge de quinze ans, était d'aller passer, dans une tribune de la chapelle, les momens que ses camarades employaient si volontiers en récréations. Le collége entier le croyait dévôt.

Peu de temps après son mariage, il obtint du service en Amérique, et ne reparut en France qu'à la paix des Etats-Unis.

Nommé, par son bailliage, député de la noblesse aux états-généraux, il protesta, d'abord, contre les prétentions subversives du tiers-état; mais sa résistance ne fut pas de longue durée, il abandonna ses confrères, et passa du côté des ennemis de son ordre, chez lesquels il trouva quelques gentilshommes de marque, et parmi ceux-ci Mirabeau.

La garde nationale de Paris, chose nouvellement

créée, le nomma son commandant-général, et lui donna un état-major, un train, une représentation.

M. de la Fayette, quoique gendre du duc de Noailles, ne possédait qu'une fortune bornée. La Reine et le Roi pensèrent que le désir d'améliorer son sort venait de le jeter dans les troubles : il paraît qu'à cet égard, on était dans l'erreur. Le jeune officier, semblable au cardinal de Retz, visait, par-dessus tout, à cette considération large et aventurière qu'on trouve dans le désordre plus facilement que dans le devoir.

Peu de gens ont assez d'aplomb pour s'étudier et se juger eux-mêmes. Le marquis de la Fayette, pour n'avoir pas mesuré de l'œil sa carrière, ne put arriver jusqu'au bout. Il avait aisément compris que le Gouvernement se perdait, faute de pénétration et d'énergie : il ne comprit pas que ces mêmes désavantages le compromettraient lui-même incessamment.

Parce que la masse du peuple, aux Etats-Unis, s'était montrée obéissante et dévouée, il estima qu'il manierait aussi aisément nos faubourgs.... Plus d'une fois ces faubourgs versatiles et infernaux le firent pâlir comme à sa dernière heure ; et le chagrin d'avoir ainsi gâté sa réputation militaire le ramena vers les modérés de l'Assemblée constituante, qui n'osèrent ni le rebuter, ni le retenir.

CHAPITRE XXXIII.

Le Comte de Mirabeau.

Tous *nos malheurs nous viennent de Provence*, disait la Reine fort souvent. Cette parole était bien vraie, quand même elle n'aurait désigné que Mirabeau.

La Nature, qui organisa ce pervers, avait voulu pour ainsi dire se disculper, en déployant son âme sur son visage. Il n'exista jamais une laideur aussi monstrueuse, un assemblage de traits aussi révoltans. Il le sentait si bien, lui-même, qu'il faisait sa grande toilette au sortir de son lit. « Mon coiffeur, disait-il, m'est plus nécessaire encore que mon éloquence (1). »

Haï de la noblesse provençale pour son immoralité portée à l'excès, il vendit de la toile publiquement, à Aix, afin d'obtenir les suffrages populaires. Cette basse jonglerie, qui aurait dû le faire mépriser des honnêtes plébéiens, lui valut sa nomination. Et sa nomination perdit la France.

Coupable et convaincu de tous les crimes qui

---

(1) Parlant de son visage, il disait *ma hure*.

trouvent des punitions dans nos lois, il avait échappé
à la vindicte publique, et sa famille s'était bornée à
le punir de quelques années d'emprisonnement.
Dès la seconde assemblée des notables, Mirabeau
écrivit contre les lettres de cachet. Et, certes, il avait
grandement raison d'en médire, puisque ces lettres
de cachet imprévoyantes, avaient sauvé un grand coupable comme lui.

Dès l'ouverture des états-généraux, il déclara la
guerre à la Cour, et soumit à ses propres volontés et
la bourgeoisie, et le peuple. Son éloquence, toute en
exagérations, en blasphèmes, en cris de meurtre et
de pillage, l'établit roi de la multitude, en ces tristes
momens où le véritable Roi ne se montrait plus.
Après avoir tonné, comme Stentor, contre les préten-
dues dissipations de la Famille royale, ce dissipateur
de son propre bien, ce ravisseur du bien des autres,
allait promener sa grotesque personne dans la grande
galerie du château. Il poursuivait la Reine jusques
dans le salon de ses dîners publics. Il la regardait. Il
l'offensait. Et puis, il se plaignait insolemment du
peu d'égards qu'un grand homme comme lui trouvait dans le palais de Louis XIV (1).

---

(1) Avez-vous remarqué, disait-il, un jour, chez le peintre
duRoi, avec quelle aversion m'a regardé cette Femme? Elle m'a
fait des grimaces, pendant tout le dîner. — Oh! mon Dieu,
non, lui répondit, aussitôt, une dame : la Reine ne vous a

A peine la nouvelle de la prise de la Bastille fut-elle
parvenue à Versailles, le conseil du Roi décida qu'il
fallait, sans perdre une minute, fermer la salle des
états-généraux. Les ambassadeurs arrivèrent avant
le coucher du Prince, et lui demandèrent l'arrestation des députés les plus factieux. La Reine demanda,
tout au moins, leur dispersion, avec surveillance
dans leurs provinces.... Louis XVI craignit *que cette
mesure n'irritât encore les esprits.*

  La salle des états-généraux demeura fermée l'espace de trois fois vingt-quatre heures. Mais par les
conseils actifs de Mirabeau, les députés se réunirent
au Jeu de Paume, et se constituèrent assemblée nationale, ainsi que je l'ai déjà raconté. Lorsqu'on
vint signifier, de la part du Monarque, à ces rebelles, l'injonction de se séparer, Mirabeau, de sa
voix formidable, s'écria : *Dites à ceux qui vous en-
voient que nous sommes réunis par la volonté du
peuple, et que nous ne nous séparerons que par la
force des bayonnettes.*

  La Cour ne prit point au mot ce téméraire, et peu
de temps après, les gardes-du-corps du Monarque
furent égorgés en le défendant ; le lit de la Reine fut

---

peut-être point remarqué. Comme elle s'ennuie à ces repas
de représentation, où jamais elle ne mange, elle y bâille
malgré elle. Et voilà ce que vous avez pris pour des *grimaces* et des mépris dirigés sur vous.

percé de coups de poignards et de bayonnettes, et la famille royale traînée à Paris en captivité.

A Paris, Mirabeau sut que les factieux, rassemblés autour du premier prince du sang, voulaient lui faire accepter la couronne, et il apprit que ces novateurs le perdaient, lui, dans l'esprit du duc d'Orléans. Changeant aussitôt de manœuvre, il se retourna du côté du Roi. Sa coupable main osa écrire à ce Prince une lettre que les *Mémoires de Weber* ont réimprimée, et que je vais rapporter, en l'abrégeant :

« SIRE,

» Il y a dans le sein de l'Assemblée une faction
» qui a juré de vous précipiter du trône. Acceptez
» mes services, et je vous y raffermirai.... Je rends
» justice à vos bonnes intentions, à votre droiture
» respectable; mais pour rétablir l'autorité royale et
» ramener les choses au point d'où l'on s'est écarté,
» j'ai besoin d'un coopérateur qui soit doué d'une
» volonté ferme et invariable. Ce caractère, Sire,
» n'est point le vôtre. Je désire, si ma proposition
» vous sourit, je désire que vous cédiez l'exercice de
» l'autorité royale au comte de Provence *Mon-*
» *sieur*. Ce prince (qui s'est rendu agréable au
» tiers-état) prendrait le titre de lieutenant-général
» du royaume, et vous n'en seriez pas moins notre
» Roi. »

Louis XVI, qui le croirait, donna les mains à ce traité : le plus grand des hasards nous en a transmis la preuve matérielle. Louis XVI fit plus, il signa les Articles par lesquels Mirabeau stipulait en sa faveur une forte somme d'argent, et une ambassade après son ministère.

La Reine, en réfléchissant à ce traité, fondit en pleurs. Elle supplia le Roi *de songer à sa gloire*, et chargea une de ses Dames de lui amener Mirabeau. Elle le reçut dans le parc de Saint-Cloud; lui promit non-seulement l'adhésion totale du Roi, mais la sienne; se chargea de payer ses dettes, qui étaient considérables; et lui garantit, de plus, un capital de deux millions, pour lequel Marie-Antoinette engagea dès le lendemain ses pierreries.

Les anciens amis de Mirabeau, le voyant rétrograder journellement, et mitiger peu à peu ses doctrines, comprirent qu'il avait changé de bannière : ils l'empoisonnèrent précipitamment. Et sa mort, juste punition de ses crimes, fut aussi nuisible et funeste à l'Etat, que l'avaient été son génie et son existence (1).

---

(1) *Extrait des Mémoires de Madame la comtesse de Mirabeau, née de Marignane, plaidant en séparation.* (1783).

» Il n'a jamais connu de devoir; s'est joué de l'honneur, » de la bonne foi, de la vertu; il n'a respecté ni les liens du » sang, ni ceux de la nature: Il a attenté à la propriété d'au- » trui; et son caractère féroce a menacé la société. Il a été » mauvais fils, mauvais époux, mauvais père, mauvais ci- » toyen, sujet dangereux. Il a accablé sa femme d'injustes » soupçons et de coups réitérés ! ! ! etc. »

CHAPITRE XXIX.

Nos Princes.

_____

A PRÈS la chute de la Bastille et la défection des gardes-françaises, il n'y avait plus d'espoir raisonnable que dans l'appui des étrangers. Tous les gentilshommes en état de porter les armes sortirent du royaume, et se rendirent sur les bords du Rhin.

Le comte d'Artois, ennemi (par honneur) de tous les empiétemens outrageux que se permettait, chaque jour, l'Assemblée, était devenu l'objet des blasphèmes patriotiques. Les pamphlétaires l'attaquaient librement dans sa vie privée, dans sa vie publique ; et les héros de la Bastille et de la Grève commençaient à mettre en question si ce jeune prince devait vivre ou mourir. La Reine et le Roi l'appellèrent dans leur cabinet, le supplièrent de conserver ses jours pour sa jeune et intéressante famille, et son auguste Frère lui commanda de se joindre de suite à l'émigration du Rhin, dont il lui confia la direction et la correspondance.

Le prince de Condé, âgé, pour lors, de cinquante-trois ans, était dans toute la vigueur de l'âge. Avant la prise de la Bastille, l'épée de connétable et la dictature, remises en ses mains, eussent glacé de frayeur et les groupes du Palais-Royal, et les imprimeurs de Paris, et les États-Généraux, et Mirabeau lui-même. Après la chute de la Bastille, sanctionnée par le silence de la Cour, il ne restait plus d'asile aux Condé que dans le sein des armées étrangères. Le grand-père, le fils et le petit-fils sortirent de France, n'emportant avec eux qu'un faible trésor.

Le comte de la Marche, dernier prince de Conty, résigné à tous les sacrifices et de la fortune et du rang, ne put se résoudre à quitter la terre natale, où le retenait sa langueur et un faible rayon d'espoir. Il avait déjà dénaturé la plus grande partie de son patrimoine. Il se flatta, mais en vain, que son nom, presqu'inaperçu, pourrait échapper à la tempête. Les meurtriers de Louis XVI le firent avertir, dans son paisible château de Lagrange, que la tige d'un Bourbon ne pouvait convenir au sol de la République, et qu'il fallait ou porter sa tête sur un échafaud, ou laisser vacans et disponibles ses deux hôtels de la capitale, ses châteaux, ses domaines et son immense mobilier. On avait l'air de s'indigner contre l'émigration des riches et des seigneurs : et ceux qui n'émigraient pas assez tôt, on les contraignait de le faire.

Le duc de Penthièvre, prodigue de ses trésors envers le peuple et les malheureux, avait long-temps joui des respects de la capitale. Maintenant, les es-

9

prits étaient changés. Un grand nom ressemblait à
un grand crime. On eut l'air d'oublier le duc de
Penthièvre, parce que son âme souffrante annonçait
de reste qu'il allait mourir. Il mourut, en effet, en apprenant l'horrible trépas de la princesse de Lamballe,
sa belle-fille. Et lorsqu'on sut que Madame d'Orléans, fille unique du bon prince, recueillait cette
succession, objet des convoitises nationales, on
chassa Madame d'Orléans du Royaume, en vertu
d'une ordonnance, d'un réquisitoire et d'un décret
directorial.

CHAPITRE XXX.

Départ pour Longouï.

Sı l'Assemblée nationale , mieux instruite des causes politiques et morales qui font prospérer nos Voisins , avait eu le bon esprit de donner au peuple français la constitution d'Angleterre, Louis XVI, de guerre-lasse , aurait fini par signer cette transaction : laissant à la paisible expérience le soin d'acclimater l'administration la moins imparfaite que puisse désirer un peuple ombrageux. Mais on sut, à n'en pouvoir douter, que les empoisonneurs de Mirabeau s'étaient prononcés contre le système des *deux chambres*, et que tous ces hommes de rapine avaient juré l'extermination de la noblesse monarchique, dont ils allaient envahir les grands biens.

Le Roi, naturellement juste et consciencieux, ne put se résoudre à sanctionner et à présider un ordre de choses semblable. Il résolut de quitter Paris, et d'aller chercher, au loin, la liberté, la sécurité qu'il ne pouvait plus trouver dans sa capitale. Sous prétexte de maladie , il partit pour Saint-Cloud ; et lors-

9

qu'il fut installé dans cette résidence champêtre, la
Reine s'occupa de préparer une évasion.

On devait s'échapper, de nuit, par Ville-d'Avrai
et les campagnes. Une escadre, en sation du côté du
Hâvre, s'attendait à recevoir les illustres fugitifs, accompagnés de leurs plus fidèles serviteurs; et des
vaisseaux les auraient transportés de suite sur la
frontière la plus voisine des Pays-Bas, où commandait l'archiduchesse Marie-Christine.

Avant de se confier à l'escadre mouillée devant le
Hâvre, la Reine voulut savoir les noms de tous ses
officiers. Son courrier lui en rapporta la liste; elle y
trouva, en tête, le vice-amiral Baré de Saint-Leu,
fils naturel du duc d'Orléans. Elle s'effraya; plus
pour sa famille que pour elle-même; et ce projet de
départ fut à l'instant abandonné.

A Paris, la Reine fut bien loin d'avoir les mêmes
facilités; et néanmoins, son âme redoubla d'activité, de soins ingénieux, et de courage et d'espérance. Depuis la dispersion des gardes-du-corps, la
garde nationale parisienne faisait l'entier service du
château : surveillant, observant, dénonçant chaque
jour et sans cesse. Il y avait dans cette garde nationale un grand nombre d'hommes purs et bien intentionnés : ceux-là rendaient, quand la chose se
trouvait en leur pouvoir, tous les bons offices possibles ; les autres étaient de vrais cerbères, sans politesse, sans humanité.

La Reine, toujours étroitement liée avec la princesse Christine, sa sœur, commença par lui faire parvenir quelques objets précieux, et la meilleure partie de ses pierreries. Elle envoya sur la route qu'elle se proposait de parcourir, le baron de Goguelat, secrétaire de ses commandemens, avec la mission expresse de mettre le marquis de Bouillé dans la confidence de ce voyage, et dans toutes les combinaisons qui devaient le faire réussir. En un certain lieu de détour, la poste n'avait point de relais : on convint qu'il serait pourvu à cet inconvénient par des chevaux particuliers cachés dans un bois, et qui se montreraient en voyant venir les voitures. Le baron de Goguelat, d'après sa chaise de poste, calcula le temps nécessaire au Roi pour son voyage en grosses berlines. Enfin, tout ce que la prudence humaine peut disposer de plus exact fut aperçu d'avance, et réglé avec ponctualité.

La Reine, malgré sa généreuse bonté pour les femmes de sa Chambre, avait acquis la douloureuse certitude que toutes ces femmes ne lui portaient pas une égale affection. Madame Rochereuil, chargée de ses bains et de la clé des petits appartemens, avait presqu'adopté les idées nouvelles ; et la crainte de perdre sa charge ne l'aurait jamais fait consentir à l'éloignement de la cour. Il fallut une adresse infinie pour échapper à sa surveillance continuelle ; il fallut une sorte de conspiration royale pour pouvoir

traverser le corridor de son appartement, entre
onze heures et minuit, sans troubler son sommeil
et mettre sur pied sa défiance.

Dans la matinée du jour fixé pour le départ, la Reine
et le Roi entrent dans la chambre de cette dame,
qui, par ses croisées d'entresol, voyait sur les deux
cours des Tuileries. Le Roi, s'étant assis, lui parle
de sa santé, comme étant celle d'une personne qu'il
distingue et affectionne. Il paraît considérer l'heureuse distribution de cette chambre, et témoigne
l'intention de la prendre, *un jour*, pour lui-même,
en échange d'un logement sur les jardins. Après
quelques allées et quelques venues dans cet appartement, contigu à l'entresol de la Reine, Louis XVI
dit à la femme-de-chambre : « Adieu, Madame Ro-
» chereuil. Soyez toujours bien attachée à votre
» pauvre Maîtresse ; nous vous aimons, aussi, bien
» sincèrement. Vous vous plaignez de votre appétit,
» qui s'est dérangé ; tous ces troubles en sont la
» cause. Je vous enverrai aujourd'hui une tourte de
» mon dessert. »

En effet, après le dîner du Roi, Madame Rochereuil reçoit cette pâtisserie. Arrière-petite-fille des
serviteurs de Louis XIV, elle est accoutumée à l'extrême affabilité de ses maîtres : et cependant, son
esprit soupçonneux se persuade « que la visite du
» Roi n'a pas eu une cause assez naturelle. Ses
» mots lui ont paru cherchés et décousus. La Reine

» a eu le regard un peu mêlé de précautions : Elle
» était distraite et en quelque sorte agitée. Le jour-
» nal de Gorsas a parlé, depuis peu, d'un projet de
» fuite. Cette fuite serait-elle prochaine ? La tourte
» du Roi me serait-elle donnée pour me surprendre
» et m'assoupir ? »

A ces mots, Madame Rochereuil appelle son petit
chien et lui fait manger la tourte délicate. L'épagneul,
après le repas, s'établit sur une chaise, s'assoupit,
et s'endort du sommeil le plus profond.

A ce trait de lumière, la femme-de-chambre, épou-
vantée, comprend que la famille royale a pris son
parti, et que le dénouement se prépare. Agitée,
tourmentée sur son propre avenir, elle veut sortir
des Tuileries et donner l'éveil aux autorités. L'énor-
mité de son ingratitude la retient; son intérêt personnel ranime son indignation. Neuf heures, dix
heures arrivent. La nuit est calme et transparente;
on n'aperçoit aucun mouvement dans le château.

A dix heures et demie, la Reine est descendue de
chez le Roi : le silence règne dans les corridors et
dans les passages. Enfin, après onze heures, la famille royale, séparée par de légers intervalles, passe
dans le corridor de l'entresol, et va descendre par
l'ancien appartement du duc de Villequier, premier
gentilhomme de la chambre, en émigration.

Madame Rochereuil reconnaît successivement Madame de Tourzel, Madame Elisabeth, Madame pre-

mière ; puis le Roi, accompagné d'un homme beaucoup plus mince que lui; enfin la Reine, donnant le
bras à un jeune homme (son garde-du-corps).

Les relations de ce voyage déplorable, livrées à
l'impression par les confidens de l'abbé de Fontanges,
archevêque de Toulouse, nous apprennent que le
baron suédois de Fersen, déguisé en cocher de remise, reçut la famille royale dans un carrosse, dont
il fut le conducteur depuis le Carrousel jusqu'à
Bondy; et qu'à Bondy, les deux berlines du Roi prirent la poste, au milieu du silence et des hasards.

CHAPITRE XXXI.

Madame Campan. Madame Rochereuil.

MADAME CAMPAN, femme-de-chambre de la Reine, n'était point aux eaux du Mont-d'Or, en ce moment-là, comme elle l'affirme dans ses *Mémoires*. Elle était à Paris, puisque, le lendemain du départ de la Famille royale, elle eut avec M. et Madame Coster-Valayer une entrevue, que je raconte et que j'ai placée à la suite de cette Histoire.

Cette femme-de-chambre, astucieuse et intéressée, n'avait aperçu qu'en frémissant les préparatifs du voyage de Varennes. Marie-Antoinette, pour la calmer, lui promit de l'appeler auprès d'elle, aussitôt qu'on le pourrait sans danger; et, en attendant, elle eut l'air de lui confier, à Paris, quelques commissions importantes.

La Princesse avait eu long-temps une confiance pleine et entière en Madame Campan; mais des officiers éprouvés et remplis de mérite s'étaient fait un devoir de dessiller ses yeux, et ils avaient dépeint la femme-de-chambre avec les couleurs qui lui convenaient. Par envie, et par vanité, Madame Campan approuvait, dans son salon particulier de la rue Satory, l'abaissement des familles illustres et le nivellement général de la société. Parlant de son auguste Maîtresse avec ses parasites et ses familiers, elle se donnait les tons de censurer son caractère, ses démarches, et surtout sa tendre amitié pour la duchesse de Polignac. Après avoir déclamé contre les parlemens, comme faisaient, depuis quarante années, tous les vampires de Versailles, elle approuvait, maintenant, les audacieux écarts de la tribune démocratique; et dans son salon, dans son boudoir, sur sa personne, on remarquait souvent les trois couleurs.

Transplantée à Paris, dès le 6 octobre, elle se permit de fréquenter les députés du côté gauche. On la disait pensionnaire d'un chef de parti. (*Voyez les Notices.*)

La Reine, un jour, l'interrogeant à l'improviste, remarqua son altération. «Je suis trahie par quelques personnes de mon intérieur, lui dit cette excellente Princesse; mes relations, mes correspondances, mes plus secrètes actions sont livrées, jour pour jour, aux méchans journaux.» — Madame, répondit la femme-de-chambre rusée, il y a parmi nous une personne dangereuse: je la nomme avec peine: c'est Madame Rochereuil, des petits-appartemens.

Madame Rochereuil, en ce moment-là, n'était pas encore coupable. Les froideurs subites de la Reine, les hauteurs de Madame Campan, troublèrent son cerveau, qui n'était pas des plus solides. Elle cessa d'aimer, lorsqu'elle crut s'apercevoir qu'elle était haïe; et le mal-entendu le plus déplorable priva Marie-Antoinette d'une femme toujours dévouée, qui mourut du chagrin d'avoir pu lui déplaire, et du remords d'avoir révélé sa fuite nocturne à l'autorité.

CHAPITRE XXXII.

Le Capitaine Rouleau.

La veille, et le jour même de son évasion, la Reine entretint en particulier le capitaine Rouleau, qu'elle chargeait habituellement de ses commissions les plus délicates et les plus secrètes. « Soyez sur pied, lui dit-elle, dès le point du jour. Observez de près l'hôtel la Fayette; et mandez-moi l'impression qu'aura faite sur lui notre départ. »

En entrant, vers les neuf heures du matin, dans l'appartement du commandant-général, le capitaine le trouva causant de sang froid avec le baron de Vergennes (frère du ministre), et le marquis de Gouvion, son premier aide-de-camp.

Le peuple, attroupé dans les rues, dans les places publiques, laissait voir son inquiétude et sa consternation. Les émissaires des sections et les officiers de la garde nationale accouraient chez le général la Fayette, et tous lui disaient : *il faut aller après le Roi*. Le capitaine Rouleau, devinant sa pensée, lui tint un discours tout différent. « Et pourquoi courir » après des gens qui nous abandonnent, lui dit-il !

» Qu'avons-nous besoin de Louis XVI, au milieu
» de nous, pour arranger nos affaires! S'il aime à
» voyager, qu'il voyage. Je pense, moi, sauf meil-
» leur avis, qu'il est de la dignité des patriotes de
» ne pas s'en occuper seulement. »

A ce discours, la figure de la Fayette s'épanouit de
joie. Il prit la main du capitaine, et l'assura, à voix
basse, qu'il partageait son opinion.

Madame Rochereuil, ou tout autre employé des
Tuileries, avait remis à Gouvion un morceau d'étoffe
de soie, pareil au vêtement que portait la Reine à
son départ. Cet échantillon pernicieux, après avoir
été examiné par tous ces *hommes d'Etat*, avait été
replacé sous un marbre, sur la cheminée du général.
Le capitaine Rouleau s'en saisit adroitement; et, quel
ques jours après, le remit à la Reine.

Nota. — M. le chevalier Rouleau, ancien capitaine
de la garde à cheval de Louis XVI, a fait toute la
guerre de la Vendée. Il habite Paris.

CHAPITRE XXXIII.

Détails sur Varennes.

———————

La Reine, en transmettant ses ordres au marquis de Bouillé, n'avait point prévu que, sur nouvelles réflexions, elle différerait son départ, de vingt-quatre heures. Elle n'avait point prévu que, sortant, la dernière, du château des Tuileries, son garde-du-corps (jeune homme arrivé tout exprès de la province), la conduirait sur le quai des Théatins et dans la rue du Bacq, au lieu de la mener directement sur le Petit-Carrousel, où l'attendait le carrosse. La Reine n'avait point prévu que Louis XVI, fatigué trop tôt du voyage, voudrait monter, à pied, une longue colline, afin de respirer l'air librement. Tous ces momens additionnés, formèrent un ensemble de trois grandes heures, durant lesquelles un courrier, parti de Paris, à bride abattue, venait avec la rapidité de l'éclair.

La criminelle brutalité du maître de poste de Varennes pouvait être aisément surmontée, si Louis XVI eût permis à de braves militaires d'exécuter les volontés de Marie-Antoinette, et d'entraîner

violemment les postillons sur un gué. Ces militaires intrépides et dévoués étaient deux officiers de hussards hongrois, qui, voyant l'irrésolution et l'accablement du Monarque, dirent à notre Reine, en allemand : « Madame, ne vous laissez point, de grâce,
» ramener à Paris : le tocsin sonne de toutes parts :
» vos paysans accourent, armés de faulx. Si vous ré-
» trogradez, vous êtes perdus. La troupe allemande
» est à deux pas d'ici. Confiez-vous à notre fidélité,
» à notre courage : nous vous sauverons. »

— « Le Roi ne veut point me permettre d'emmener mes enfans, répliqua la Reine, avec douleur ; et je ne peux me résoudre à les abandonner. » Les officiers hongrois insistèrent. Mais le Roi qui devina le sens de leur discours, déclara résolument qu'il s'était éloigné à regret de sa capitale, et qu'il priait tous ces messieurs *de se retirer.*

Je ne le décrirai point ce retour humiliant, impolitique, inexcusable. Tous les outrages qui peuvent être inventés par la multitude en délire furent prodigués au Roi de France et à son Epouse, depuis Varennes jusqu'à Paris. Les commissaires de l'assemblée nationale, placés dans la voiture royale, obtenaient seuls les hommages du peuple français, et les trois gardes-du-corps, liés sur le siége du carrosse, furent mille fois au moment d'être massacrés ou fusillés.

A Meaux, petite capitale de la Brie, la famille royale obtint la permission de faire halte, et de passer la nuit dans le palais épiscopal.

A Paris, toute la population, sur pied depuis l'aurore, se porta au-devant du Roi. Ses fidèles sujets ne purent le revoir sans affliction; et les pervers se ressaisirent de lui comme d'une proie échappée à leur vigilance inquisitoriale. Des imprécations, des cris de mort se firent entendre. Ils avaient Marie-Antoinette pour objet.

La famille royale, replacée dans le château des Tuileries, y fut gardée et surveillée avec plus de précautions et de rigueur que jamais. La garde nationale fut doublée dans les intérieurs. La Reine et son époux ne pouvaient se parler sans témoins. Si les valets fermaient les portes, à leur commandement, les officiers et de simples caporaux les rouvraient, sans façon, à l'instant même.

L'assemblée dite constituante poussa l'effronterie jusqu'à faire subir un Interrogatoire (1) aux trois illustres voyageurs. [Le Roi, la Reine et Madame Elisabeth.] La réponse du Roi fut presque celle d'un sujet docile, et non celle d'un Monarque indignement offensé. La réponse de la Reine fit éclater sa prudence, et toute la force de son esprit supérieur. Elle ne s'abaissa point aux explications, aux motifs, aux détails : elle n'articula que ces paroles :

« Le Roi désirant partir avec ses enfans, rien

_____

(1) Les commissaires furent MM. Tronchet, Duport et d'André. Ils se conduisirent avec décence.

» dans la nature n'aurait pu m'empêcher de le suivre :
» j'ai assez prouvé, depuis deux ans, dans plusieurs
» circonstances, que je voulais ne le quitter jamais.
» Ce qui m'a encore plus déterminée, c'est l'assu-
» rance où j'étais que le Roi ne voulait pas quitter
» le royaume. S'il en avait eu le désir, toute ma
» force eût été employée pour l'en dissuader.

» Madame (la marquise) de Tourzel, gouvernante
» de mon fils, était souffrante depuis trois semaines :
» elle n'a reçu les ordres que peu de temps avant le
» voyage; elle en ignorait absolument la destination.
» Elle n'a emporté avec elle aucune espèce de har-
» des, et j'ai été obligée moi-même de lui en prêter.

» Les trois courriers n'ont pas su la destination,
» ni le but de leur voyage. Sur le chemin, on leur
» donnait de l'argent pour payer leurs chevaux; ils
» recevaient l'ordre pour la route.

» Les deux femmes-de-chambre ont été averties
» dans l'instant même du départ. Et l'une d'elles,
» qui a son mari dans le château, n'a pu lui dire
» adieu. Le comte de Provence et son épouse ont
» pris par le dehors, mais ils devaient venir nous re-
» joindre en France. Ils n'ont pris l'autre route que
» pour ne pas encombrer, et nous faire manquer de
» chevaux. Nous sommes sortis par l'appartement
» de M. de Villequier, en prenant la précaution de
» n'aller que séparément, et à plusieurs reprises.

» *Signé* MARIE-ANTOINETTE. »

10

Les factieux (c'est-à-dire le côté gauche de l'assemblée) demandèrent hautement, qu'on fît le procès au Roi et aux trois gardes-du-corps qui l'avaient
accompagné dans sa fuite. Péthion, Rewbell, Robespierre, Grégoire, Vadier, se montrèrent les plus ardens à soutenir cette opinion. Le marquis de Bonnay leur répondit ces belles paroles : « Je regarde la
» patrie et le Roi comme indivisibles : détruisez le
» Monarque, et vous perdrez l'Etat. Si le Roi, ajouta-
» t-il avec force, m'avait appelé à ses conseils, je
» l'aurais déconseillé de ce voyage; mais s'il m'avait
» choisi pour le suivre, je serais mort à ses côtés, et
» je serais mort avec gloire. »

En se démasquant avec tant de hardiesse, dans
une si importante occasion, les Républicains jetèrent
l'effroi dans tous les cœurs restés purs et incapables
de crime. Les députés honnêtes se rallièrent, pour
sauver l'Etat. On convint de donner à la nouvelle
constitution une forme plus adaptée au système de
la monarchie, et il y eut des relations secrètes entre
le comité de constitution et le château.

Barnave, jeune député du Midi, s'était montré,
depuis l'ouverture des Etats-généraux, un des plus
violens ennemis de la cour et des institutions aris-
tocratiques. Envoyé à Varennes, avec Péthion, pour
ramener la famille royale, il avait été à portée de
voir la Reine de près et d'observer son caractère.
Tout ce qu'il remarqua, durant ce triste voyage,

frappa son esprit, toucha son cœur ; et cette âme ardente, mais désintéréssée, abjura ses erreurs et ses préventions , aussitôt que les objets se firent voir à elle dans leur atendrissante simplicité. Ce jeune avocat estima la Reine, en voyant, à chaque minute, les inépuisables inspirations de sa tendresse maternelle. Il admira l'à-propos de tous ses discours, les ressources multipliées de sa discrétion, la douce influence de sa politesse, l'abnégation de son propre intérêt, la dignité conciliatrice de son regard, la persévérance et l'ingénuité de toute son essence royale.

Barnave, respectueux, (parce que le véritable esprit est équitable et modeste), fut toujours découvert dans le carrosse du Roi. Cette auguste famille, tombée de si haut, lui parut plus imposante encore que dans les riches galeries de Versailles. Il prit le jeune dauphin sur ses genoux, il prodigua ses attentions à Madame Elisabeth, à Madame, à la Reine ; et par mille indices, aperçus avec reconnaissance, il fit comprendre à Louis XVI et à son Epouse, que Barnave, désormais, ne voterait plus qu'avec les gens de bien.

CHAPITRE XXXIV.

Une Constitution. La Loi Martiale au Champ de Mars.

———————

L'ASSEMBLÉE CONSTITUANTE avait eu tout le talent nécessaire pour détruire, mais le talent d'édifier lui manquait. Ce n'est point la pétulance des hommes, c'est la main du temps qui fait les constitutions. Les hommes, rapides météores, ne voyent, n'examinent que quelques instans. Le temps, lui seul, en vertu de sa durée, observe à loisir, combine, compare, remédie, le siècle d'après, aux erreurs du siècle qui vient de s'éteindre ; et produit, à force de soins et de retouches, ces codes obscurs, mais solides, qui régissent les peuples et les rois.

L'assemblée constituante, lasse, et en quelque sorte enivrée, fit une constitution qu'on pouvait appeler *impromptu* Dans cette constitution, vous retrouviez un monarque, il est vrai, mais pas une institution monarchique. Les riches étaient seuls appelés, j'en conviens, à la représentation nationale ; mais les fortunes venaient de changer de main, par a confiscation et le pillage : et les riches de la nou-

velle époque étaient précisément les ennemis déclarés *et nécessaires* du pouvoir légitime et du Souverain.

Ce raisonnement était bien aisé à faire. Louis de
Bourbon ne le fit pas, sans doute : et il crut devoir
accepter la constitution.

Lorsque le duc d'Orléans et le parti républicain
surent, à n'en pouvoir douter, que la majorité du comité de législation et de l'assemblée nationale était
en relation avec le Château, ils se livrèrent aux plus
violentes déclamations contre la cour, et surtout
contre la Reine. Le journaliste Achille Duchâtelet
demanda, chaque jour, *la déchéance*. Et Chan-
derlos-Laclos, secrétaire intime du duc d'Orléans,
rédigea la fameuse Pétition du Champ de Mars.

Cette pétition, qui réclamait aussi la déchéance,
et la mise en jugement de Louis XVI et de la Reine,
fut portée, un dimanche, sur l'autel de la patrie, où
le peuple se rendit pour la signer. Mais le maire Syl-
vain Bailly, à la tête du corps municipal, et le marquis de la Fayette dirigeant la garde nationale, se
transportèrent de suite vers le lieu du tumulte. On
déploya le drapeau rouge ; on somma les factieux de
se disperser, et on ne fit feu sur cette cohue irritée
que lorsqu'à coups de pierres et de massues, elle eut
donné, elle-même, le signal du combat.

Louis XVI, enfin débarrassé de ses chaînes provi-
soires, se rendit, en cérémonie, au sein de l'assem

blée nationale. Vêtu d'un habit violet, à petite bro-
derie, et décoré seulement de sa croix de St.-Louis,
il occupa le fauteuil fleurdelisé de la présidence
royale. Il prononça, d'une voix attristée, le discours le
plus touchant, le plus paternel; et son serment, favorable à la nouvelle constitution, fut accueilli par
des applaudissemens réitérés et par tous les signes
extérieurs de l'allégresse générale.

Le soir, il y eut des illuminations brillantes aux Tuileries et dans tout Paris. Les gens de bien, en voyant
le jardin de nos rois ouvert comme auparavant, et
la Reine rendue à ses promenades sur les terrasses, se
firent un plaisir de reparaître aux Tuileries, et de
consoler, par l'expression de leurs regards et de leur
fidélité invariable, l'âme d'une Princesse dévorée
d'ennuis et de chagrins. Les traits de cette figure
charmante que Paris avait tant de fois admirée,
étaient sensiblement altérés; mais on retrouvait, toujours, dans la physionomie de Marie-Antoinette la
bienveillance, la politesse, qui partaient de son âme,
et que les plus criantes injustices n'avaient pu affaiblir un seul instant. Ses bonbonnières parfumées ne
la quittaient jamais, et son bonheur était de prodiguer ces aimables libéralités aux jolis enfans qui venaient au jardin, et que le hasard amenait sur son
passage.

———————

CHAPITRE XXXV.

*Amnistie générale. Lettre de la Reine à l'Archi-
duchesse Christine.*

En acceptant la constitution, que précédait mal-
heureusement la folle déclaration des *Droits de
l'Homme*, et du Peuple souverain, Louis XVI
stipula une amnistie générale pour tous les délits politiques, antérieurs à son acceptation. De cette manière furent sauvés les trois gardes-du-corps de Varennes, et les autres personnes dévouées que l'assemblée nationale, dans son premier courroux, avait
envoyées à la haute-cour d'Orléans. La lettre suivante
va nous offrir des détails du plus grand intérêt.

*Deuxième Lettre de la Reine de France à l'Ar-
chiduchesse Christine, sa Sœur, Princesse de
Saxe-Teschen.*

« Notre pénible captivité vient de finir, ma chère
sœur; mais, à peu de choses près, mes amertumes
et mes chagrins sont les mêmes; cette paix n'est
qu'une trêve. Nos ennemis connaissent le prince à

qui ils ont affaire. Ils m'accusent de lui inspirer toutes mes volontés, toutes mes idées : et ils savent, de science certaine, que le Roi ne reconnaît la justesse de mes conseils que lorsque le mal est fait, et qu'il n'est plus temps.

» Le duc d'Orléans a juré notre perte, et un pressentiment insurmontable m'avertit qu'il accomplira ses desseins. Ce parent dénaturé ne nous pardonnera jamais l'exil de Villers-Coterets, que je suis incapable d'avoir conseillé, que le Roi ne voulait pas consentir, et que le garde-des-sceaux Lamoignon, homme très-violent, sut obtenir de vive force. Le duc d'Orléans désirait la charge de grand-amiral de France, qu'avait et que voulait bien céder son beau-père. Si j'avais été consultée, j'aurais donné volontiers les mains à cette faveur, qui, après tout, nous aurait acquis l'amitié d'un grand prince. Le Roi, seul, y a mis de la répugnance, il a promis au vieux comte de Maurepas de tenir dans une brillante nullité les princes de sa famille : et, depuis que je suis ici, j'ai eu lieu de remarquer que mon époux a des règles de conduite, toutes tracées, dont il frémirait de s'écarter.

» Par exemple, en ma qualité d'autrichienne, il a promis à ce même comte de Maurepas que je ne serais jamais couronnée; et vous voyez que si j'avais eu le malheur de souhaiter cette cérémonie, j'en serais pour mes démarches et pour mes regrets.

» Le duc d'Orléans a trois fils. Il gouverne les

deux premiers à sa fantaisie, et on assure que ces aimables princes ont épousé toutes ses préventions contre moi. Le jeune comte de Beaujolais ne pense pas de même. Il a des sentimens à part. Il est resté Bourbon dans toute l'innocence de son âme; et cet estimable Enfant éprouve une tendre pitié pour mes malheurs. Il m'a envoyé secrètement, ces jours derniers, un nommé Alexandre, valet-de-chambre, je crois, de l'éducation. Ce brave homme, dont la physionomie candide m'a prévenue en sa faveur, a mis un genou en terre en m'abordant, et, après avoir essuyé quelques larmes de vénération, m'a remis une lettre du jeune prince, où j'ai trouvé les plus touchantes paroles et les sentimens les plus purs. Le bon Alexandre m'a suppliée de lui garder un secret inviolable, et m'a dit que, souvent, le comte de Beaujolais parlait d'échapper à son père, et de mourir les armes à la main, en défendant son Roi. Leur mère, vous le savez, est aussi mon amie.

» Ne me renvoyez pas mes diamans. Qu'en feraisje ici! Je ne me pare plus. Ma vie est une existence toute nouvelle. Je souffre nuit et jour. Je change à vue d'œil. Mes beaux jours sont passés; et, sans mes pauvres enfans, je voudrais être en paix dans ma tombe.

» Ils me tueront, ma chère Christine. Après ma mort, défendez-moi, de tout votre cœur. J'ai toujours mérité votre estime, et celle des honnêtes personnes de tous les pays. On m'accuse d'horreurs ; j'en suis innocente. Et le Roi, par bonheur, me juge en honnête homme ; il sait bien que je ne lui ai jamais manqué.

» Tout ce que vous a raconté le parent de M. de Cazalès est de la plus grande exactitude. Si vous le revoyez, dites-lui, s'il vous plaît, combien je suis reconnaissante des services qu'il m'a rendus, et de tous ceux qu'il voudrait me rendre. Je pleure, à toute minute, notre bon frère (Joseph). Quelle perte pour moi, dans les circonstances où nous sommes !.... Ménagez-moi, s'il vous est possible, la bienveillance et le zèle des ministres actuels : il y a des momens où je suis tentée d'envoyer vers Léopold l'aimable princesse de Lamballe : elle vous verrait en passant, et vous lui traceriez ses démarches à la cour. Le prince votre époux la connaît. Elle aime son genre d'esprit et son caractère.

» Elle a fait secrètement, et pour m'obliger, le pénible voyage d'Angleterre. La Reine et ses filles l'ont accueillie favorablement, mais la raison du Roi est égarée. C'est le chancelier de l'Echiquer qui gouverne ; et il a dit cruellement à mon amie, *que nous nous étions attiré nos malheurs.*

» L'assemblée nationale, très-fatiguée de ses travaux, se retire, et appelle un autre corps législatif. Selon toute apparence, on va nommer des républicains. Qu'allons-nous devenir, ma chère Christine !...

Adieu. Je vous charge de mes tendres amitiés pour notre abbesse. J'ai bien besoin de ses prières, et de son appui.

» Je vous embrasse affectueusement l'une et l'autre : étant votre bonne sœur   MARIE-ANTOINETTE.

» On m'assure que M. de K...... improuve la guerre. Est-ce que l'Angleterre l'aurait gagné ? Allez à Vienne, s'il le faut ; et représentez-leur que notre position est épidémique. Si nous succombons, tous les rois de l'Europe doivent succomber. »

P. S — « L'Empereur m'écrit enfin, lui-même, je reçois sa lettre à l'instant. Il me parle en homme de cœur, et en ami sincère. Félicitez-moi, ma chère sœur. »

CHAPITRE XXXVI.

Le Comte de Provence est sur le point d'être pro-
clamé Régent du Royaume.

———

LE comte de Provence, ayant appris le malheur du
Roi à Varennes, et son retour forcé à Paris, vit aisément que les factieux allaient abuser de la captivité
du Monarque, et qu'ils ne tarderaient pas à lui arracher les décrets les plus subversifs et les plus désastreux. Il écrivit aussitôt, aux grands souverains, pour
leur dénoncer l'esclavage du Roi, son frère, et il les
pria de trouver bon qu'il prît, lui, à Coblentz, le titre
de Régent de France, jusqu'à ce que Louis XVI eût
recouvré sa liberté.

Presque toutes les puissances du Nord approuvèrent cette mesure, et un emprunt de quatre millions
mit le prince en état de commencer l'exercice de son
autorité. Mais cette détermination, qui pouvait sauver l'Etat, déplut à ceux qui souhaitaient notre ruine
totale. On parvint à effrayer Louis XVI sur les résul-
tats de cette régence. On lui représenta ses droits
comme étant en péril. Et tout captif, tout humilié
qu'il se voyait dans le palais des Tuileries, il écrivit

au baron de Breteuil, son plénipotentiaire secret en Allemagne, pour lui ordonner de méconnaître le nouveau Régent, et de s'opposer à tout ce que pourrait décider la régence.

Lettre de Louis XVI au Baron de Breteuil.

Paris, etc., 1791.

« Je suis informé, M. le baron de Breteuil, que mon très-cher frère, *Monsieur*, comte de Provence, trompé sur ma véritable situation, et me croyant dans les chaînes, a cru devoir établir une autorité centrale, destinée à régir mon empire, comme si le trône était vacant, ou en minorité; les choses, avec la permission de Dieu, ne sont point ainsi. A quelques orages près, je jouis de la liberté nécessaire à un prince, et moi seul dois donner des ordres dans mon Etat. Vous voudrez donc bien, M. le baron de Breteuil, dès la réception de la présente, vous transporter à Vienne, auprès de notre puissant et cher Frère, l'empereur, pour lui communiquer nos intentions. Vous agirez de même auprès de toutes les têtes couronnées, pour les supplier, de ma part et en mon nom, de n'admettre ni reconnaître la susdite régence. Les actes de cette autorité contradictoire n'aboutiraient qu'à irriter davantage mon peuple, et le porteraient infailliblement aux derniers excès contre moi. Tant que je vivrai, je ferai mon possible pour m'acquitter de mes devoirs, et rendre la paix et la félicité à mes peuples. Si Dieu dispose de moi, la Reine, ma très-digne et honorée compagne, deviendra régente, de plein droit. Son bon jugement, son bon cœur, ses vertus, me garantissent la sagesse de son administration. Sa tendresse pour mon fils doublera ses moyens naturels et son zèle. Adieu, mon cher M. le baron de Breteuil; dans le malheur, comme dans la prospérité, je serai toujours votre bon roi et votre ami le plus sincère.   *Signé* LOUIS. »

Apostille de la Reine.

« M. le baron de Breteuil, le Roi étant persuadé qu'il y aurait de l'inconvénient à la régence de notre Frère, je joins ma recommandation à ses ordres. Notre intention n'est pas de contrarier Monsieur, mais d'empêcher de plus grands malheurs : et il paraît que cette mesure soulèverait toute la France. Je vous prie, Monsieur, de croire, dans tous les temps, à la vive reconnaissance que je vous ai vouée : elle ne s'affaiblira jamais.

» Au château des Tuileries, etc.

» *Signé* MARIE-ANTOINETTE, »

NOTA. Madame la marquise de Ternai et M. l'abbé de Bévy ont vu, chez M. de Breteuil, en Allemagne, l'original de cette lettre.

CHAPITRE XXXVII.

La France de 1789 avait-elle une constitution ?
Les Parlemens.

Avions-nous une constitution, en France, avant la convocation et la tenue des Etats-généraux ? Ceux-là seraient de bien mauvaise foi, qui pourraient se prononcer pour la négative. Oui, nous jouissions de cette Loi suprême et tutélaire ; et tous les peuples de l'Europe, lorsqu'ils songeaient à l'aimable douceur de notre gouvernement, nous trouvaient doublement heureux, et par notre législation, et par notre incomparable territoire.

En France, avant 1789, la suprême autorité se trouvait réunie dans les mains d'un monarque héréditaire : ce monarque, si on ne consultait que les apparences, pouvait passer pour un Maître absolu ; mais il suffisait du plus léger examen pour voir que son autorité, fondée sur les lois et sur la raison, était mixte, mitigée et balancée.

Entouré de Conseils, où les affaires se décidaient à la pluralité des suffrages, le Prince ne se déterminait jamais qu'après discussion et en parfaite con-

naissance de cause. Il dirigeait, lui seul, les opérations intérieures et extérieures de sa politique. Il
augmentait ou réduisait et sa marine et ses armées.
Il faisait la guerre, il faisait la paix, sans contradiction. Il levait et utilisait, avec discernement, les
impôts établis ; mais s'il était question d'un nouvel
impôt, d'une nouvelle charge publique, il s'adressait
aux Parlemens, successeurs avérés des Etats généraux
du royaume ; et les Parlemens, alors, avec maturité,
avec prudence, enregistraient l'édit bursal, ou le mo-
difiaient par des propositions claires et respectueuses,
ou démontraient au monarque, trompé, que le nouvel édit ne pouvait qu'alarmer et ruiner son peuple.

Cette opposition, décente (et accidentelle), de la
magistrature n'avait jamais irrité ni choqué le bon
Henri IV et le clairvoyant Louis XIV. Ces deux princes
magnanimes savaient que le meilleur des rois peut
avoir, quelquefois, auprès de lui, de fort mauvais
ministres. Ils regardèrent donc les douze parlemens
comme autant de phanaux heureusement disposés
sur le rivage ; comme des conseillers fidèles et cou-
rageux, qui, vieillis et consommés dans les affaires,
habiles par leurs travaux de chaque jour, à juger les
temps et les hommes, ne pouvaient que servir utile-
ment le trône, d'où partait leur propre gloire, leur
considération, leur splendeur.

Le peuple, sagement dépouillé, depuis plusieurs
siècles, de son pouvoir aveugle et tumultueux, con-

sidérait , à son tour , les parlemens comme les défenseurs nés des classes inférieures. Il les voyait avec
plaisir exercer vigoureusement la haute police du
royaume ; punir sans miséricorde le voleur , couvert
de haillons, et le duc de la Force, convaincu de mono-
pole et d'accaparement ; protéger , délier un humble
religieux, persécuté dans son monastère , et décréter
d'ajournement l'archevêque de Paris , décidé à troubler tout un royaume par des querelles théologiques
et des billets forcés de confession.

La haute noblesse aimait les parlemens, parce que
les ducs et pairs et les princes du sang étaient mem-
bres-nés de ces hautes cours souveraines , et qu'à
Paris c'était à une réunion aussi noble , aussi imposante, qu'appartenait le droit de confirmer la régence
de l'empire, d'homologuer la légitimation d'un prince,
de recevoir et d'ouvrir les testamens des rois.

La bourgeoisie , et la noblesse un peu récente ,
aimaient aussi les parlemens , parce que dans ces
corps , mélange heureux de grandeur et de modestie,
les nouveaux patriciens étaient favorablement admis
auprès des antiques familles , et que , dans tous les
pays du monde , un honnête homme , favorisé de la
fortune, n'a pas de plus grand plaisir que d'avancer,
d'illustrer ses enfans.

Louis XV, ennemi des contradictions , sans avoir
le cœur despotique , humilia , tourmenta , dénatura
ses parlemens.

Louis XVI les rétablit, pour faire contraste : mais,
par un injuste excès d'irritation, qu'il a bien déploré
dans la suite, il permit à un Lamoignon et au cardinal
de Brienne d'anéantir ses parlemens.

Qu'on cherche à notre révolution fatale toutes les
causes qu'on voudra ; qu'on l'attribue au progrès des
lumières ; à la licence des écrits ; à la corruption des
mœurs ; à la mobilité des Français ; à l'incrédulité
philosophique...... Ce ne sont là que des accessoires :
la chute des grandes autorités, opérée par le Gouvernement lui-même, voilà la véritable cause de tous
nos désordres, de tous nos malheurs.

Si les parlemens avaient mérité un seul des reproches qui leur furent prodigués par la cour, j'ai trop
de droiture et de maturité pour me faire illusion sur
leur compte. Je suis entièrement désintéressé dans
leur cause : je les abandonnerais, après trente années,
comme tant d'ingrats et de perfides les abandonnèrent
de leur temps. Convaincu de leur innocence, de leurs
principes admirables, de leur indispensable nécessité, je plaiderai leur cause jusqu'à mon dernier soupir : trop heureux si je voyais avant ma mort, leur
magnifique institution rétablie, ou leur mémoire ven-
gée, et leurs diffamateurs convaincus de mensonge
et de faux.

Quels sont les principaux griefs qu'on articule encore aujourd'hui contre eux dans un certain monde ?
« La résistance qu'ils opposèrent à l'établissement

» de l'impôt territorial , et la demande qu'ils firent ,
» dit-on , des anciens États-généraux du royaume. »
Ces deux accusations sont un double mensonge. Les
parlemens ne refusèrent point l'impôt territorial : ils
supplièrent seulement le Roi de modifier son tarif ,
et de vouloir bien l'adapter à la prodigieuse inéga-
lité des fonds territoriaux , comme à la trop facile
mortalité des vignobles.

Ils n'ont point demandé , certainement , les États-
généraux. Ce fut le ministre Calonne , qui , pour
intimider les Notables, fit commettre cette imprudence
au Roi. Le cardinal de Brienne renchérit sur M. de
Calonne: il *promit* formellement ces États généraux.
M. Necker, plus extravagant encore que l'archevêque,
hâta l'époque de leur convocation , et provoqua , par
une ordonnance royale , tous les écrits favorables à
cette innovation.

Les parlemens ne prononcèrent le nom des États-
généraux qu'au moment où il fut démontré que cette
funeste apparition était rendue inévitable. La cour ,
déterminée à sa propre perte , exila le parlement de
Paris à Pontoise, où l'on vit des magistrats, dont les
charges avaient coûté six et huit cent mille livres ,
réduits à coucher dans des fermes et des moulins.

Le parlement de Bordeaux , justement effrayé de
l'édit sur les Alluvions , avait osé représenter à
Louis XVI que les Alluvions , capricieusement for-
mées par les inondations des rivières, appartiennent,

11 *

de droit, aux cultivateurs , propriétaires sur le rivage.
Il avait *supplié* lem onarque de ne pas *confisquer* illégalement ces terreins. L'exil et la dispersion avaient
puni , tout récemment , ces représentations, dictées
par l'honneur et par la justice.

Les cours souveraines, fatiguées d'une lutte, devenue contre elles une guerre à mort , déclarèrent au
Roi que , puisque le droit d'enregistrer les édits , et
de présenter des *remontrances* ou des *doléances* au
trône était odieux et insupportable aux ministres ,
les parlemens consentaient à se désister d'un si dangereux privilége ; mais que , le tenant directement
des Etats-généraux du royaume , ils offraient de s'en
démettre , lorsque les Etats-généraux seraient as-
semblés.

J'ai rapporté ce procès fameux avec toute la sincérité possible ; et je défie les plus violens ennemis
des cours souveraines de nier un seul de ces faits.

Nota. M. de Lally-Tolendal a juré aux parlemens
une haine éternelle, et il les a poursuivis, même après,
leur sang répandu sur les échafauds. L'animosité de
M. de Lally tient à sa tendresse : il ne peut oublier
que son père a subi la peine capitale, en vertu d'un
arrêt du parlement.

La France doit rester étrangère à cette pieuse irritation d'un fils, qui pleure avec persévérance, et tâche
de se persuader qu'il pleure une victime.

Le vieux comte de Lally, caractère inflexible et ardent, opprima les négocians de Pondichéry, méprisa leurs utiles conseils durant le siége, les précipita dans des cachots, pour étouffer leurs réclamations et leurs cris...... Pondichéry, par l'entêtement du général, devint la proie des Anglais, et notre commerce périt dans l'Inde.

Le parlement (par ordre de Louis XV) instruisit cette grande affaire. Tout Pondichéry accusa le général atrabilaire et despotique; et cet homme, funeste à la France, expia ses fautes sur un échafaud.

Tout autre tribunal que le parlement aurait prononcé la même sentence.

N. B. De son propre aveu, M. de Lally a rédigé la partie violente et passionnée des *Mémoires* de Weber, où les parlemens sont accusés d'avoir fait les maux de la France..... Ils ne sont point là pour répondre à cet écrivain.

CHAPITRE XXXVIII.

A quelles fautes attribuer la journée du 20 juin 1792 ? Le général Dumouriez.

Le Roi, par la plus funeste condescendance, avait consenti à l'expulsion de sa garde personnelle, que les révolutionnaires haïssaient avec fureur. Depuis l'éloignement des anciens gardes-du-corps, la garde nationale faisait le service des Tuileries, à l'intérieur comme à l'extérieur ; mais ce service devenait, de jour en jour, plus fatigant pour des individus, presque tous pères de famille, et attachés à un commerce, à une profession, qui réclamait leur présence habituelle et des soins. On vit leur accablement. L'Assemblée nationale n'osa pas s'exposer à leurs réclamations ou à leurs murmures : et l'on permit enfin, comme mesure indispensable, le rétablissement de la garde du Roi, autorisée par la constitution.

Cette garde constitutionnelle, choisie dans tout le royaume par les Maires et les Districts, et dans les régimens par les officiers supérieurs, se composait de douze cents fantassins et de six cents hommes de cavalerie ; le matériel de ce nouveau corps était superbe, quant aux individus, et se trouva digne du Roi, par les bons sentimens et les principes. On lui donna pour chef le duc de Cossé-Brissac, gouverneur de Paris, homme de cœur, homme de bien, et dont la physionomie bienveillante avait eu jusqu'alors tant d'ascendant sur les esprits.

Le 16 de mars 1792, le Roi passa la revue et reçut le serment de sa nouvelle garde, à laquelle il crut devoir adresser publiquement ce discours :

« Messieurs, en prenant auprès de moi le service » de ma garde ordinaire, j'espère que vous ferez » régner entre vous et la garde nationale l'union la » plus parfaite et la plus sincère cordialité. Par votre » conduite vis-à-vis d'elle, vous me servirez à lui » donner, en même temps, des témoignages de la » bienveillance et de l'affection que je lui porte. Vous » venez de prêter serment à la constitution ; songez » qu'elle est le point de ralliement auprès de moi, » et que votre attachement à la Nation et votre res- » pect pour la loi, seront les plus sûrs garans de » votre attachement pour ma personne. La garde na- » tionale, ajouta ce Prince, conservera ici une garde » d'honneur, qui fera le service conjointement avec » vous, auprès de moi et de ma famille. »

Ces paroles, prononcées avec une douceur naïve et candide, firent la plus vive impression sur ces jeunes soldats ; ils élevèrent leurs chapeaux en l'air, et on entendit les cris redoublés de *vive la Nation*, *vice le Roi*.

Les républicains avaient de nombreux espions dans le palais du Monarque. Ils surent bientôt que la nouvelle garde constitutionnelle se montrait aussi respectueuse, aussi dévouée envers la famille royale, que les anciens gardes-du-corps supprimés. Les jacobins apprirent surtout avec douleur que la Reine obtenait, de ces militaires bien nés, un culte pour ainsi dire chevaleresque, et que, dans leurs conversations intimes, où ils rendaient justice à son noble caractère et à ses vertus, ils s'engageaient tous à la protéger et à la défendre, au péril de leurs jours.

Les clubs, aussitôt, se transmirent leurs méfiances, leurs alarmes; et les journaux incendiaires remplirent leurs colonnes de déclamations.

Le Roi, toujours patient, toujours soumis, avait renvoyé ses ministres, mille fois dénoncés par les factieux, et les avait remplacés par un mélange de bien et de mal, où la Reine avait pu se ménager un ministre de la guerre, à elle.

Ces cinq nouveaux personnages étaient le général Dumouriez, pour les affaires étrangères; Lacoste, pour la marine; Roland, pour l'intérieur. Le génevois Clavière, pour les finances; De Grave, pour la guerre; et Duranton, pour la justice et les sceaux.

A cette époque, Dumouriez, ami du duc d'Orléans, passait pour être l'ennemi personnel de la

Reine. Cette opinion, généralement répandue, lui valait auprès des jacobins une considération, qui pouvait devenir bien utile, si Marie-Antoinette ne l'avait pas jugé comme le jugeait le public.

Dumouriez, désabusé de ses illusions par le spectacle de tant de crimes et d'intrigues, aperçut enfin le précipice et le chaos, prêts à dévorer la patrie. Son cœur s'émut : il désira sauver la famille royale et la France. Prosterné aux pieds de la Reine, et sollicitant l'honneur de baiser sa robe, il la supplia de lui accorder sa confiance et de mettre sa destinée en ses mains. La Reine s'étonna, d'abord; puis s'attendrit. Elle répondit avec bonté, avec obligeance ; mais n'osa ni se livrer, ni rien promettre à un ami si nouveau, et si tardif.

Dumouriez, instruit, à fond, de tous les projets sinistres, voulait une seconde fuite du Roi : se chargeant de le recevoir Lui, son Épouse, ses enfans et sa sœur, au milieu d'une armée incorruptible. « Les » momens pressent, Madame, lui dit-il; ils pressent » à tel point, que j'en suis effrayé, moi-même. En » vain m'adresserais-je à mon Roi : il ne peut se ré- » soudre à prendre aucun parti vigoureux. Il espère » tout DU TEMPS, et le temps arrive à grands pas, » armé de sa faulx meurtrière et destructive. Vous » l'entendez le cri formidable qui, des journaux, a » passé chez le peuple, et qui réclame, sans détour, » la déchéance du Roi !.... Si Louis XVI, sortant de

» son fatal caractère, osaît rentrer tout-à-coup dans
» la ligne de ses pouvoirs ; s'il consentait à mieux
» envisager l'avenir, et à se bien persuader qu'on ne
» transige pas impunément avec des rebelles ; s'il
» consentait à faire luire enfin l'épée de Louis XIV
» et d'Henri IV, tout changerait de face, en un ins-
» tant. Nous sommes plus de mille guerriers iné-
» branlables qui environnerions son cheval de ba-
» taille, et qui, satisfaits de sa seule présence,
» suppléerions à ce que l'expérience n'a pu lui don-
» ner. Au nom de Dieu, Madame, au nom de tout
» ce que vous avez plus de cher en ce monde, repré-
» sentez au Roi qu'il se perd, et vous perd, avec son
» indulgente faiblesse ; que s'il ne saisit pas ce mo-
» ment, le seul qui lui reste, il met le sceptre, sans
» retour, aux mains de ses adversaires, et que ses
» adversaires ne le destinent qu'à l'échafaud ! »

La Reine, profondément émue, répondit à ce ministre que les vérités renfermées dans son discours
avaient été mille fois présentées au Monarque, par
les seigneurs de son intimité, et par son épouse, elle-
même. « Il n'y a nul espoir de ce côté-là, ajouta-t-
» elle, en soupirant. Le Roi a juré d'exécuter ponc-
» tuellement la constitution. Il s'y conforme avec fi-
» délité, avec scrupule. En mon particulier, je n'ai
» qu'à me soumettre, et à gémir. »

Alors Dumouriez ne songea plus qu'à sauver

Louis XVI, à son insu, malgré lui-même : et voici le chemin qu'il prit.

L'expérience des siècles, si facile à trouver dans l'histoire, lui avait appris qu'aux violentes agitations d'un royaume volcanisé, d'une nation tombée en frénésie, il faut brusquement opposer un remède extérieur, et que ce remède n'est autre chose que la guerre avec les peuples voisins.

L'empereur Léopold, frère de la Reine, venait de mourir, presque subitement, (le 1er. de mars.)

Dumouriez sut persuader aux factieux de l'Assemblée législative, que l'instant était favorable pour dissoudre la Coalition germanique, ouvrage encore informe de l'empereur Léopold. « Son fils aîné, leur » dit-il, François de Lorraine gouverne, il est vrai, » l'Empire, en sa qualité de Roi des Romains. Mais » le voilà tout occupé de sa haute élection, chose » qui, dans ses intérêts, doit passer avant les trou- » bles de notre royaume. Les princes Electeurs, de » leur côté, ne songent qu'à leurs brigues électorales. » Surprenons-les, tous, au milieu de leurs embarras » domestiques. Portons vite la guerre dans leurs » provinces, au lieu de l'attendre dans nos dépar- » temens : un ennemi, attaqué à l'improviste, est » un ennemi à moitié vaincu. »

Il tint ce même discours dans le Conseil du Roi, dont la majorité, choisie parmi les démagogues, se garda bien de le contrarier.

Le Roi, d'après la marche constitutionnelle,
voulut que l'Assemblée nationale se prononçât avant
tout. Alors cette Assemblée, par un message en
forme, lui dénonça la coalition germanique, *excitée
par huit Bourbons et les émigrés*. Elle tonna contre
les frères mêmes du Monarque, et demanda leur expulsion du territoire allemand.

Louis XVI, agissant dans les vues de l'Assemblée
législative, et d'après son décret formel, *exigea* l'humiliation et la dispersion des rassemblemens royalistes en Allemagne. Les souverains de ces contrées
hospitalières reçurent de pareilles sommations avec
la fierté de leur âme, avec mépris pour leurs véritables auteurs ; et la constitution du peuple français,
aussitôt leur déclara la guerre.

Cette imprudente déclaration, pareille à l'étincelle
électrique, rendit la vie, en un clin-d'œil, à tous les
souverains allemands, qui jusqu'alors avaient paru
mollir ou biaiser dans leur politique observatrice.
Tous s'unirent de cœur à l'Autriche, à la Prusse, à
l'Italie, à la Sardaigne ; et l'Europe entendit sonner
le clairon des combats.

Dumouriez, encore à son double ministère (1),
avait le précieux avantage de pouvoir mettre aux
postes importans de l'armée, les hommes les plus

---

(1) Par la démission concertée de M. de Grave, le porte-
feuille de la guerre lui était échu.

dévoués à ses desseins, et d'envoyer forcément sous les drapeaux tous ces harangueurs séditieux dont la capitale se trouvait infestée, et qui, maîtres absolus des cafés, au Palais-Royal, de la tribune, aux Jacobins, de la terrasse des Feuillans, aux Tuileries, étaient les véritables Souverains de Paris.

Il eût voulu conduire Louis XVI à l'armée, sous le prétexte d'une revue générale et solennelle. On assure qu'il en fit la proposition au Roi; mais ce Prince, uniquement occupé de faits et de rapprochemens historiques, se ressouvint alors de quelle manière Olivier-Cromwel avait mis Charles Ier. en son pouvoir : il répondit « que sa place n'était point » à l'armée, mais dans le voisinage du Corps-Lé-» gislatif. »

Dumouriez alla commander nos soldats. Et le porte-feuille de la guerre fut confié, non au successeur qu'il s'était désigné, mais à Servan, républicain d'esprit et de cœur, et son ennemi, par jalousie et par défiance.

Le ministère, alors, fut complètement désorganisateur. La garde constitutionnelle du Roi, fidèle à ses devoirs, et parfaitement dévouée à la famille royale, éprouva toutes sortes de provocations et d'outrages de la part des ennemis de la cour. Attaqués aux spectacles, aux promenades, dans tous les lieux publics, ces jeunes soldats défendirent leur honneur et leur vie. On les dénonça *comme pertubateurs* à l'Assemblée nationale, qui, d'accord, avec les nouveaux ministres, cassa la garde constitutionnelle du Prince, et mit le duc de Brissac en accusation.

La Reine, inconsolable, supplia son Epoux de s'opposer à un décret si attentatoire... Le faible Monarque crut devoir subir ce nouvel outrage, après lequel il ne lui restait plus qu'à mourir.

N. B. On trouvera, à la fin de cet ouvrage, une Notice particulière sur la garde constitutionnelle de Louis XVI, surnommée la Garde Brissac.

On y verra la fin déplorable et glorieuse de presque tous ses officiers.

CHAPITRE XXXIX.

Journée du 20 juin. Santerre. Péthion.

———————

Par la suppression de sa garde bien intentionnée, le Roi s'était décidément livré aux mains de la démocratie, et cette démocratie avait, alors, pour chefs, les deux plus grands scélérats modernes, depuis la mort de Mirabeau. L'autorité municipale était devenue le partage de Jérôme Péthion, maire de Paris, révolutionnaire élégant, qui n'ayant pu se distinguer dans le barreau de Chartres, sa patrie, s'était fait, à Paris, l'avocat de toutes les prétentions populaires, et jouissait, dans l'hôtel du premier président, de cette opulence illimitée que les révolutions donnent à leurs grands acteurs, tout en leur réservant la haine publique, et l'échafaud.

Péthion, en flattant le peuple, jusqu'à la cajolerie et la bassesse, en était devenu l'idole, depuis la disgrâce du chimérique Bailly. Péthion visait à la Présidence républicaine : et durant le triste retour de Varennes, assis et couvert dans le carrosse du Roi, il avait osé dire à ce Prince et à la fille des Césars, *que le peuple français demandait hautement la répu-*

blique, et que tels étaient ses propres sentimens, à lui Péthion.

Depuis cette confidence effrontée, depuis cette criminelle déclaration, il avait vu le pouvoir royal à peu près rétabli sur ses bases. Il sentait que sa magistrature ne pouvait être durable, et qu'une punition quelconque attendait son orgueil.... Il résolut de renverser l'autorité qui l'exposait à de semblables craintes; et, s'unissant à tous les malfaiteurs que recelaient et le Corps législatif et la capitale, il favorisa de toute son influence le célèbre attentat du 20 juin.

Les bourgeois de Paris, organisés en garde nationale, pour le maintien de l'ordre et la conservation des propriétés, auraient pu sauver la patrie, si une main habile avait, de bonne heure, présidé à leur organisation. Mais dans ces légions, nées du tumulte, s'étaient jetés avec irruption tous les joueurs, tous les paresseux, tous les bandits plus ou moins avérés dont une capitale abonde. Ces hommes immoraux, ravis d'avoir vu naître une époque où les biens de ce monde semblaient s'offrir d'eux-mêmes au premier occupant, s'évertuaient, nuit et jour, à fomenter le trouble et le désordre, afin de s'établir ou de s'enrichir, au milieu du chaos.

Le marquis de la Fayette, las des parisiens, qui ne le respectaient plus, était allé, comme lieutenant-général, commander notre armée des Ardennes.

La faveur populaire lui avait donné pour successeur, non pas un marquis, gendre d'un Noailles, mais un brasseur des plus déterminés. Santerre était son nom. Cet homme matériel, possesseur d'une riche brasserie, au milieu du faubourg St.-Antoine, éprouvait le besoin de la haute célébrité. Comptant pour rien, ou pour trop peu, cette obscure considé-ration que les ouvriers accordent à un maître d'ate-liers, favorisé de la fortune, il voulut agrandir son horizon, et faire du bruit dans le monde. Impérieuse-ment despotique, jusqu'alors, envers ses nombreux mercenaires, il ne leur parla plus, tout-à-coup, que liberté, qu'égalité. Et ces rêves s'exaltèrent si vive-ment dans son esprit, que, s'unissant à Péthion, il déclara la guerre à son Prince.

Il fallait un prétexte à un mouvement général des faubourgs : ces deux conspirateurs saisirent avec em-pressement le renvoi de quelques ministres, et le véto royal, relatif à un Camp sous Paris.

Servan, Roland et Clavière, publiquement liés avec les Jacobins, étaient convaincus d'avoir fait anéantir la garde constitutionnelle du Monarque : Louis XVI ne pouvait plus garder, à la tête de son Conseil, ces trois ennemis déclarés, qui, après l'avoir dépouillé de ses légitimes défenseurs, venaient encore, à son insu, de faire décréter, par le Corps-législatif, l'établissement d'un camp de vingt mille hommes sous les murs de la capitale. Ce camp était nécessaire, disait l'Assemblée, pour repousser les

troupes étrangères, en cas d'invasion ; mais la Cour
n'ignorait pas que ces vingt mille fédérés, envoyés
par les Districts, ou plutôt par les clubs jacobins de
la France combustionnée, seraient un véritable camp
de janissaires, destiné à renverser Louis XVI, pour
lui substituer le duc d'Orléans. La Reine fit sentir à
son Epoux toute la perfidie de cette mesure, et obtint de sa sagesse qu'il s'y opposât par le *véto*.

L'Assemblée nationale, à ce signal de fermeté, dé-
créta que les trois ministres emportaient les regrets
de la nation consternée. Elle déclara *la patrie en
danger*. Les faubourgs, excités et soudoyés par une
main puissante, firent peindre sur leurs bannières
ces mots sacramentels : *Résistance à l'oppression.
Péthion ou la mort.*

CHAPITRE XL.

Journée du 20 juin 1792.

Le 20 juin, vers les deux heures après midi, la populace innombrable des faubourgs, précédée de ses tambours et de ses effroyables bannières, vint demander insolemment à planter un mai dans la cour du château.

Le Roi, toujours incapable de résistance, ordonna qu'une députation *de quarante personnes seulement* serait introduite, et planterait l'arbre, sous ses yeux. Ouvrir la porte du château à quarante individus, c'était l'ouvrir à la sédition toute entière. Le Monarque s'aperçut bientôt qu'il eût fallu prévoir un si grand malheur.

Armée de piques, de massues, de broches et de fusils, cette armée immonde entra comme un torrent dans la vaste cour du château; se répandit vers la cour des écuries et vers la cour des princes; s'assura des portiers et des sentinelles; et puis, s'acheminant vers le grand escalier de l'horloge, alla faire le siége des appartemens.

Le Roi, effrayé de ce concours et de ces vociférations, qui lui rappelaient la journée du 6 octobre, avait ordonné qu'on fermât aux verroux l'entrée de la salle des gardes. Bientôt il entendit les révoltés frapper à coups de massues et de haches les deux portes majeures qui donnent sur le grand escalier.

En ce moment, trois ou quatre cents gentils-hommes, attirés par le danger du Monarque, parurent dans la galerie de Diane, et demandèrent à verser leur sang pour la famille royale et pour son chef. Le Roi, ne voulant pas que leur présence pût aigrir et contrarier la susceptibilité des faubourgs, remercia ces gentilshommes de leur bonne intention et de leurs services, les priant de redescendre et de s'éloigner. Ces fidèles serviteurs, presque tous anciens officiers, représentèrent à leur Prince qu'en un péril si imminent, la famille royale ne pouvait demeurer seule et abandonnée. Louis XVI prit de l'humeur, et leur dit : *Votre zèle, Messieurs, n'aboutira qu'à nous faire égorger. Je vous prie de vous éloigner de mon palais ; et s'il en est besoin, je vous l'ordonne. Monsieur*, ajouta-t-il, en s'adressant à l'officier garde-national de service, *je vous prie de faire retirer ces Messieurs.*

A ces paroles du Roi, la garde nationale des appartemens éloigna tous ces gentilshommes, dont les yeux se remplirent des larmes du désespoir, et qui, presque tous, brisèrent leurs épées, ou jetèrent leurs pistolets.

Le maréchal de Mouchy-Noailles résista, lui seul, à la volonté du Monarque. Agé de quatre-vingt-dix ans, et doué d'une physionomie et d'une taille imposantes, il déclara qu'il voulait mourir, comme Priam, dans la demeure royale. Il s'assit sur une banquette; et le désordre, qui croissait aux portes d'entrée, ne permit plus de songer à lui.

Ces portes, attaquées avec vigueur par le bélier et par les haches, ne tardèrent pas à voir tomber leurs panneaux inférieurs. A cette vue, le Roi s'écria : *qu'on ouvre toutes les portes* On les ouvrit; et, en un clin-d'œil, la salle immense des maréchaux fut inondée des flots d'un peuple furieux, mal-propre et dévastateur. Par les soins du colonel Acloque, le poste des appartemens était, ce jour-là, bien composé : la garde nationale, pénétrée de ses devoirs, fit au-delà de ce qu'on pouvait espérer d'elle. Ne pouvant arracher le Monarque à ce théâtre d'anarchie et de sédition, elle sut, du moins, préserver sa personne, en formant une sorte de rempart autour de lui. On attira Louis XVI dans une embrâsure de croisée qui, par sa profondeur, éloignait ce malheureux Prince des bras homicides, à tous momens dirigés contre lui.

Le vieux maréchal de Mouchy, assis sur un tabouret, se plaça généreusement devant la personne du Roi ; et quand il voyait ou une pique, ou une épée s'élancer vers Louis XVI, devenu pour ce peuple un objet d'horreur, le vénérable guerrier se levait pour détourner le coup sacrilège, et il offrait sa poitrine comme un bouclier.

Pendant que ces tristes scènes se passaient dans la salle des gardes, une troupe d'hommes et de femmes échevelés avait pénétré, par le jardin, dans le grand appartement de la Reine. La livrée, qui voulut faire résistance, fut frappée de mille coups, et vit enlever les montres et les effets les plus précieux. Mais la Reine, informée du danger du Roi et de Madame Elisabeth, venait de monter dans les appartemens supérieurs : échappant, cette fois, comme le 6 octobre, à des assassins gagés et furibonds.

Parvenue dans la galerie de Diane, Marie-Antoinette voit le peuple, maître de tous les appartemens. Des sabres nuds, des lances, des bayonnettes, brillent de toutes parts. Des pièces de canon roulent avec fracas dans les salons, dans les antichambres. La Princesse, s'oubliant elle-même, veut aller rejoindre son Epoux : tous ses efforts sont inutiles : des flots de peuple et de faux militaires occupent les espaces qui la séparent de lui.

Enfin, Marie-Antoinette revoit auprès d'elle Madame Elisabeth, que le peuple vient d'accabler d'outrages, la prenant pour la Reine, et qui a voulu maintenir cette erreur, utile à une épouse, à une mère, à une Princesse dévouée et promise aux poignards.

Reconnue, alors, par la populace, Marie-Antoinette, accablée d'injustes reproches et de propos humilians, est sur le point d'être immolée, lorsque deux cents gardes nationaux, habillés à la hâte, accourent tout armés, par l'escalier des arcades, amènent les princesses dans la salle du Conseil, placent au-devant d'elles et des enfans la table immense des délibérations, et se rangent, eux-mêmes, autour de cette table, pour faire face aux rebelles et les repousser.

Pénétrée de reconnaissance pour un secours si peu espéré, la Reine, avec effusion, tend les bras à ces officiers, à ces gardes, et leur dit : *Messieurs, je ne demande point à vivre : mais je vous recommande ma pauvre sœur et mes enfans. Que le Roi serait heureux ! que nous le serions tous, si tous les habitans de Paris nous appréciaient et nous estimaient comme vous faites !*

Ce discours fit couler bien des larmes. Ces braves gardes nationaux baisèrent, avec transport, les mains de leur Souveraine, et ils pressèrent le jeune dauphin contre leur cœur.

L'audacieux Santerre osa paraître en ce moment. *Voilà votre ennemi, Madame*, s'écrièrent dix à douze soldats, en fondant sur lui le sabre à la main. La Reine, jetant plusieurs cris, implora sa grâce, et fut obéie.

Cet acte de générosité pénétra le cœur de Santerre, non pas de reconnaissance, mais de confusion.

Il ne remercia point la Princesse ; il lui dit, en mauvais français : « Le peuple est bon, il n'est point venu
» ici pour vous nuire ; et, moi-même, je suis disposé
» à vous servir. Cependant, je vous en avertis, Madame, on vous fait faire bien des fautes. L'aristocratie vous entoure et vous égare. Vous êtes mal
» conseillée : on vous perd. »

En achevant ces mots, il apprend que Péthion a daigné se présenter enfin au milieu du tumulte, qu'il a parlé *de la constitution, des lois, de l'honneur national, de la grandeur d'âme du peuple.* Que le Roi, par lassitude, a bu à la santé de la Nation, et qu'il a posé le bonnet rouge sur sa tête. Il entend retentir, de tous côtés, le cri déchirant de *vive le Roi !* A ce signal, il se plaint, à demi-voix, que *la journée est perdue ;* il ordonne à sa populace d'évacuer le château ; et, rejoignant, dans la cour des princes, le boucher Legendre, le joueur Rossignol, l'aventurier Westerman, ses complices, il regarde fièrement les croisées et dit ces paroles (qu'on entendit) : *Notre coup est manqué.... Nous reviendrons bientôt.*

CHAPITRE XLI.

Reconnaissance affectueuse de Louis XVI et de la Reine envers la Garde nationale du 20 juin.

VERS les sept heures du soir, après que le peuple eut abandonné les appartemens, la famille royale se réunit dans la chambre à coucher du Roi, dont le mobilier se trouvait dispersé et tout-à-fait en désordre. Cette famille intéressante et irréprochable venait d'échapper à un massacre, évidemment projeté : le premier mouvement du Roi fut de se jeter au cou de la Reine, en lui disant avec effusion : « Remer- » cions Dieu, ma bonne amie : car ils en voulaient » à vos jours , encore plus qu'aux miens. Enfin , je » vous revois! »

— *Voilà mes libérateurs, voilà mes sauveurs,* s'écria Marie-Antoinette , en présentant à Louis XVI plusieurs des gardes nationaux qui l'avaient arrachée à tant de périls. « Messieurs, leur dit le Roi , » recevez mes plus tendres remercîmens de ce que » vous avez fait pour la Reine et pour ma famille. Je » prie M. Acloque de me donner vos noms et vos » domiciles, afin que mon cœur puisse, un jour, s'ac-

» quitter comme il le désire, et comme il le doit. Pour
» première récompense, je prie la Reine de permettre
» que l'un de vous ait l'honneur de l'embrasser. »
— « Oui, oui, Messieurs, bien volontiers, » dit la
Reine aussitôt, avec dignité, et avec un charme inexprimable. Cette scène touchante eut lieu en présence
des serviteurs et des médecins ordinaires, qui, après
avoir couru les plus grands dangers, pendant cinq
heures consécutives, s'étaient réunis autour des princesses et du Monarque, afin de leur prodiguer tous
les soins.

Madame Élisabeth, après avoir donné sa main à
baiser comme avait fait la Reine, adressa les paroles
les plus affectueuses à tous ces gardes nationaux; et
le baron Hue, élevant M. le Dauphin dans ses bras,
le mit à même d'exprimer la reconnaissance que ce
jeune cœur éprouvait déjà pour les libérateurs de sa
famille : *Messieurs les gardes nationaux*, leur dit
l'aimable enfant de Marie-Antoinette, *je veux que
M. Hue m'apprenne tous vos noms, et je ne les
oublierai jamais.*

Madame première, âgée alors de treize ans et
quelques mois, paraissait profondément émue de
l'orage qui venait d'éclater sous ses yeux. Après avoir
embrassé tendrement les augustes auteurs de ses
jours, elle donnait un libre cours à ses larmes, et paraissait étrangère à tout ce qui se passait dans l'appartement.

« Mes enfans, leur dit Louis XVI, après avoir ra-
» pidement changé de linge sous ses rideaux, si je
» venais à vous manquer avant l'heure, n'oubliez pas
» ce que nos amis généreux ont fait aujourd'hui
» pour votre bonne mère et pour moi ; vous êtes
» destinés à nous survivre : je vous lègue ma recon-
» naissance ; ne l'oubliez pas. »

Un officier, placé près de lui, durant le tumulte,
avait été blessé à la jambe, d'un coup d'épée ou de
bayonnette ; la Reine aperçut le sang, qui coulait
sur le revers de la botte. Cette Princesse voulut que
le pansement fût exécuté de suite, par les médecins de
sa maison ; et, le lendemain, Louis XVI, à la prière
de son Epouse, écrivit à ce jeune négociant, une lettre
des plus honorables, qui, peu de temps après, devint
un titre de proscription contre lui (1).

---

(1) S'il avait persévéré, je le nommerais dans cet Ouvrage.

CHAPITRE XLII.

Demi-mesures. Dernière lutte du Gouvernement constitutionnel.

APRÈS un outrage aussi éclatant que celui dont je viens d'esquisser la peinture, après cette violation de l'acte constitutionnel et de tous les droits du Prince, Louis XVI devait ou punir en monarque, ou s'avouer ingénuement la faiblesse de ses ressources, et partir. Dans une position à peu près semblable, Henri III eut le bon esprit de tromper la vigilance de ses satellites, et de soustraire sa tête royale aux criminels projets des ligueurs. Marie-Antoinette représenta, dans les termes les plus éloquens, la nécessité d'abandonner enfin les Tuileries; mais elle éprouva cette résistance d'une âme indéterminée, qui s'obstine à espérer contre toute lueur d'espoir, et qui se flatte de voir naître dans les cœurs pervertis la même lassitude qu'elle trouve en soi-même.

Madame Elisabeth, douée d'un excellent cœur, mais privée de cette force dans le jugement qui permet d'envisager fièrement les objets et de trancher les difficultés par une décision vigoureuse, Madame

Elisabeth ne seconda point la Reine, quoique, dans le moment du péril, son effroi lui en eût laissé voir la nécessité. Elle avait promis de démontrer à Louis XVI qu'en demeurant inactif et passif au milieu des rebelles, il poignardait, de sa propre main, ses fidèles serviteurs, son Épouse et ses malheureux enfans. Elle avait promis de mettre dans cet entretien toute la vivacité indispensable, et d'aller même jusqu'à notifier son propre départ, s'il arrivait que Louis XVI ne pût être rendu à son véritable intérêt.

Aidée par cette inspiration que Madame Élisabeth, dans la simplicité de sa belle âme, appelait le bon conseil de la nuit, cette princesse jugea qu'une nouvelle fuite, en ce moment, était absolument impraticable. « Depuis que la patrie a été *déclarée en dan-*
» *ger,* dit-elle à la Reine, toutes les gardes natio-
» nales des campagnes doivent être en activité. Nous
» ne ferions point dix lieues, cette fois-ci, sans être
» reconnus et poursuivis. Quant au Roi, vous l'avez
» vu, à Varennes : ce n'est pas la possibilité de passer
» ser outre qui lui a manqué : c'est la fermeté de ré-
» solution qu'il lui fallait, pour abandonner, même
» provisoirement, et sa capitale et sa patrie. Peut-
» être marche-t-il à sa perte, en ne s'éloignant pas ;
» peut-être ma mort est-elle inévitable, si je m'obs-
» tine à ne pas me séparer de lui; mais mon amitié,
» mêlée de respect, ne me permettra jamais de con-
» trarier ses pensées, et de le tourmenter, même pour

» son bien. Quant à vous, ma chère sœur, ne deve-
» nez point l'esclave de nos irrésolutions, et de nos
» espérances trop peu fondées. La France n'est point
» votre patrie. La France ingrate a cessé, d'ailleurs,
» de vous mériter. Toute la haine des factieux est
» concentrée sur vous et dirigée contre votre per-
» sonne. On en veut à vos jours. Le tumulte d'hier
» me l'a suffisamment démontré. Partez, éloignez-
» vous, mon aimable et chère Antoinette. Retournez
» dans cette Allemagne respectueuse où tous vos Pa-
» rens vous reverront avec tant de plaisir. N'expo-
» sez pas plus long-temps une tête si chère : conser-
» vez-vous pour un meilleur avenir. Les factieux ne
» redoutent que votre génie et vos conseils : en vous
» voyant partir, ils seront au comble de la joie, et
» loin de contrarier ce voyage, ils le favoriseront de
» tous leurs moyens.

» Il est un terme à tout. Notre révolution s'arrê-
» tera, puisque c'est une chose humaine. A tant d'o-
» rages épouvantables succéderont des jours sereins.
» Alors, ma chère Antoinette, vous les retraverserez
» en paix ces campagnes, redevenues douces et tran-
» quilles. Vous reparaîtrez comme un ange consola-
» teur, au milieu de ces parisiens que l'erreur et la
» calomnie vous ont enlevés, et qui vous rendront,
» plus tard, et leur estime et leurs respects, et leur
» ancienne idolâtrie. »

La Reine, essuyant ses larmes, répondit à cette

princesse que le sacrifice de sa vie était fait depuis 1789, époque où elle et la mort s'étaient trouvées en présence.

« Avant de se prononcer en ma faveur, ajouta
» Marie-Antoinette, mon frère Léopold, il y a six
» mois, me fit donner le conseil de pourvoir à ma
» sureté ; il décida même que pour sortir de France,
» j'imaginerais un voyage à Spa. Je lui répondis que
» j'étais l'épouse d'un Prince estimable, et la mère
» d'un dauphin, âgé de six ans. Que rien au monde
» ne pouvait me déterminer à quitter des têtes si
» chères. Ce que je pensais en ce moment-là, je le pense
» plus vivement encore aujourd'hui, ma chère Eli-
» sabeth. En cas de malheur, ma fille et mon fils re-
» trouveraient en vous une mère : mais dans aucun
» cas, Louis XVI ne peut se passer de mes conseils.
» Je l'ai toujours aimé d'une amitié sincère, et je
» n'aurai jamais la force de l'abandonner. »

Ainsi se termina cet entretien décisif, où la sensibilité prit tous ses avantages, où la prudence perdit tous les siens.

Louis XVI, au lieu de mesurer, du regard, l'horizon chargé de vapeurs, ne regarda que son palais et les alentours de sa personne. Il fit faire le dénombrement des meubles plus ou moins précieux qu'avait immolés ou soustraits la journée du 20 juin. Il porta sa plainte au Département de Paris, comme chargé de la haute-police, et voulut qu'un juge de paix in-

formât juridiquement sur tous ces vols et tous ces délits intérieurs. Quelle joie pour les factieux! Quel avi-
lissement pour la majesté royale ! Un Roi de France
réduit à demander justice à un simple juge de paix!!

Cependant, les hostilités avaient commencé sur
nos frontières; Lukner et Rochambeau, munis de
cocardes tricolores, et de pamphlets corrupteurs,
s'étaient jetés sur la Belgique, où des ressentimens
nationaux leur grantissaient de l'accueil et des succès.
Les jacobins de Paris, trompés encore sur le vrai
personnage de Dumouriez, le pressèrent d'aller se-
conder Lukner, d'aller *etudier* Rochambeau, et de
partir diligemment pour l'armée.

Le jardin des Tuileries, devenu le théâtre du tumulte
le plus bruyant, et des outrages les plus odieux prodigués à la Reine, venait d'être fermé au public. La
Reine, un jour, se promenant sur la terrasse de l'eau,
fut assaillie par des cris violens et des injures : elle
et sa suite rentrèrent aussitôt dans les appartemens.

La cérémonie annuelle du 14 juillet approchait.
C'était au Champ de Mars que l'attendaient les Danton, les Rewbell, les Camille-des-Moulins, les Robespierre. Le Roi, craignant de mécontenter et d'offenser la garde nationale, fit annoncer, par *le Moniteur*, qu'il était sans inquiétude personnelle, et qu'il
irait au Champ de Mars, « célébrer le 14 juillet. »

La Reine se soumit à cette noble imprudence, et
ne s'occupa que de la conservation de son Epoux.
Elle fit faire secrètement un gilet plastronné, com-

posé de quinze épaisseurs de taffetas d'Italie, et n'eut point de repos que Louis XVI n'eût consenti à revêtir ce gilet accablant.

La cérémonie fut triste et lugubre. Le cri de *vive le Roi* ne se fit presque point entendre sur le passage ; et, lorsque le Monarque se rendit, à pied, du balcon de l'Ecole-Militaire jusqu'à l'autel de la patrie, la Reine, une lorgnette à la main, ne le perdit jamais de vue ; elle frémit plusieurs fois, en remarquant la presse ondoyante qui flottait autour du Prince, et les farouches regards que lui lançait le public.

Cette cérémonie du 14 juillet 1792 fut la dernière solennité du trône. Ce jour-là, pour la dernière fois, les Parisiens virent des hérauts d'armes, un carrosse du sacre et l'imposante parure d'une Reine dans ses atours. Peuple ingrat, peuple stupide ! Les doux amusemens, les paisibles jouissances de tes ancêtres n'avaient plus de charme et d'attrait pour toi. Ennemi de toi-même et de ta prospérité journalière, tu ne voyais plus qu'avec fureur et détestation les magnificences du luxe et les pompes de la royauté. Les dépenses du trône, sources nourricières de tous les arts, n'étaient plus à tes yeux qu'une dissipation, qu'un scandale. Tu appelais à grands cris le dernier nivellement de la société bouleversée. Tu appelais à grand cris l'anéantissement de toutes les industries, suivi de l'inaction, de la détresse, du désespoir et de la mort !

CHAPITRE XLII.

Manifeste de Brunswik. Assassinats aux Champs-
Elysées, par les Marseillais venus à Paris.

En vertu de cette *liberté de la presse*, arme vaga-
bonde et terrible accordée à la licence des partis,
tous les matins, vingt journalistes incendiaires débi-
taient contre le Monarque, et surtout contre son
Epouse, les plus insolentes accusations. Le Roi se
plaignait de ces calomnies aux tribunaux nouvellement institués; et ces tribunaux, composés à peu près
suivant les temps, ne donnaient aucune suite à des
plaintes si disproportionnées. Les parlemens n'étaient
plus. Louis XVI avait pris plaisir à en dépouiller son
malheureux royaume. Il avait abattu, avec une vigueur
de persévérance qu'il ne retrouvait plus en lui, ces antiques et respectables soutiens de son pouvoir et de la
monarchie tempérée. Semblable à un général d'armée
qui, de sa propre main, aurait égorgé ses soldats, le
Monarque éperdu cherchait et demandait partout des
défenseurs.... Et la patrie, en deuil, lui répondait,
d'une voix lamentable : « Vous avez démuselé le
» peuple féroce. Vous avez immolé vos puissans et
» incorruptibles magistrats ! »

Le Roi, vivement accusé de favoriser les espérances contre-révolutionnaires, en envoyant des secours aux émigrés, avait écrit au prince de Condé,
chef de l'émigration, ainsi qu'à Stanislas (Monsieur)
et à Philippe d'Artois, ses deux frères, pour leur
notifier l'ordre de rentrer sans délai.

Ces princes, bien persuadés que le Chef de l'État
n'était point libre dans ses actions, mandèrent une
réponse digne de leurs amis et de leur naissance, réponse qui fut admirée des gens de bien, et qui enflamma de dépit les factieux épouvantés. L'assemblée
nationale, aussitôt, déclara les princes déchus de
tous leurs droits, s'ils ne rentraient dans l'intervalle
de soixante jours. Une loi des plus violentes fut lancée contre les prêtres insermentés. Et le corps législatif s'empressa d'offrir ces deux bouillans décrets à
la sanction royale.

Par l'effet d'une insolence toute républicaine, on
n'avait envoyé que la petite députation. Les huissiers
du Conseil, se conformant à l'étiquette adoptée par
les états-généraux eux-mêmes, n'ouvrirent qu'un seul
battant à ces ambassadeurs, *venus en bottes et en négligé*. Le capucin Chabot se récria contre cette porte
à demi-respectueuse, et osa se couvrir devant son Roi.
Le Roi feignit de ne pas apercevoir l'impudence du
moine; et sa réserve, indispensable, ne servit qu'à
doubler l'audace des conspirateurs.

Louis, en demandant le temps nécessaire pour

13 *

examiner ces deux décrets, rendus *ab irato*, s'était bien promis de ne les sanctionner jamais : il tint parole.

Au milieu de tant d'agitations et de cette lutte animée entre la cour et les républicains, parut, tout-à-coup, le manifeste du duc de Brunswik et du roi de Prusse. Dans ce manifeste, rempli de talent, l'Allemagne annonçait une armée formidable, et la punition exemplaire des meurtriers et des mutins.

A dater de ce coup d'éclat, il n'y eut plus de paix, ni nuit, ni jour, pour le château des Tuileries. Les journaux et les chiffonniers des rues demandaient hautement la déchéance du Roi.

Le directoire du département avait suspendu Péthion, pour sa forfaiture du 20 juin. Les cris *Péthion, ou la mort!* ne cessèrent de retentir sous les croisées de la Reine : et le Roi se crut obligé de rendre Péthion aux factieux.

En écartant, par son véto, le décret relatif au camp de 20,000 hommes, le Roi pensait avoir conjuré l'orage. Mais un prince qui n'est pas guerrier doit inévitablement succomber, en pareille occasion, s'il ne met un vaillant guerrier à sa place. Le côté gauche du corps législatif, profitant de l'anniversaire du *quatorze julleit*, époque de la fédération trop fameuse, appela de nouveaux fédérés, du fond des départemens les plus gangrenés : et quatre ou cinq mille forçats libérés, mêlés de quelques Marseillais, rebut de leur pays, arrivèrent, comme autant de vautours, au sein de notre capitale.

La première action de ces Marseillais atroces fut un immense assassinat.

J'ai dit à mon lecteur que la garde constitutionnelle du Roi, victime de la plus odieuse persécution, n'avait eu que trois mois d'existence. J'ai parlé des provocations, chaque jour renaissantes, adressées à cette garde fidèle par tous les mauvais sujets de Paris; mais je n'ai point dit que ses ennemis les plus acharnés, cette garde les avait trouvés dans son propre sein. Tous les moyens sont bons et faciles aux hommes du désordre et de la perversité. Ces êtres immoraux avaient introduit une poignée de gens à eux dans la nouvelle maison militaire du Prince, afin d'avoir, en ces personnes soudoyées, d'utiles espions, des corrupteurs s'il était possible, et, dans tous les cas, des perturbateurs et des accusateurs. Ces jeunes et lâches émissaires ne furent pas long-temps à se démasquer. Leurs indécens propos contre le Roi, contre la Reine, étant dénoncés de toutes parts au duc de Brissac, ce seigneur manda les coupables, et ne leur infligea, d'abord, qu'une légère punition. Les mêmes délits se renouvelèrent avec audace, et un conseil militaire en fit justice, en prononçant une épuration. En tête des perturbateurs chassés figurait *Joachim Murat* (grand-duc de Berg et roi de Naples : ami, beau-frère de Napoléon.)

Au Palais-Royal, et dans les cafés jacobins, ces gardes expulsés obtinrent les honneurs de l'apothéose et du triomphe. Ils accusèrent le duc de Brissac (et le corps entier qui les rejetait) d'avoir médité *la mort des Parisiens, le renversement de la liberté, la destruction de la patrie.* L'assemblée législative, bien aise d'avoir de semblables prétextes, s'empressa d'accueillir tous ces mensonges, qu'elle avait dictés, afin d'abattre le dernier rempart qui restât debout entre le Monarque et la République.

Il fallait une réception aux misérables brigands venus du Comtat d'Avignon et de la Provence. Joachim Murat et ses compagnons furent chargés d'aller à leur rencontre ; de les loger, de les fêter ; de leur insinuer, en termes précis, la terrible *mission confiée à leur bravoure.*

Voici quel fut leur premier essai :

Le 30 juillet, trois cents grenadiers et soldats, royalistes, des bonnes sections de Paris, réunis chez un restaurateur du Rond-Point, aux Champs-Elysées, se félicitaient, dans un repas fraternel, de ce que la cérémonie du Champ-de-Mars n'avait pas été funeste au Prince et à la famille royale. Affligés de la dispersion des gardes-du-corps, ils promettaient de redoubler de zèle, pour que le Château ne demeurât pas entièrement privé de défenseurs. Tout-à-coup ils sont avertis que la maison du festin est entourée, et que les Marseillais, en armes, font entendre des cris de mort. Les convives sont, presque tous, pères de famille : ils délibèrent sur leur position isolée. Ils sont en petit nombre : et les brigands inondent tous les espaces voisins.

Dans cet état d'inquiétude et de perplexité, quelques-uns d'entr'eux se décident à se montrer hors du logis, comme parlementaires. Ils sortent et se présentent aux Marseillais, qui leur adressent ces mots : *C'est donc vous, Messieurs les courtisans, qui, le 20 juin, avez baisé la main de l'Autrichienne !* Les gardes nationaux répondent que la Reine est une princesse calomniée, une princesse respectable, et qu'en la défendant, des Français ont fait leur devoir.

A cette réponse, les sabres, les épées, les poignards étincellent ; les braves grenadiers Parisiens sont accablés par le nombre, traînés, ensanglantés, mis en lambeaux. Ceux qui étaient restés dans le salon veulent sortir, et voler au secours de leurs camarades.... Leurs bourreaux les attendent aux portes. Ils se défendent, alors, avec intrépidité. La valeur s'oppose à la rage ; le sang froid lutte quelques instans contre la férocité. Mais l'hôtellerie, désertée par ses maîtres, se remplit de scélérats et d'assassins. Le sang ruisselle. Les cadavres des gens de bien couvrent les escaliers et le pavé des chambres. On les précipite dans les puits ; on les lance par les fenêtres.

Quelques grenadiers, sanglans, percés de coups,

sont poursuivis dans l'allée des Veuves et sous les
arbres touffus des Champs-Elysées. Ils sont atteints,
ils meurent sous les yeux d'immobiles spectateurs.
D'autres excitent la commisération de la multitude,
ou sont sauvés par des royalistes ingénieux, qui
feignent de les assaillir eux-mêmes, afin de les dérober
et les soustraire aux véritables meurtriers (1).

D'autres, enfin, parviennent jusqu'aux fossés du
Pont-Tournant (aujourd'hui la Grille Louis XV). Ils
s'y précipitent, dans leur désespoir. A l'instant, la
garde nationale du poste et les promeneurs du jardin se saisissent des échelles de l'Orangerie, et les
présentent à leurs camarades ensanglantés.

La Reine, à cette nouvelle, descend, elle-même,
dans les jardins, avec ses dames et toute la livrée.
Les gardes nationaux, par son ordre, sont transportés dans les appartemens, où Marie-Antoinette, Madame Elisabeth, la princesse de Lamballe et toute la
cour, aident aux médecins à préparer les linges, la
charpie, à étancher le sang, à panser, à fortifier les
blessés.

Le lendemain, la Reine fondit en pleurs en rece-

***

(1) Ainsi fut sauvé M. Jean Guérin, habile peintre en mi-
niature, qui, après avoir eu l'honneur de peindre la Reine
dans un camée allégorique, inventé par cette Princesse elle-
même, eut le bonheur de la défendre au 20 juin. Sa mémoire, fidèle comme son cœur, m'a été bien utile en cette
partie de mon Ouvrage.

vant la liste de tous ceux qui avaient péri aux Champs-
Elysées. Elle joignit ses épargnes à celles du Roi, et
s'empressa d'envoyer des secours maternels aux
veuves et aux orphelins de cette lamentable journée.

CHAPITRE XLIV.

Le Général la Fayette semble se dévouer à la
bonne cause.

Comme il est impossible de lire dans le cœur humain, et que les actes marquans des hommes publics sont liés entr'eux d'une chaîne à peu près indissoluble, je ne puis accorder, en ce moment, au général la Fayette les éloges que mon cœur voudrait pouvoir lui décerner. Après avoir été, pendant quatre années, le fléau du meilleur des Rois, il sembla devenir, tout-à-coup, le défenseur de ce même Prince, tombé dans l'abyme. Quelles étaient ses vues ? De quels sentimens était-il secrètement animé ?.... L'histoire ne peut s'engager dans un si triste labyrinthe. Elle a vu des faits ; elle les raconte. Heureux le général de l'armée des Ardennes, si sa conscience pouvait, aujourd'hui, lui rendre le témoignage qu'il souhaita réparer des fautes et des erreurs trop éclatantes, en se dévouant au salut d'une famille auguste, devenue si malheureuse par les excès de quelques ingrats !

Peu de jours après l'attentat du 20 juin, le marquis de la Fayette, arrivé précipitamment à Paris, se

rendit à l'assemblée nationale, s'y plaignit hautement de la direction donnée à l'esprit public depuis
son absence; rappela avec indignation le tumulte
scandaleux du 20 juin; déclara que la constitution
ayant été violée aux yeux de la nation toute entière,
il fallait que les auteurs et fauteurs d'un pareil crime
fussent recherchés et punis. Il exprima ce vœu, d'une
voix ferme et d'un ton résolu, qu'il n'avait déployés
dans aucune autre circonstance; et il finit par menacer de son armée les conspirateurs, Députés ou
non, qui se proposaient d'anéantir l'œuvre de l'assemblée constituante, pour donner une république
populaire aux Français. Je n'ai pas besoin de dire à
quelle violente improbation du côté gauche et des
tribunes le général se vit livré par ce discours. Jamais,
depuis l'aurore de nos troubles, on n'entendit un
semblable tumulte; jamais on n'avait ouï, dans le
temple des lois, des cris aussi violens et d'aussi grossières imprécations.

Les députés républicains, démasqués par cette harangue, voulaient, à l'instant même, lancer leur décret d'accusation. Mais le côté droit, par d'heureuses
entraves, sut prolonger la discussion jusqu'à l'épuisement de ses adversaires; et, vers le soir, un décret fut rendu, qui, sans rien statuer, ordonna qu'on
ferait un rapport sur la conduite et sur la proposition
du général la Fayette.

Dans l'intervalle, celui-ci fit demander une entrevue à la Reine, par des amis qui répondaient de ses intentions.

Marie-Antoinette, devenue méfiante à force de malheur, ne sut comment s'expliquer une si étrange métamorphose. Elle craignit un piége, au lieu d'un secours; et le général, mécontent d'une hésitation, si naturelle et si plausible, s'éloigna de la capitale, où le peuple demandait sa mort.

Il disparut le 28 juin : le 30 du même mois, les jacobins le brûlèrent en effigie, sous les croisées du duc d'Orléans.

Ainsi finit, pour ne plus renaître, l'immense popularité d'un homme que les événemens avaient placé bien au-dessus de son Roi. La présomption fut la base de son caractère, trop féodal pour la carrière démocratique, trop peu scélérat pour l'ambition. Les constituans, ne lui trouvant aucun génie, lui refusèrent unanimement ces égards admiratifs qu'il recherchait par-dessus toutes choses. Accoutumés à vivre d'égalité avec le premier prince du royaume, ils ne crurent pas convenable de ployer le genou devant un simple marquis, et ils ne balancèrent pas à lui faire entendre qu'on ne se battait, ni pour des Wasington, ni pour des Cromwel. Un semblable mécompte produisit sur le cœur de la Fayette une si violente commotion, que, semblable à l'anglais Strafford, il abhorra ce qu'il adorait naguères, et qu'en haine de ses altiers camarades, il se rejeta, pour ainsi dire, dans le parti du Roi.

La cour ne l'accueillit point, et elle ne pouvait guères l'accueillir dans les conjonctures présentes. Peut-être la Reine aurait-elle donné les mains à cette réconciliation, toujours favorable, si la Fayette, au lieu d'aller faire tant de bruit à l'assemblée législative, s'était adressé à Elle, directement, et sous le voile officieux de l'incognito. En voulant se donner trop de poids, trop d'importance, il se démunit de tout son pouvoir; et du moment qu'il l'eut compromis ce pouvoir, il se mit su-dessous de la moindre des choses.

J'ai dit, il n'y a qu'un instant, que cet homme fameux manquait de génie; et, certes, il l'a prouvé mieux que moi. Il ne fallait pas dire à l'assemblée législative : *Je viendrai à Paris avec mes légions ;* il fallait y venir sans en prononcer la menace. Il fallait passer le Rubicon, dont les bords, après tout, n'étaient défendus ni par le sénat, ni par Pompée. Il fallait, au moyen d'une proclamation bien emphatique, lancée de Meaux ou de Chantilly, annoncer aux Parisiens étonnés que l'Angleterre allait se montrer en Normandie. A l'occasion de cette descente, imaginaire, il fallait traverser nos murailles, et sous prétexte de nouveaux troubles, s'y établir décidément. Alors, on n'avait pas besoin de se présenter, en faible orateur, à la barre de l'autorité législative : on

n'avait besoin que de fermer ce repaire, et d'enchaîner ses tigres et ses lions.

Quand on sait concevoir et exécuter de ces coups
d'État, on est digne de prendre un rôle majeur dans
les grands drames politiques. Lorsqu'on ne sait que
menacer du geste et de la parole, on se compromet,
on s'avilit, et l'on empire les dangers de la cause
qu'on avait eu la prétention de servir. Mais qu'on ne
s'y trompe point. Ce n'était ni à l'infortuné Monarque,
ni à la Reine, que la Fayette destinait ses bruyans
secours. Il ne voulut, en cette mémorable occasion,
que défendre et protéger sa Charte constitutionnelle,
cette constitution hermaphrodite qui donnait pour
chef suprême à la France un roi lié et garotté, un roi
chaque jour abreuvé d'outrages, et réduit à ménager
ses plus insolens ennemis ; un roi toujours prêt à être
accusé pour les fautes de ses ministres, et qui, seul
de toute la hiérarchie politique, se trouvait soumis à
la responsabilité.

La Cour, faible et timide, mais pénétrante, devina
probablement les secrètes pensées du général. Et le
Roi, qui par tous les moyens possibles, cherchait à
se ménager le public, refusa toute communication
avec un homme sans consistance, dont la trahison,
d'ailleurs, et la personne lui faisaient horreur.

Cette marche de Louis XVI fut celle de la franchise
et de la probité ; mais la politique impérieuse exige
d'autres sentimens et d'autres combinaisons chez les

maîtres du monde. Louis XVI, je l'ai dit souvent, n'était point né pour les difficultés du trône, où la dissimulation est le premier devoir, et, tout au moins, la première industrie du souverain. Puisque, dans ce siècle avare et pervers, toutes les capacités, tous les talens, tous les services étaient à vendre, il fallait acheter la Fayette, comme on avait acheté Mirabeau; il fallait ou gorger d'or, ou accabler de dignités et de grandeurs tous ces réformateurs hypocrites. Il fallait, à tout prix, sortir de l'abyme, et ne pas attendre flegmatiquement ce *dix Août* formidable, contre lequel rien n'était préparé.

Il l'était *préparé*, lui. Et, toutefois, sans la démarche téméraire de la Fayette, il n'aurait, peut-être, jamais eu lieu. Après ce malheureux défi, prononcé à la barre de l'assemblée législative, la fermentation redoubla dans tous les cerveaux. Et cette irritation ne connut plus de bornes, lorsque, par son décret solennel, le corps législatif, à la suite d'une discussion sans exemple, déclara que le général la Fayette ne serait point accusé.

Les membres du côté droit eurent l'avantage en cet important combat... Ce fut là leur dernier avantage. Le peuple, qui les attendait au sortir de la séance, les poursuivit avec ses cris de vengeance et de fureur. Et comme, en ces jours de deuil, la France n'était plus gouvernée, les républicains, assurés de l'impunité la plus absolue, se disposèrent au dernier crime qui devait les sanctionner tous.

CHAPITRE XLV.

Journée du 10 Août.

DEPUIS le massacre des gardes nationaux royalistes, aux Champs-Elysées , la municipalité de Paris offrait le spectacle d'une continuelle agitation. La division la plus manifeste se faisait voir parmi ses membres, dont les uns voulaient le maintien du gouvernement constitutionnel, et les autres , en plus petit nombre ; ne dissimulaient pas le vif désir d'abattre la famille royale, et de proclamer une République, avec ses libertés et ses égalités.

Un officier de la garde royale licenciée (le chevalier Rouleau), vint avertir la Reine que des rassemblemens secrets avaient lieu à la Rapée, dans un cabaret du parti, et que les conjurés, attirés en cette maison, par un nommé Fournier l'Américain; y méditaient, y préparaient une dernière entreprise sur le château, et le renversement du trône.

La Reine envoya trois personnes de confiance dans cette auberge; et elle eut bientôt la confirmation de tout ce que le capitaine lui avait annoncé. Marie-Antoinette, avec un peu plus d'autorité, pouvait, en ce moment-là, sauver sa famille et la France ; car l'américain Fournier, acquéreur d'un bien national, qu'il lui était impossible de payer sur l'heure, aurait livré tous ses complices et toute leur intrigue importante pour la somme de 20,000 fr. dont il avait besoin.

La Reine, par malheur, communiqua cette révélation au Monarque : et ce Prince avait pour maxime invariable la patience politique et la temporisation.

Le 7 et le 8 d'août, après avoir dîné à la chancellerie d'Orléans, les chefs de la Commune Danton, Manuel, Tallien, Robespierre, Brissot, Camille-des-Moulins et Carra le journaliste, s'adjoignirent des commissaires coopérateurs, capables de faire triompher leurs desseins au milieu de l'administration municipale.

Ces *adjoints*, illégalement admis, étaient Fabre, d'Eglantine, Pânis, Osselin, Billaud-Varennes, Chénier le Tragique, Fréron, Marat, Lestournel, Legendre, et quelques autres scélérats obscurs, devenus redoutables au sein de Paris, par le silence de toutes les lois, et la profonde timidité du Monarque.

Ces hommes audacieux, de leur pleine autorité, cassèrent la municipalité, qu'ils déclarèrent *incapable de sauver la patrie* ; et sous les yeux du corps législatif, bénévole spectateur, ils convoquèrent les quarante-huit sections de la capitale, pour demander à

14

çhacune d'elles un certain nombre de députés, destinés à former un grand conseil-général d'Hôtel-de-
Ville, et DE SALUT PUBLIC.

Le désordre le plus hideux présida, comme il devait présider, à de pareilles élections, que le Roi
n'osa ni suspendre, ni influencer, ni improuver
d'une seule parole.

Enfin, dans l'après-midi du 9 août, le château fut
informé que Péthion, Danton et Manuel, à la tête de
la Commune de Paris (réunie en assemblée générale), organisaient un mouvement simultané des
faubourgs, et que le palais des Tuileries serait investi
et attaqué, le lendemain, de la manière la plus vigoureuse et la plus décisive.

À cette nouvelle, la Reine fit appeler dans son cabinet quelques amis fidèles et dévoués, afin d'aviser
promptement aux moyens de détourner l'orage, ou
de s'en rendre maîtres, s'il en était temps. A ce conseil secret assistèrent le vieux comte d'Affry, commandant des suisses; M. de Bakman, officier supérieur de ce corps; le baron de Marguerie, officier de
la garde Brissac; le comte de Menou, maréchal de
camp, cousin du trop célèbre Menou, de la constituante; le baron de Vioménil (frère du maréchal);
Josset de St.-Laurent, commissaire des guerres, l'un
des préposés au voyage de Varennes; et un petit
nombre encore de personnages éclairés, que la Reine

avait retenus à Paris, malgré les désirs bien prononcés de leurs familles sorties de France.

Il fut décidé, après une rapide et franche délibération, que le Roi devait ou sanctionner les décrets sur l'heure, afin d'amortir, d'un seul coup, toute l'effervescence publique, ou qu'il lui devenait indispensable de montrer enfin du caractère, et de résister, par sa force royale, à une si insolente agression.

Louis XVI préféra la voie de la résistance défensive, et il donna le commandement suprême de sa maison au baron de Vioménil, désigné par Madame Elisabeth et par la Reine. A cet officier général furent adjoints M. de Bakmann, investi de la confiance des suisses, et M. de Mandat, ancien officier des gardes françaises, estimé, honoré de la garde nationale de Paris.

Les avis fournis à la Cour n'étaient que trop sincères. Entre onze heures-minuit, la Reine entend sonner distinctement l'effrayant tocsin de la Ville. A cette cloche insurrectionnelle se joignent bientôt les nombreux béfrois de la capitale. Marie-Antoinette descend chez M. le dauphin, le voit plongé dans le sommeil de la paix et de l'innocence. Elle l'embrasse en l'arrosant de ses pleurs; monte chez le Roi, que l'on réveille par son ordre, et qui se fait habiller à l'instant. Madame Elisabeth rentre bientôt chez son frère. On se réunit dans le grand cabinet du Monarque; et, en attendant le jour, on s'occupe, en famille, des derniers moyens de sauver l'État.

Le maire Péthion, venu ou mandé au château, se montre hardiment dans la galerie de Diane, remplie de gentilshommes et de sujets dévoués. Le Conseil secret décide que Péthion paraîtra devant son Prince, pour lui répondre de la tranquillité de Paris. « Monsieur, lui dit Louis XVI avec émotion, vous êtes le » maire de la capitale, et le tocsin sonne de toutes » parts! que signifie ce nouveau tumulte? Veut-on » recommencer le 20 juin? »

Sire, répond ce fourbe, *le tocsin retentit, malgré ma volonté; mais je me rends de ce pas à l'Hôtel-de-Ville, et tout ce désordre va cesser.*

« Monsieur Péthion, dit aussitôt la Reine, le » nouveau danger qui nous menace a été organisé » sous vos yeux, nous ne pouvons pas en douter. » Dès-lors vous devez au Roi la preuve que cet atten- » tat vous répugne, et que vous souhaitez la puni- » tion de ses auteurs. Vous allez signer, ajoute cette » Princesse, vous allez signer, comme maire, l'or- » dre à la garde nationale parisienne de repousser » la force par la force; et, loin de retourner à la » Ville, vous resterez auprès de la personne du » Roi. »

Cet excellent avis ne trouva pas un seul contradicteur, et Péthion, rouge et décontenancé, signa l'ordre décisif qu'exigeait Marie-Antoinette.

Les premiers rayons du jour commençaient à luire, et les émissaires envoyés dans les faubourgs, venaient annoncer de minute en minute les progrès de la sédition.

Sur ces entrefaites, Mandat, commandant-général des gardes nationales, fut appelé à l'Hôtel-de-Ville, par les représentans de la commune, qui *offraient d'entrer en négociations.* La Reine vit le piége, et supplia M. de Mandat de ne pas quitter le château. Mais le Roi se récria contre une méfiance qui lui parut intempestive, et ce malheureux Prince dit *que des propositions d'accommodement ne devaient jamais être repoussées par un bon Roi.*

Mandat se présente à l'Hôtel-de-Ville. On l'entoure ; on exige qu'il remette sur le bureau l'ordre de résistance militaire, signé *Péthion.* Ce brave officier s'y refuse. Il est aussitôt frappé de vingt coups de poignard, et sa tête est montrée au peuple sur une pique, aux cris redoublés de vive la nation, *à bas le véto.*

En apprenant la mort de Mandat, M. de Vioménil devait engager le Roi à remplacer à l'instant même ce commandant-général, car tout allait dépendre et de la garde nationale et de son chef. Mais on craignit de trop épouvanter le Monarque, et on lui cacha ce douloureux événement.

Mandat n'étant plus à redouter pour les factieux, ils ne songèrent qu'à débarrasser Péthion. L'Assemblée nationale, qui siégeait, au milieu des ténèbres, apprit avec improbation qu'on retenait ce magistrat dans les appartemens des Tuileries : elle le *manda* auprès d'elle par un décret.

La Reine supplia son Epoux d'annuller ce décret attentatoire, et lui représenta, qu'en perdant cette garantie, il ne lui restait plus qu'à transiger. Louis XVI ne voulut pas *s'attirer l'indignation de l'Assemblée nationale*, et son plus dangereux en-nemi recouvra le pouvoir de mettre à exécution ses affreux complots.

Vers les trois heures du matin, une fausse pa-trouille avait été arrêtée sur les Champs-Elysées. Ne pouvant répondre au *mot d'ordre*, elle avait avoué que l'intérêt de la famille royale guidait ses mouvemens, et la retenait non loin du palais. Cette patrouille, composée de bons négocians, voisins du Pont-Neuf, et commandée par un riche orfévre, nommé Pâris, fut amenée au poste des Feuillans, et massacrée sous les yeux du Corps législatif, qui n'improuva pas même cette mesure (1).

La Reine était informée, à l'instant même, de tous ces attentats, qui déchiraient son cœur; mais sa cons-

---

(1) Au nombre de sept, les cadavres de ces hommes de bien furent traînés sur la place Vendôme, et laissés nùds, au pied de la Statue de Louis-le-Grand.

tance héroïque n'en était point ébranlée. Elle tâchait de conserver un air serein; et ses ordres secrets, qui se succédaient sans relâche, hâtaient l'arrivée des bonnes sections, et l'armement de tous les royalistes connus.

Vers les six heures du matin, on détermina le Roi à descendre dans ses jardins, pour se montrer aux soldats, et passer la garde nationale en revue. Louis XVI, accompagné du comte de Menou et de M. de Boissieu, maréchaux-de-camp, parcourut, en effet, les grandes allées, depuis le château jusqu'au Pont-Tournant, où sont les chevaux de la Renommée. Les soldats, restés purs, l'accueillirent avec respect; les républicains, au cœur dénaturé, l'accablèrent d'affronts et d'outrages. Quant à lui, ne conservant de sa grandeur royale que l'affabilité des Bourbons, il feignait de ne pas entendre les plus humiliantes injures, et, la pâleur sur le visage, il recommandait *l'union et la paix.*

Demi-heure auparavant, il avait eu sous les yeux, dans l'intérieur de son palais, un tout autre spectacle. Accompagné de la Reine et de ses enfans, il avait parcouru les grands salons et les galeries, où les défenseurs du trône s'étaient réunis depuis le coucher du soleil.

Ces hommes estimables et dévoués, en voyant cette famille auguste réduite à fuir le sommeil et le repos, pour ne songer qu'à la défense de sa vie, s'étaient écriés, d'une voix unanime: *Vive la Reine! vive le Roi! vivre ou mourir pour de si bons maîtres!*

A cinq heures du matin, la Reine, toujours attentive et bienveillante, était venue, de sa personne, dans la galerie de Diane; et, par son ordre, les officiers de la bouche avaient abondamment garni des buffets, que recouvraient les hauts paravens. On n'abusa point de ces généreuses attentions, dictées par le bon sens et la reconnaissance; et tous ces buffets demeurèrent comme inaperçus, jusqu'au moment du pillage universel.

Peu d'instans avant la mort funeste de Mandat, la Reine, qui s'attendait à son prochain retour, s'approcha d'une des croisées, vers le Carrousel. *Quel temps magnifique*, dit-elle à M. de Lorry (1)! *Quel beau jour nous allions avoir, sans tout ce tumulte!...*

« Madame, répondit l'officier aux gardes, un temps
» affreux serait bien plus désirable : il ne faudrait
» qu'une bonne averse pour dissiper tous ces mu-
» tins-là. »

Depuis la revue infructueuse des jardins, le conseil du Roi ne quittait plus le salon de ses séances; et le temps que Louis XIV eût employé à agir, on

---

(1) Le baron du Vivier de Lorry (né à Metz), neveu de M. Couet de Lorry, évêque d'Angers. Il vit, retiré à la campagne.

l'employait à discuter et à rejeter tous les vigoureux conseils de la Reine. Enfin, on s'aperçut qu'un offi-cier-municipal, revêtu de son écharpe, écoutait à la porte. On ouvrit; il s'avança fièrement, et prononça distinctement ces paroles : *Vous avez beau faire. Le peuple veut la dechéance, et nous l'aurons.*

Le conseil tout entier fut saisi de terreur; et l'E-pouse du Monarque, se levant elle seule, allait don-ner des ordres pour faire arrêter un homme si auda-cieux.

A ce même instant, l'on vit paraître le procureur-syndic du département, Rœderer, qui, le visage ému et la voix altérée, déclara vouloir parler au Prince et à son Epouse, *en particulier.*

Louis XVI et la Reine s'étant séparés du conseil, Rœderer leur parla en ces termes : *L'effervescence populaire est à son comble. Toutes les mesures administratives sont épuisées. Le canon du Pont-Neuf est tombé au pouvoir des agitateurs. La garde nationale est divisée. La famille royale est perdue, si elle ne se réunit promptement au Corps législa-tif, qui lui tend les bras.*

« Ah! Monsieur, s'écria la Reine, quel conseil
» osez-vous donner à votre Roi! Le Corps législatif
» compte plusieurs hommes honnêtes dans son sein;
» mais il est dominé par la faction des ennemis du
» trône. Ils ne *tendent les bras* à Louis XVI que
» pour le saisir et le dévorer. »

Madame, reprit le magistrat (peut-être de bonne foi), *Votre Majesté se laisse aller trop facilement à ses préventions, ou à ses alarmes.*

« Sire, s'écria de nouveau la Reine, fermez l'o-
» reille, je vous en conjure, au plus funeste de tous
» les conseils. On veut vous séparer de vos servi-
» teurs, de vos défenseurs incorruptibles. On veut
» mettre les masses populaires entre votre maison
» militaire et vous. Je me précipite à vos pieds, Sire,
» j'embrasse vos genoux et les arrose de mes larmes.
» Vous êtes le petit-fils de Louis XIV, vous êtes le
» petit-fils d'Henri IV : ne déshonorez pas ces
» grands hommes. Ressouvenez-vous de tous vos
» ancêtres, et n'abandonnez point, par faiblesse, le
» sceptre qu'ils vous ont légué. Montez à cheval : le
» peuple vous rendra toute son estime. Paraissez,
» montrez-vous, en ce moment décisif; ou souffrez
» que je paraisse, moi-même, et que je présente
» mon fils aux Parisiens : ils auront pitié de sa jeu-
» nesse : son innocence les désarmera. »

Rœderer, voyant l'incertitude et l'irrésolution du Roi, lui apprit, alors, le meurtre de Mandat, sur le perron de l'Hôtel-de-Ville, et le massacre de plusieurs émissaires de la Reine, devant la grille du Carrousel.

« Madame, dit cet infortuné Prince, à son Épouse,
» vous voyez que les choses sont trop avancées : IL
» N'Y A PLUS RIEN A FAIRE ICI. Je dois veiller à la

» conservation des miens et au salut de ma famille :
» vous seriez à jamais inexcusable, si les choses
» tournaient du mauvais côté. Je veux que, sans
» plus tarder, on nous conduise à l'Assemblée lé-
» gislative. Je le veux. Je le veux. »

— *Vous ordonnerez, avant tout, Monsieur, que
je sois clouée aux murs de ce palais*, lui dit la
Reine, en essuyant ses larmes, et en reprenant cet
air de majesté que Dieu lui-même avait imprimé sur
son front. Mais la princesse de Tarente, mais Madame de Lamballe, mais Madame Elisabeth, surtout, la conjurèrent de ne pas opposer plus long-
temps sa volonté à la volonté du Monarque. Ces dames et tous les ministres, lui représentèrent, de la
manière la plus effrayante, les dangers d'un Prince
qui n'était ni militaire, ni guerrier ; et Marie-Antoinette, faisant le sacrifice de ses grandeurs, de sa
couronne et de sa vie, obéit à Louis XVI, parce que
Louis XVI était son Roi.

~~~~~~

CHAPITRE · XLVI.

*Fureur du peuple contre la Reine. Courage
héroïque de cette Princesse.*

———

ACCOMPAGNÉE de quelques gentilshommes dévoués
et d'environ cent cinquante Suisses de la chambre,
la famille royale sortit du château par le grand vestibule de l'horloge, et se rendit à l'Assemblée nationale
par les terrasses de la Chapelle et des Feuillans. En
voyant cette famille infortunée exposée aux imprécations et aux criminels efforts d'une populace accoutumée au meurtre, tous les gardes nationaux royalistes, répandus sur les divers espaces du jardin, quittèrent leurs drapeaux et leurs camarades, pour voler au secours du Roi. Ils formèrent la haie sur son
passage, et le protégèrent, alors, pour la dernière
fois.

La famille royale, après un trajet des plus orageux, des plus fatigans, arriva dans ce passage
étroit, connu jadis sous le nom des *Feuillans*, ou du
Manége; et, quoique les vingt-cinq députés du
Corps législatif, venus en avant pour la recevoir, ne

cessassent de crier au peuple : *Respect aux pou-voirs constitués ; respect à la Représentation na-tionale*, toute la multitude furibonde se livrait à ces affreux mouvemens de désordre qu'il faut avoir vus, pour croire à leur possibilité.

La chaleur du jour était déjà suffocante, et les Suisses ne pouvaient qu'à grand-peine conserver un très-faible espace autour de la Reine et du Roi. Tout-à-coup, un ouvrier, la chemise ouverte et les bras nus, arrive auprès de nos Bourbons, que l'insolente Assemblée laissait devant sa porte, exposés aux feux du soleil. Cet ouvrier, à la voix menaçante, au re-ard empressé, fait entendre ces paroles : *Où est la Reine ? montrez-moi la Reine ; que je la voie en-fin pour la première fois*. En disant ces mots, il portait sa farouche attention sur la princesse de Lam-balle, dont le maintien offrait un admirable mélange de grâce et de dignité.

« Ne vous méprenez pas, dit la Reine à ce jeune
» téméraire, en se mettant fort près de lui; c'est moi
» qui suis la Reine ! Mon ami, que voulez-vous de
» moi ? »

L'à-propos, la générosité de cette réponse, le no-ble et doux regard de Marie-Antoinette, touchèrent de compassion et de repentir cet homme du peuple, qui n'avait pas été corrompu jusqu'au cœur. Il re-garda la Reine avec étonnement, avec réflexion; et puis, se tournant vers ses camarades, il leur adressa brusquement ce discours : *Amis , ce n'est point là une méchante femme : il y a du plaisir à la voir.* — *Madame ,* ajouta-t-il, *dites au Roi d'ôter ce véto , qui nous chagrine , et toute cette bagarre va cesser.*

Comme il articulait ces paroles , l'Assemblée nationale ouvrit ses portes. La Reine , ses enfans et les dames de sa suite , furent placées sur les bancs réservés aux ministres. Le Roi occupa le fauteuil que la constitution lui donnait à côté du président; et , lorsque le calme fut un peu rétabli , ce Prince , d'une voix nette et intelligible , dit aux députés de la nation : « Messieurs, je suis venu au mi- » lieu de vous; j'ai quitté momentanément le palais » de mes ancêtres, pour empêcher la consommation » d'un grand crime. J'espère que vous vous unirez » à moi sincèrement, pour ramener l'ordre et la » puissance des lois. »

Le corps législatif applaudit à ce discours , mais les tribunes murmurèrent. Alors le président fit observer à l'Assemblée que toute délibération deviendrait *inconstitutionnelle,* si elle avait lieu en présence du Souverain. En conséquence , il proposa que Louis XVI fût invité , non pas à quitter le lieu des séances, mais à se retirer dans une tribune, comme simple spectateur et homme privé.

Le Roi, sans se méfier du complot, alla s'enfermer, avec la Reine et ses enfans, dans la loge du *logo-*

graphe; et l'Assemblée nationale, aussitôt, eut l'air de vouloir mettre un terme aux malheurs publics. Mais un coup de canon se fait entendre du côté des Tuileries, et cet affreux signal, qui fait naître un profond silence, paraît avoir glacé tous les cœurs.

Le Roi, se levant, dit, à haute voix, qu'il vient d'interdire, *par écrit*, toute résistance et toute défense militaire aux Suisses et aux personnes de sa maison.

Un second coup de canon, plusieurs décharges de mousqueterie, agitent la salle. Tous les cris d'une armée en fureur, remplissent le jardin des Tuileries, et les lieux environnans.

Une députation législative, envoyée au château pour y établir l'ordre, rentre dans le sein de l'Assemblée, et déclare que tout est à feu et à sang dans le jardin, dans les cours, dans le palais. Le Roi, pensif et abattu, lève les yeux vers le ciel, témoin de son innocence; la Reine exprime toutes les émotions de son âme bouleversée, et ses yeux fondent en pleurs.

Enfin, arrivent les députations de la Commune révoltée, et les divers orateurs des faubourgs. Tous ces factieux, écumans de colère, outragent le Monarque, malgré sa présence, et lui attribuent le carnage que lui seul a voulu éviter. Les tribunes, garnies dès l'aurore, se joignent à ces hardis déclamateurs. Les députés bien intentionnés veulent, par des raisonnemens lumineux, ou par des moyens oratoires quelconques, affaiblir cette effervescence, et sauver un prince qui souffre toutes ces calomnies, et ne s'élance point à la tribune pour les réfuter. Leurs voix sont étouffées. La révolution s'accomplit. Le crime l'emporte. Le corps législatif, subjugué, prononce la déchéance du Monarque. La France devient une république ; et le sceptre de Louis XIV est foulé aux pieds par une poignée de scélérats, la plupart sans nom, sans patrie, sans aveu.

Mon intention n'est pas de retracer ici l'horrible image de cette journée, que plusieurs écrivains ont racontée avec soin et avec détail. Je me bornerai à dire, en substance, que la monarchie s'écroula dans des flots de sang et de larmes, et que la république prit naissance au milieu des plus épouvantables forfaits.

La porte royale du Carrousel, défendue valeureusement par les Suisses, pouvait résister long-temps aux Marseillais et à la populace, qu'un premier coup de canon, tiré à poudre, éloigna, d'abord, jusqu'au Château-d'Eau. Mais le bruit s'étant répandu, tout-à-coup, par la rue Saint-Honoré, que le Monarque s'était réfugié au Corps législatif, et que les richesses de son palais étaient à la disposition des plus intrépides, les conjurés, conduits par un nommé Granier, de Marseille, se rallièrent de nouveau sur le Carrousel, devant l'hôtel de Longueville, et leurs sapeurs, armés du bélier et de la hache, abattirent la grande porte du palais.

Si le baron de Vioménil, si M. de Bakmann, feignant d'ignorer le commandement écrit du Monarque, avaient pris sur eux de faire respecter sa demeure, et de maintenir inviolable la noble habitation des Rois, tout pouvait aisément rester dans l'ordre, et les Suisses, inébranlables, ne demandaient qu'à bien faire leur devoir. Granier, et soixante bandits venus sous ses ordres, osèrent pénétrer les premiers jusqu'à la salle des gardes; ils furent saisis devant les portes même de ce grand vestibule, et précipités, par la balustrade, sur les marches inférieures de l'escalier (1).

Mais l'ordre du Roi, hautement proclamé dans le château, ayant consterné et dispersé tous les défenseurs du trône, les Suisses de la cour royale enclouèrent leurs pièces; et, ne pouvant se résoudre à prendre la fuite, ils se défendirent avec leurs sabres ou leurs épées, quand on cessa de leur fournir des munitions.

Nés sur une terre étrangère, et dans un gouvernement républicain, ces braves soldats moururent tous pour le Roi de France, que ses propres sujets ve-

_____

(1) Granier eut un doigt rompu dans cette chute, et l'on dit que sa main atteste encore l'événement.

naient de réduire aux abois. Les cadavres des Suisses, dépouillés et mis à nud par leurs ennemis transformés en cannibales, furent vus, jusqu'au jour suivant, sur le Carrousel, dans les appartemens du château, sur les terrasses, dans les jardins, et jusques vers les Champs-Elysées. L'avide curiosité du peuple voulut se repaître à loisir d'un tel spectacle, et des femmes échevelées mordirent leurs membres encore palpitans.

Bons et généreux Helvétiens, recevez, dans ce douloureux écrit, l'hommage de notre reconnaissance nationale. Vos compatriotes, après bien des années, vous ont élevé dans le désert un monument, que tous les voyageurs viennent contempler et baigner de larmes. La France régénérée vous doit et vous destine un semblable tribut. Vous avez péri sur les marches d'un trône qui semblait anéanti pour toujours. Ce trône s'est relevé, et ce sont vos neveux qui le défendent encore! Bons et généreux Helvétiens, vos pieux sentimens ont passé dans le cœur de vos neveux et de vos frères; et le prince accompli qui leur commande, respecte en eux et vos personnes, et votre courage sublime, et votre désespoir et vos malheurs.

CHAPITRE XLVII.

La Famille royale est transférée au Temple.

LE château des Tuileries avait subi toutes les dé-
vastations du pillage, et la populace inexorable s'é-
tait plue à détruire jusqu'aux peintures, jusqu'aux
lambris. Le lit somptueux du Monarque ne conservait que son baldaquin, dégarni de ses franges ; et
le lit de la Reine, livré aux flammes, avec son buste
et ses portraits, n'existait plus, même dans des vestiges. Les révoltés jetaient, nuit et jour, les hauts cris
contre cette Princesse, et les poëtes de la canaille venaient de forger, pour sa ruine, une abominable
chanson :

(Madame Véto avait promis
De faire égorger tout Paris, etc.)

Marie-Antoinette, quelques minutes avant le tocsin, avait fait sortir ses diamans, des Tuileries. A ces
objets précieux, elle avait joint ses dentelles, deux
caisses de linge superfin, et sa correspondance avec
Léopold, son frère et son protecteur. Madame Cam-

15 *

pan ne nomme pas même ce dépôt dans le dédale de ses Mémoires; et ce fut néanmoins à son zèle qu'il fut remis et confié (1).

Retenue avec son Époux et ses deux enfans, dans le local de l'Assemblée législative, Marie-Antoinette demanda plusieurs fois des vêtemens, du linge, et ces autres accessoires indispensables, dont les plus petits bourgeois ne sauraient se passer. Péthion lui répondit ironiquement que tout avait été consumé ou pillé dans le château des Tuileries.

Enfin, milady Suterland, épouse de lord Gower, ambassadeur d'Angleterre, envoya à la Reine de France une corbeille de linge, et l'expression de sa douleur et de tous ses sentimens. *Je suis au désespoir de désobliger l'ambassadrice*, répondit Marie-Antoinette; *mais les secours de l'Angleterre viennent trop tard; je n'en veux pas.*

Le 13 d'août, après trois jours d'irrésolutions, de machinations et d'orgies, la commune victorieuse décida que la famille royale quitterait les cellules des Feuillans, pour aller habiter le Donjon du Temple.

----

(1) La Reine avait eu l'intention d'envoyer ces effets chez le marquis de Rougeville. Il était absent lorsque l'émissaire se présenta chez lui. La Reine, pressée par les événemens, fut contrainte d'accepter les bons offices de sa femme-de-chambre. Ce fait, long-temps ignoré, explique la défection et l'apostasie de Madame Campan.

On venait d'abattre la statue équestre de Louis XIV, sur la place Vendôme. Cet immense chef-d'œuvre de Girardon, renversé sur le pavé, était devenu l'objet de l'attention générale ; et, dans cet état d'humiliation, le petit-fils de Henri IV semblait menacer encore les factieux. Sa main de commandement, dessinée jadis pour la ligne horizontale, se dirigeait, maintenant, vers le ciel, et l'on eût dit que ce grand monarque, indigné des outrages faits à sa famille, en appelait au Roi des Rois.

Louis XVI, en passant, le vit, et détourna son regard. Marie-Antoinette sembla retremper son âme et sa fierté dans ce spectacle philosophique. *Madame*, osa lui dire Péthion, qui gouvernait dans la voiture, *si vous ne prenez une attitude plus conforme à votre position, je ne réponds plus de votre vie ; le peuple est indigné.* Marie-Antoinette baissa les yeux ; mais n'abaissa point son caractère.

Le Temple, ancien apanage des Grands-Prieurs de Malthe, appartenait au jeune duc d'Angoulême, fils aîné du comte d'Artois. Cette superbe habitation se composait du *château*, qui subsiste encore ; et du Donjon, pièce lugubre et gothique, dont Bonaparte a fait et vendu les débris.

La famille royale passa la première nuit dans la *chambre-dorée* du duc de Vendôme, et, le lendemain, elle traversa le jardin, pour aller s'enfermer dans la tour.

Je ne dois pas répéter ici tout ce que le bon
Cléry a rapporté dans ses MÉMOIRES (1). Ce fidèle
serviteur de Louis XVI a légué à la postérité un récit, que chériront, dans tous les temps, les âmes
honnêtes et sensibles. Par ce livre, monument de
deuil et de sincérité, nous avons appris tout ce que
les tyrans auraient voulu cacher à la nature entière.
Nous y voyons, d'un côté, les féroces raffinemens de
la barbarie démocratique; de l'autre, la résignation
courageuse d'un Prince qui ne fut grand que dans
ses malheurs.

Nous y voyons le noble caractère d'une Reine,
qui, tombée dans l'excès de l'infortune, par les seules
fautes d'autrui, n'accuse personne, ne blâme personne; estime toujours, dans son époux, le père affectueux de ses enfans, et le plus honnête homme de
son empire; partage, sans aigreur, son abaissement
et ses privations, comme elle avait partagé, sans orgueil, toute la gloire de sa puissance. Ne lui reparle
jamais de ses capitales erreurs, et se plaît à rappeler
ses bonnes intentions, si louables. Le consulte et le
respecte, quoique déchu et dans les fers; se prête,
comme autrefois, aux petites singularités de son caractère candide; lui dérobe ses propres amertumes,
pour ne pas augmenter ses ennuis; et met encore,

_____

(1) Cléry a fourni les notes; et M. le cardinal de la F..... a
rédigé ce touchant écrit.

pour le ranimer , de l'espérance et de l'avenir dans
ses paroles , quoique depuis long-temps elle ait
prévu, en son âme, tout ce qu'elle souffre à l'heure
présente, et tout ce qui lui reste à souffrir.

CHAPITRE XLVIII.

Massacres de Septembre.

LES bons citoyens, réunis, au château, pour y défendre la famille royale, avaient été massacrés, en
grand nombre, par les républicains, mêlés aux voleurs. Mais plusieurs d'entre nos Français estimables, étaient parvenus à s'échapper, soit par les is-
sues grillées de la terrasse de l'ouest, soit par la longue galerie du Louvre, appelée aujourd'hui le *Mu-
sœum des tableaux.* Errans et fugitifs au sein de la
capitale, ils furent, presque tous, ou découverts par
la police révolutionnaire, ou livrés par la timide faiblesse et la trahison. Les prisons se remplirent ; et
les vingt derniers jours de ce mois d'août lamentable, Paris tint ses barrières fermées, pour retenir les
nombreuses victimes que lui aurait ravies l'émigration.

Un tribunal de vengeance et de fureur fut institué ;
l'instrument des supplices nouveaux s'éleva sur la
place publique. Mis à demeure et *en permanence* au
milieu du Carrousel épouvanté, cet instrument, ra-

pide et fatal , abattit plusieurs têtes innocentes;
mais les *juges du 10 août*, quoique scélérats, furent
accusés de modération, de pusillanimité, d'indolence;
et les vainqueurs , dans leur impatiente frénésie,
conçurent et arrêtèrent un égorgement général des
prisons.

Cinq ou six jours avant l'effroyable hécatombe,
le jeune et célèbre fils d'un huissier, nommé Maillard, se transporta dans toutes les maisons d'arrêt de
Paris. Il s'adressa aux détenus, par l'intermédiaire
de quelques faux captifs, ou des concierges. Il leur
fit donner le conseil d'appeler auprès d'eux tout
leur argent comptant, tous leurs bijoux , toute leur
orfévrerie ; et il ajouta que la liberté de chacun d'eux
allait être échangée contre *des superfluités , nécessaires aux besoins publics.*

Ces riches prélats, ces grands-seigneurs magnifiques , ces financiers possesseurs de capitaux et de
domaines immenses, écrivirent aussitôt à leurs proches, à leurs notaires, à leurs régisseurs. D'autres
s'adressèrent à des amis généreux ; d'autres à des
amantes éplorées. Tous virent bientôt des cassettes,
ou des pierreries, ou des objets rares et précieux
mis à leur disposition....

Le massacre universel commença le 1er septembre.
Il dura trois jours et trois nuits sans interruption ;
et les meurtriers dépouillèrent les victimes de leurs
trésors, de leur linge, de leurs vêtemens!!!

Ils immolèrent la princesse de Lamballe, convain-
cue d'avoir un roi pour proche parent, et Marie-Antoinette pour amie. Ils profanèrent son corps; ils
déchirèrent son cœur et ses entrailles; et, mettant sa
tête au bout d'une pique, ils la promenèrent dans
tout Paris.

De cabaret en cabaret, de carrefour en carrefour,
ils arrivèrent à l'enclos du Temple; et, s'élevant par-
dessus la muraille extérieure, qui régnait le long du
jardin et de la tour, ils parvinrent, à force de clameurs et de cris, à fixer l'attention de la famille
royale. La Reine entendit, très-distinctement, les
horribles imprécations proférées contre elle par ce
vil peuple, gorgé de boisson.

Bientôt, un municipal survient, accompagné de
quatre députés de la populace; ce fonctionnaire
annonce à la famille royale *que le peuple est vivement agité par le faux bruit de son évasion.*

« Oui, s'écrie alors un des gardes nationaux émis-
» saires, je vous engage à vous montrer à l'une des
» croisées de la tour, afin de détromper et de cal-
» mer les Parisiens. Ils veulent, d'ailleurs, vous
» faire voir la tête de la Lamballe, et vous appren-
» dre comme nous nous vengeons des tyrans. »

En apprenant l'épouvantable trépas de son amie,
la Reine pousse un long cri de douleur, et tombe,
sans connaissance, dans les bras de sa sœur et de ses
enfans éplorés.

Le soir même, elle est informée que le peuple, en armes, a fait les plus violens efforts pour s'introduire au donjon du Temple, et pour y introduire avec lui toutes les fureurs et tous les excès des vengeances républicaines.

Le jour suivant, de nouveaux renseignemens sont offerts à l'impatiente curiosité de Marie-Antoinette. Cléry lui confie, à la dérobée, que les Prussiens victorieux marchent sur la ville de Châlons, et que les Parisiens, dans leur indignation et leur dépit, massacrent tous les prisonniers royalistes..... C'est-à-dire tous ses amis, tous ses défenseurs!!!....

CHAPITRE XLIX.

Procès de Louis XVI.

Le procès criminel de Louis XVI est une des plus grandes monstruosités que la morale ait le droit d'offrir aux obéissans crayons de l'histoire.

Des écrivains froids et méthodiques, des narrateurs au jour le jour raconteront, s'ils le veulent, ce long et punissable attentat, dont presque tous les auteurs vivent encore. Un pareil récit est au-dessus de ma patience : la seule inspection des faits me saisit d'indignation.

Certes, quelle que fût l'émancipation des esprits dans les villes et dans les campagnes, la grande majorité des Français était demeurée fidèle à la religion monarchique, et les prétendus représentans de la Nation n'avaient pas été envoyés à Paris pour accuser et juger un Roi !

Louis XVI commit donc une grande faute en reconnaissant la compétence de la Convention se disant nationale, et en acceptant avec humilité la juridiction d'un pareil tribunal.

Le 11 décembre 1792, un décret ordonna que

ce Prince, extrait momentanément de la Tour, serait conduit à la barre de l'Assemblée. Il y parut, et
ne protesta point contre cette violation de tous les
droits.

Il fit plus : il répondit avec douceur à toutes les
brutales interrogations de ces valets, devenus maîtres.
Afin de l'humilier personnellement, et de l'avilir
dans le cœur de son peuple, ils le nommèrent à plusieurs reprises *Louis Capet*. Il consentit à ce nom
dérisoire, et craignit de paraître même sensible à
tant d'affronts multipliés.

De retour en sa prison, il demanda son Epouse
et sa sœur, pour leur raconter ses déplaisirs et se fortifier de leurs conseils pleins de sagesse.... On lui
notifia *le décret* qui le séparait de sa famille pour
toujours !!

Louis XVI choisit pour ses avocats MM. Target
et Tronchet, jurisconsultes renommés dans la capitale. M. Tronchet seul accepta cette difficile et honorable commission. Alors M. de Malesherbes écrivit
au président de la Convention nationale pour lui
dire qu'il s'offrait, de lui-même, à remplacer Target,
auprès de Louis malheureux (1).

Le 16, les conventionnels Grandpré, Cochon,
Duprat et Valazé, accompagnés d'un secrétaire,

---

(1) Peu de jours après, M. Desèze, de Bordeaux, fut adjoint à MM. Tronchet et de Malesherbes.

vinrent notifier au Roi son acte d'accusation, et lui enjoignirent de lire et de parapher *cent cinquante-huit pièces* accusatrices, trouvées, disaient-ils, aux Tuileries, dans un placard surnommé par eux *l'Armoire de fer.*

Louis XVI parapha toutes ces pièces, destinées à légaliser sa perte; et comme la séance, ouverte à quatre heures, avait duré jusqu'à la nuit, il invita ces quatre personnages à manger son modeste souper.

Dépourvus d'âme en toutes choses, trois des conventionnels dévorèrent le souper du Roi; le seul VALAZÉ s'en abstint, et quelques jours plus tard, ne vota point la mort de son malheureux maître.

L'univers tout entier a connu l'Appel nominal qui termina cette barbare et folle procédure.

Malgré la faiblesse des plaidoyers, dépourvus de cette fièvre du cœur qui jette la persuasion ou l'effroi dans les âmes, l'innocence de Louis était visible et manifeste. Loin d'avoir *conspiré la perte du peuple français*, il s'était dépouillé de tout son pouvoir, afin d'en revêtir le tiers-état et les communes. Loin d'avoir *épuisé le trésor public*, il s'était fait remarquer, dès les premiers instants de son règne, par la simplicité de ses goûts, et par le désir toujours croissant des réformes et des économies. Loin d'avoir mérité l'odieux surnom de *tyran*, il avait pris plaisir à supprimer les corvées et le supplice de la question ; il avait multiplié les Assemblées provinciales dans son royaume.... Il avait mis au néant la Révocation de l'Edit de Nantes..... IL AVAIT CONVOQUÉ LES ÉTATS-GÉNÉRAUX !!!

Loin d'avoir mérité l'odieux surnom de *tyran*, il avait supporté, sans se montrer Roi, l'insolence des pamphlétaires, les agressions de tous les partis, et les innombrables témérités de la multitude égarée. Louis XVI était vertueux ; Louis XVI était innocent. Mais tous ses ennemis étaient coupables de trahison, d'infidélité, d'ambition ou de rapines.... Il fut condamné. Et la capitale, dans la consternation, espéra, sans oser s'expliquer, que cette sentence de mort serait foudroyée avec horreur par toutes les assemblées primaires.

CHAPITRE L.

Testament |de Louis XVI.

L A convention nationale ne prononça le jugement de Louis que le 17 janvier 1793. Dès le 20 du
mois précédent, ce Monarque avait écrit ses dernières volontés, se regardant déjà comme proscrit
et anéanti dans ce monde.

Si l'oraison funèbre de Louis est jamais pronon-
cée dans nos temples chrétiens, l'orateur ne pourra
se dispenser d'accorder ses plus touchans éloges
au testament du Roi martyr. Il exaltera cette bonté
céleste qui, dans l'humiliation et dans les fers, au
milieu de toutes les privations les plus sensibles,
se perdit de vue elle-même et s'oublia, pour ne
songer qu'au malheur de ceux qui souffraient pour
ses intérêts et pour sa cause.

Les ministres de l'évangile loueront sans détour
et sans mesure la pieuse charité de ce Roi, qui, prêt
à marcher vers le lieu du supplice, pardonnait sincèrement à ses assassins et à ses bourreaux..... Les
orateurs chrétiens feront leur devoir en s'exprimant
de cette manière; mais l'histoire inexorable consi-

dère sous un autre point de vue les déclarations solennelles des Rois.

A dater du jour de sa consécration, un légitime souverain ne s'appartient plus à lui-même. L'Etat est en lui. Chargé du gouvernement et du salut de l'empire, son individualité a pris fin ; il est l'œil et la pensée de tout un royaume, qui ne se meut et n'existe que par ses soins. Pardonner aux assassins d'un être aussi utile, aussi nécessaire, aussi vénérable et sacré, c'est approuver le bouleversement de l'Etat, le renversement des fortunes, le triomphe du brigandage, l'anéantissement de la morale publique, l'humiliation de la vertu, le massacre ou la désolation de tous les citoyens honnêtes.

Pardonner flegmatiquement au meurtre juridique d'un Roi, c'est saper jusques dans ses fondemens l'antique et mystérieux édifice de la société civilisée ; c'est proclamer l'excellence des républiques et la légitimité des révoltes et des séditions ; c'est indiquer aux poignards et au poison tous les souverains ; c'est donner un démenti formel à la religion elle-même, qui, de tout temps, nomma les monarques *les oînts du seigneur*, *ses Christ ici bas*, *les représentans de Dieu sur la terre*.

Louis XVI, peut-être, en rédigeant cet écrit, se flatta que sa modération amollirait le cœur des tigres. Ah ! qu'il fut à plaindre ce vertueux Roi ! Jugeant les autres âmes d'après ses pacifiques sensations, il attendit jusqu'au dernier moment pour croire à la perversité humaine ; et monté déjà dans la voiture fatale, à deux pas de son échafaud, il crut qu'une armée de rebelles écouterait les derniers épanche-mens de son Prince, et que ceux-là seraient tou-chés de son abaissement et de sa peine, qui ne l'avaient point respecté sur le trône, au faîte des grandeurs.

Un silence universel et farouche lui démontra qu'il était haï; et lorsque trois bourreaux auda-cieux se saisirent violemment de ses mains pour les lier à la manière des coupables, il ne vit pas couler une larme, il n'entendit pas un seul cri d'assistance et de commisération !

Son testament avait-il aussi *pardonné* cette scène affreuse et inattendue ? Et Louis pouvait-il prévoir, le 25 décembre, que Santerre couvrirait sa voix par le long mugissement des tambours ; que le bour-reau saisirait sa tête avec joie, et la montrerait au peuple en dansant!!!

CHAPITRE LI.

Derniers Adieux du Roi.

Avant de marcher au supplice, les instantes prières de Louis XVI avaient obtenu de la Convention qu'il pourrait voir sa famille en particulier, et recevoir, pour la dernière fois, ses embrassemens et ses larmes. Cette excellente famille se réunit dans une salle, exposée aux avides regards des commissaires municipaux; et les cris perçans du jeune dauphin et des princesses furent entendus de tous les lieux voisins. Le Roi supplia son Épouse de lui pardonner les maux affreux que lui avait attirés sa faiblesse; et avant de bénir solennellement les deux derniers rejetons de sa race illustre, il leur recommanda pour Madame Élisabeth et pour leur Mère une obéissance sans bornes, et le tendre respect qu'ils avaient eu pour lui.

Cette scène de douleur, bien au-dessus des forces humaines, dura sept quarts d'heure. La Reine en fut si profondément émue, que, ce jour-là, pour la première fois, elle éprouva de brusques et pénibles

16 *

convulsions, suivies d'insomnies et de terreurs. Ses yeux, durant plusieurs jours, versèrent des torrens de larmes. Elle nommait le Roi, à chaque minute; elle frémissait, en songeant à l'appareil de son supplice; elle joignait ses mains, en implorant miséricorde pour lui. Elle se précipitait à genoux sur le plancher qui recouvrait son ancienne demeure; et elle regrettait avec amertume de n'avoir pas péri au même instant que son Epoux.

A la vue de ses enfans, elle semblait se reprocher son cruel dégoût de la vie; mais, dans le triomphe de la révolution, elle voyait l'horrible avenir de leur destinée; et les regardant, alors, avec une sombre tristesse qui faisait frémir, elle tombait dans des rêveries si profondes, que la pensée et que la vie semblaient avoir abandonné son corps.

La Reine tomba dangereusement malade. Les secours de l'art, joints à sa jeunesse, lui rendirent, par malheur, la santé.

Avant le procès du Roi, elle descendait, quelquefois, avec lui, dans le jardin, et, pour distraire ses enfans, consentait à ces apparences de promenades. Après la mort du Roi, elle ne voulut plus descendre dans les verdures, parce que la chambre de Louis XVI, placée au-dessous de son appartement, avait sa porte d'entrée sur l'escalier de service, et qu'à la vue de cette porte malheureuse, elle se serait évanouie de douleur. Madame Elisabeth conduisait les enfans sur la terrasse élevée de la tour ; et les enfans, quelquefois, y attiraient leur Mère.

Jusqu'au trépas de Louis XVI, Cléry, valet-de-chambre du jeune Dauphin, avait servi la famille royale. Une heure après la mort de l'homme juste, Cléry fut expulsé du Donjon. Son éloignement mit le comble à la consternation et au dénûment des princesses. Un homme de peine, appelé *Tison*, fut maintenu à leur service ; cet homme, ainsi que sa femme, étaient dévoués aux persécuteurs.

CHAPITRE LII.

La Reine, tout-à-coup, refuse de donner les mains
à son évasion.

―――――

Un jeune municipal, nommé Toulan, en exagérant,
chaque jour, ses opinions et ses formes républicaines, avait conservé son emploi de commissaire au
Temple; et son esprit, fertile en moyens, s'était promis la délivrance de Marie-Antoinette, qui l'estimait, et l'approuvait.

Toulan, muni d'un billet de la Reine, vint, un
jour, trouver M. de Jarjayes, et lui tint ce discours
étonnant : « Monsieur, quoique vous me voyiez au
» nombre des municipaux républicains, j'ai pleuré
» mon Roi; et je prétends sauver sa Veuve. Les dif-
» ficultés sont grandes ; mais, si vous ne craignez
» pas de vous unir à moi, nous les surmonterons.
» Je connais les secrets sentimens d'un de mes col-
» lègues; nous le gagnerons facilement. Par déran-
» gement d'affaires, et non par cupidité, il accep-
» tera une somme d'argent, que la Reine lui des-

» tine. Si vous êtes en moyens par vous-même ,
» tout n'en ira que mieux. Si vous ne le pouvez pas ,
» la Reine vous enverra deux mots pour son ban-
» quier , M. de la Borde ; et ces deux mots , vous
» les recevrez dans peu. Ce point terminé , nous
» attendrons que le hasard réunisse mon confrère
» et moi au service intérieur du Temple , et , ce
» jour-là , Marie-Antoinette verra tomber ses fers. »

Tout ce que le jeune municipal souhaitait s'accomplit. M. de Jarjayes (1) , craignant d'étendre
une confidence si délicate , fit les fonds par lui-
même , et le second commissaire fut gagné.

La Reine et sa sœur , travesties en officiers muni-
paux , allaient , au milieu de la nuit , franchir le
seuil de l'enclos du Temple , lorsque Marie-Anto-
nette , effrayée des malheurs que son évasion atti-
rerait peut-être sur ses enfans , refusa la liberté
qu'avait tant desirée son âme , et reprit ses chaînes
avec magnanimité.

Le lendemain , elle écrivit à M. de Jarjayes la
lettre immortelle que le monde entier a lue avec
admiration , et que le baron de Goguelat a mise, en
Fac-similè, dans ses intéressans Mémoires. Je la
rapporte ici textuellement :

« Nous avons fait un beau rêve , voilà tout ; mais

_____

(1) Ce gentilhomme était le mari d'une des premières
Femmes-de-chambre de la Princesse.

» nous y avons beaucoup gagné, en trouvant en-
» core dans cette occasion une nouvelle preuve de
» votre dévouement pour moi. Ma confiance en vous
» est sans bornes; vous trouverez dans toutes les
» occasions en moi du caractère et du courage;
» mais l'intérêt de mon Fils est le seul qui me guide:
» et quelque bonheur que j'eusse éprouvé à être
» hors d'ici, je ne peux pas consentir à me séparer
» de lui. Au reste, je reconnais bien votre attache-
» ment, dans tout ce que vous m'avez dit hier.
» Comptez que je sens la bonté de vos raisons pour
» mon propre intérêt, et que cette occasion peut
» ne plus se rencontrer; mais je ne pourrais jouir
» de rien, en laissant mes enfans, et cette idée ne
» me laisse pas même de regret.   M. A. »

CHAPITRE LIII.

Le jeune Roi enlevé à sa mère.

Tison, son épouse docile, et une femme *Archi*, adjointe à leur espionage continuel, dénoncèrent le zèle de Toulan pour les princesses. Ils avaient pénétré ses intentions, et remarqué de rapides entretiens et quelques autres imprudences. Toulan perdit sa place de commissaire, et mourut, peu de temps après, sur un échafaud. Les rigueurs de la commune envers la famille royale devinrent, de moment en moment, plus minutieuses et plus cruelles. On assujettit les princesses à être fouillées trois fois par jour. On retrancha de leur nourriture. On leur enleva leurs canifs, et jusqu'à leurs ciseaux.

La Reine, dont le cœur excessivement bon, n'avait jamais attristé ni fait souffrir personne, trouvait ces persécutions, excessives, intolérables.... Il lui était réservé d'en éprouver une, mille fois plus affreuse et plus exécrable encore.

Le 3 juillet, (cinq mois après la mort de Louis XVI), un décret de la convention ordonna que le jeune Roi Louis XVII serait séparé de sa Mère, et renfermé dans l'appartement le plus sûr du donjon. A l'exhibition de cette ordonnance barbare, la Reine demeura comme anéantie. Ses forces se ranimèrent : et son éloquente douleur supplia les municipaux de ne pas consommer un si terrible sacrifice. Ils insistèrent; ils voulurent être obéis. Marie-Antoinette, voyant que ses prières et ses pleurs étaient inutiles, demanda la mort, plutôt que de souscrire à une telle séparation. Les républicains, élevant la voix, imposèrent silence à la fille des Césars, et repoussant avec dureté cette Princesse, voulurent se saisir du jeune Roi, qui s'affligeait et pleurait dans son lit. La Reine, comme une lionne indomptable, s'élance alors auprès de son enfant, le couvre de son corps, devenu sa dernière égide, et le dispute à ses ravisseurs. Les républicains, furieux, menacent la Reine à haute voix ; ils déclarent qu'ils vont égorger l'enfant, par violence. A cet arrêt de mort, la Veuve de Louis XVI éprouve elle-même le frisson du trépas ; elle tremble ; elle se soumet aux ordres terribles qu'on lui renouvelle, et, arrosant de ses larmes l'enfant de sa tendresse et de sa prédilection, elle le livre aux tigres inexorables, en les conjurant d'en avoir pitié.

CHAPITRE LIV.

Les Comités font à la Reine-Régente une proposition, que leur inspire la frayeur.

————

Rien ne put calmer la douleur et les angoisses de la Reine, lorsqu'elle apprit que son fils, d'une santé devenue tout-à-coup si délicate, avait été renfermé dans un appartement solitaire, sous la conduite et la surveillance du grossier, du barbare, de l'exécrable Simon.

Elle pria les municipaux de solliciter un adoucissement à sa désolation maternelle : *offrant de se borner à voir son fils, en présence de témoins, pendant qu'il serait à table, sans l'embrasser, ni lui parler.*

Le conseil général de la commune, toujours inflexible, écouta cette supplication d'une mère infortunée, et passa froidement à l'ordre du jour.

Le 14 ou le 15 de juillet, deux émissaires du comité de salut public (1) furent envoyés par Robes-

————

(1) On a nommé, dans le temps, Barrère et Saint-Just ; d'autres m'ont assuré que ce fut le chevalier Saint-Just et Robespierre, en personne.

pierre au donjon du Temple, et lurent, de la part de leur maître, à la Reine, un papier mystérieux, où se trouvaient ces mots :

« Marie-Antoinette d'Autriche, détenue au Temple, peut aisément adoucir son sort, en se prêtant, de bonne foi, aux propositions suivantes :

» Des armées Allemandes ont paru sur le territoire français, qu'elles ont soumis à leurs ravages.

» Ces armées viennent, disent-elles, pour défendre les intérêts de LA RÉGENTE DE FRANCE et de son Fils, et elles osent ajouter que *c'est pour venger leur outrage et faire triompher leur parti.*

» Les Chefs du Gouvernement français engagent Marie-Antoinette d'Autriche à souscrire la déclaration ci-jointe, qui sera, de suite, envoyée aux Puissances, affichée et proclamée en son nom, dans Paris :

« Marie-Antoinette-Josèphe-Jeanne de Lorraine,
» Archiduchesse d'Autriche, veuve de Louis XVI,
» mère et tutrice de son fils unique, Louis-Charles,
» ci-devant prince royal,

» Tant en son propre nom, qu'au nom de son fils
» mineur, déclare aux Puissances étrangères, armées, ou prêtes à s'armer pour sa cause, qu'elle
» rejette et désapprouve de pareils armemens et se-
» cours.

» Ne désirant que la paix et le bonheur de l'immense territoire français, elle reconnaît, approuve

» et sanctionne tous les changemens politiques sur-
» venus dans le ci-devant royaume. Elle ne veut pas
» que pour son intérêt et celui de son fils, il soit
» versé une seule goutte de sang; et elle annonce
» aux Puissances susdites, que, préférant à l'éclat
» et aux embarras du trône, sa tranquillité per-
» sonnelle, et la tranquillité de son fils, elle a ac-
» cepté, comme elle accepte, du gouvernement de
» la République, un apanage convenable et la li-
» berté, en échange d'une position souveraine qui
» ne touche plus son cœur, et dont elle veut préser-
» ver son fils.

» Observant, de plus, auxdites Puissances, qu'en
» persévérant dans leurs entreprises hostiles contre
» la République française, elles ne feraient que pro-
» longer la captivité d'une famille malheureuse, et
» peut-être aggraver sa position.

» Fait à la Tour du Temple, à Paris, le 15 juillet
» 1793. »

La Reine, toujours pénétrante et sincère, toujours
grande et courageuse au sein de l'adversité, répondit; en peu de mots, «que de semblables intérêts
» ne pouvaient être débattus, sans conseils, et dans
» l'horrible enceinte d'une prison.» Elle ajouta,
voyant les instances des deux émissaires, «que sa
» qualité de Tutrice lui étant ravie par la dure sous-
» traction de son fils, elle était fondée à ne voir
» aucune trace de bonne foi dans la démarche et

» les propositions actuelles.» Au surplus, elle dit
» que la majorité de Louis-Charles annullerait, de
» plein droit, toutes les stipulations de sa mère,
» et qu'en France, la loi salique ne donnait aucune
» puissance innovatrice aux femmes et aux veuves
» des Rois. »

Le dernier jour de juillet, une lettre, datée d'Allemagne, et adressée à Robespierre directement, vint
avertir ce tyran farouche, *que la veuve de Louis XVI,
du fond de sa tour, influençait les déterminations
des Cabinets germaniques.* Cette lettre, inventée ou
réelle, fut lue aux deux comités réunis, du ton le
plus solennel, de la voix la plus effrayante. Robespierre, agité de ses convulsions, proposa, exigea le
prompt jugement de la Reine; et la Convention,
fidèle à ses maximes, comme à ses ordres, rendit le
fatal décret, sur-le-champ.

CHAPITRE LV.

*Translation de la Reine aux Prisons de la
Conciergerie.*

———

LE 2 août 1793, la Reine fut réveillée, tout-à-coup, au milieu de son premier sommeil. On ne lui donna que quelques minutes pour s'habiller, et pour faire ses adieux à sa famille, (moins son fils.)

Elle descendit avec anxiété le long degré de la tour du Temple, et lorsqu'elle fut parvenue au bas du donjon, on lui dit de se baisser, pour sortir. Son esprit, excessivement agité, ne lui permit probablement pas de faire attention à ces dernières paroles des satellites : en passant sous le guichet, elle choqua sa tête avec violence contre les madriers. *Vous êtes-vous blessée*, lui dit aussitôt l'un des commissaires? *Ah ! Monsieur*, répondit la fille de Marie-Thérèse, *dans l'état où je suis, plus rien au monde ne peut me faire de mal.*

Comme on traversait les cours silencieuses du Temple, deux heures du matin sonnaient sur toutes les églises. On fit monter la Reine dans une voiture de place, où s'enfermèrent avec elle un officier de gendarmerie et trois commissaires municipaux. Quarante gendarmes, le sabre nu, entourèrent cette voiture, et l'escortèrent, au galop, jusqu'à la grille du Palais.

Arrivée à la Conciergerie, l'auguste prisonnière fut menée, directement, dans une petite pièce éloignée, située en face du long Préau. On ne l'inscrivit point au greffe de la prison, situé près le vestibule d'entrée, on l'écroua dans son cachot; et lorsque cette formalité fut remplie, tous ces brigands nocturnes laissèrent leur proie, et allèrent dans leurs alcôves élégantes goûter les douceurs du sommeil.

La *chambre du conseil*, donnée pour habitation à la Reine, est située à l'extrémité de ce long corridor noir, où, nuit et jour, brûlent des lampes, et que divisent, avec précaution, deux affreux guichets en grilles de fer. C'est dans ce lieu, voisin de la chapelle intérieure, que Messieurs du parlement venaient, chaque année, tenir une séance d'humanité, pour y recevoir les plaintes et les supplications des malheureux, retenus pour causes criminelles. La pièce obscure dont il s'agit n'a que sept pieds d'élévation; à cette époque, elle avait, sur quatorze pieds de profondeur, environ seize pieds de large. Mais tout cet espace ne fut point mis à la libre disposition de la Princesse. La portion de gauche, en entrant, fut occupée par deux gendarmes, chargés de garder constamment sa personne, et de surveiller ses actions.

Dans la portion de droite, réservée à la Reine, étaient un lit de sangles et le traversin ; une cuvette de propreté ; un *siége amovible ;* une petite table commune, à tiroir ; un tabouret d'étoffe ordinaire, et deux petites chaises de la prison. Telle fut la dernière habitation de la fille des Empereurs d'Allemagne, de cette Princesse éblouissante que les ambassadeurs de Tippoo-Saëb prirent pour une Divinité, le jour où la plus solennelle des présentations l'offrit à leurs regards dans la grande galerie de Versailles.

Quoique les deux gendarmes (Dufrêne et Gilbert) eussent été choisis parmi les soldats les plus dévoués au nouveau système, Robespierre ne voulut point se fier à leur zèle exclusivement. Il ordonna qu'on établît une femme de service auprès de Marie-Antoinette, et il choisit et désigna lui-même, une méchante créature, nommée Arel. Cette femme, dont le mari occupait un emploi secret à la police, était malade, en ce moment-là. On la remplaça, provisoirement, par une bonne vieille de quatre-vingts ans, que le concierge se procura dans l'enceinte même du palais, et qui se nommait *Larivière.*

Madame Larivière, malgré son âge avancé, ne se ressentait presque point de l'influence des années.

17

Ayant servi chez le duc de Penthièvre, l'espace d'environ trente ans, elle avait conservé pour la famille de ses Maîtres l'attachement et le respect qui leur étaient dus. La Reine aperçut, quelquefois, les larmes de la commisération dans les yeux circonspects de la bonne octogénaire. Elle l'aima, par tous les motifs possibles, et lui donna des marques non équivoques de confiance et de considération.

Le quatrième ou le cinquième jour, Madame Larivière fut rappelée, à l'improviste; et la jeune femme Arel vint la remplacer. Sa commission de perfidie était probablement dépeinte sur son visage : la Reine la devina dès la première entrevue, et s'arma de prudence et de précaution.

Avant le départ de Madame Larivière, la Reine, profitant de sa bienveillance, lui avait montré sa robe de deuil, qui se trouvait rompue en quelques endroits. On avait fait venir du dehors l'étamine et le fil de soie nécessaires : et la bonne vieille, d'une main presque raffermie, avait rétabli, décemment, le vêtement de deuil de la veuve d'un Roi.

Marie-Antoinette, retirée brusquement du donjon, ne s'était point munie des vêtemens et du linge de corps nécessaires. Elle ne cessa d'en réclamer, pendant plusieurs jours. Enfin, le 12 d'août, Michonis, administrateur dévoué à ses intérêts, lui en apporta du Temple; et en déployant ce paquet de linge si désiré, la Princesse versa des pleurs d'attendrissement, parce qu'elle reconnut, dans le choix et jusques dans le pli de chacun des objets, le bon cœur et la propreté de Madame Elisabeth, sa généreuse compagne.

(On verra ces détails, dans les Notices qui terminent le volume.)

CHAPITRE LVI.

Le marquis de Rougeville est introduit dans le cachot de la Reine, par l'administrateur Michonis.

LES administrateurs de la commune de Paris, avaient été choisis parmi les plus violens révolutionnaires. Mais, ainsi qu'il arrive toujours dans les grandes agitations politiques, des hommes de bien prirent les couleurs et la livrée du moment, afin de se sauver dans le mélange, et quelques-uns de ces personnages travestis, furent portés aux grands emplois.

De ce nombre, était M. Michonis, établi dans le quartier populeux des halles, et parfaitement investi de la confiance des républicains. Le conseil général de la commune, dont il était membre, l'avait fait commissaire-administrateur des prisons, notamment pour le Temple et la Conciergerie. Les royalistes connaissaient ses opinions véritables et sa probité. Ils s'adressèrent à lui, pour pouvoir pénétrer jusqu'à la Princesse, et cette tentative, inutile ou prématurée, causa le malheur de tous.

Le marquis de Rougeville, gentilhomme des environs de Rheims, avait voué à la Reine un de ces attachemens sublimes et chevaleresques, dont plusieurs Français étaient certainement capables, mais dont lui seul osa se montrer animé, dans tous les temps, parmi tous les périls. J'ai eu le bonheur de le connaître, et de recueillir ses importans récits. Acteur essentiel dans le chaos du 10 août, il avait le projet d'écrire ses *Mémoires*, lorsque je le vis, en 1813, pour la dernière fois; mais le sanguinaire Bonaparte le fit fusiller à Rheims, quelques mois après, à cause de ses liaisons avec les Russes; et la tombe a probablement englouti les touchantes révélations que nous promettait sa mémoire.

Voyant la Reine de France parvenue jusque dans le dernier vestibule de la mort, il résolut de l'arracher du fond de son précipice; et, pour cet effet, il voulut y descendre, lui-même, et se pénétrer du local, par ses yeux.

Mademoiselle du Tilleul, son amie, possédait une maison de campagne isolée, au territoire de Vaugirard. Elle invita Michonis à venir dîner un jour avec elle; et le marquis se trouva à ce dîner avec eux. Quelque estime que le gentilhomme ressentît pour l'administrateur des prisons, il ne lui dévoila pas son intention toute entière : il le pria seulement de lui laisser voir, deux minutes, la Princesse, pour qu'il pût tranquilliser son âme, et lui faire savoir, par un

signe, que ses amis ne l'avaient point délaissée, et
que son triste sort changerait bientôt. « Votre excel-
» lent cœur, mon cher M. Michonis, lui dit-il, a
» déjà mérité les plus hautes récompenses. La no-
» blesse de France vous reconnaît digne de lui ap-
» partenir, et la magnanimité de la Reine fera le
» bonheur de vous et de vos enfans. » Michonis,
simple et vrai, protesta de son désintéressement,
comme de son zèle sans bornes, et l'on convint du
jour et du moment, pour l'exécution du projet.

Le 8 septembre 1793, vers les onze heures du
matin, la Reine vit entrer dans son cachot l'officier-
municipal Michonis, revêtu de son écharpe trico-
lore, et avec lui une manière de maître-maçon ou
d'architecte, qu'elle reconnut aussitôt, sous son dé-
guisement. Les deux gendarmes et la femme Arel,
remarquèrent le trouble et le saisissement de la
Reine, et, toutefois, n'en devinèrent pas, à l'instant, le vrai motif. *Voyez*, dit le municipal à l'architecte, *examinez toutes choses ; et ne soyons pas
long-temps ici.* Alors, il se rapprocha, lui, des
deux gendarmes, qui jouaient au piquet, et, se mê-
lant à leurs discours, voulut donner plus de facilité
au gentilhomme.

Le marquis de Rougeville, observant les lieux,
eut l'air d'examiner, pour le gouvernement, la force
des murs et la solidité des grilles. Arrivé auprès de la
Reine, qui était assise, il laissa tomber à ses pieds

un œillet. La Reine, prompte comme la pensée, se pencha pour ramasser la fleur.

Ces choses étant faites, le municipal et le faux maçon se retirèrent, et prenant par une autre issue, allèrent examiner l'extérieur du cachot, sur la petite cour.

La Reine, dissimulant son extrème agitation, avait continué de travailler à son lacet. Au bout d'une demi-heure, elle quitta cet ouvrage, pour prendre un livre, et, le visage tourné contre sa table, elle ouvrit l'œillet mystérieux, dans lequel on avait mis un billet roulé. Elle déroula le papier sur un des feuillets de son livre ; ses yeux y trouvèrent ces mots : *Conservez tout espoir. Vos amis ne vous ont point abandonnée. Ils ont enfin des hommes et de l'argent. Au nom de Dieu, Madame, laissez-vous enlever de ce triste lieu. Nous viendrons à vous par les souterrains ; nous aurons de pareils œillets sur notre poitrine. Détruisez, s'il vous plaît, ce papier.*

La Reine avala promptement le billet ; et, voulant observer, à son tour, la contenance de ses trois surveillans, elle crut y apercevoir quelques traces d'inquiétude ou de méfiance.

Elle avait reconnu, dès l'abord, le marquis de Rougeville. Ce gentilhomme lui était depuis long-temps dévoué ; il s'était acquitté avec honneur et intelligence, d'un voyage secret auprès de l'empereur

Léopold. Il n'avait point quitté le château des Tuileries, durant l'invasion du 20 juin, ni durant la
nuit du 9 au 10 août. Mêlé avec les Cent-Suisses,
jusqu'aux portes de l'Assemblée législative, il s'é-
tait constamment rapproché de la famille royale et
de ses périls. Marie-Antoinette connaissait la pureté
de son dévoûment; mais elle jugea, cette fois, que
son zèle venait d'oublier toutes les règles de la prudence, et que l'œillet mystérieux n'aurait dû venir
jusqu'à elle que par les soins du bon Michonis.

Cette idée l'occupa sans relâche. Voulant éviter
toute nouvelle entrevue avant l'exécution du projet,
elle écrivit, sur un petit papier volant, la réponse
suivante : *Je vous engage, Monsieur, à ne plus paraître ici; rien n'échappe à mes surveillans : vous
hâteriez ma perte. Travaillez plutôt à ce que je sois
réclamée du dehors.* (Ces mots, piqués avec une
épingle, n'étaient exprimés qu'en chiffres; on n'en
trouva le sens que plusieurs mois après.)

La femme Arel avait fait son rapport, le soir
même. Les gendarmes furent entendus séparément,
dans la matinée du 9; on leur commanda le plus
grand secret.

Le 10 septembre, à onze heures de la nuit, le
conventionnel Amar, du Comité de sûreté générale), Sévestre, son collègue, et l'accusateur public du tribunal révolutionnaire, parurent dans le
cachot de la Reine, assistés d'un greffier. Ils inter-

rogèrent la Princesse sur ses liaisons avec les royalistes de la capitale, et avec les Français émigrés. On
lui parla de Michonis. On fit tous les efforts d'esprit
imaginables, pour avoir le nom du porteur de l'œillet; on voulut savoir ce qu'était devenue cette fleur.
Toutes les réponses de la Reine de France furent
celles d'une personne prudente, d'une captive généreuse, qui, pour tout au monde, n'aurait jamais
livré ses défenseurs.

Les commissaires, outrés de sa réserve et de ses
précautions, exécutèrent, sous ses yeux, une fouille
générale. Ils découvrirent et emportèrent la réponse
piquée, dont j'ai parlé plus haut.

Les deux comités de salut-public et de sûreté-gé-
nérale, réunis, attendaient le rapport des trois commissaires; ils le reçurent à une heure et demie du
matin. Ils délibérèrent sur cet œillet et sur ce papier
piqué, jusqu'à quatre heures; leur frayeur égalait leur
indignation. Ils ordonnèrent, avant de se séparer, l'arrestation du concierge Richard et de sa famille; le
municipal Michonis était déjà dans les cachots.

CHAPITRE LVII.

Surcroît de rigueurs à la Conciergerie.

L<small>A</small> Reine avait conservé sa montre en or, lorsqu'on la transféra du Temple à la conciergerie ; cette montre, fort élégante, lui fut enlevée dès le cinq ou sixième jour de son arrivée en ce lieu. Marie-Antoinette, joignant ses mains, supplia, dit-on, les commissaires de ne pas lui ravir cette dernière consolation. *Elle n'a jamais appartenu aux Français, leur dit-elle en versant des pleurs, la montre qui me sert à compter ici mes tristes heures. Ne m'en dépouillez pas, je vous en conjure : l'Impératrice, ma mère, m'en fit don lorsqu'elle m'envoya dans ce pays-ci.* Héron, (le plus féroce des brigands, après Robespierre), lui répondit, ironiquement, *qu'une montre en or était un meuble inutile dans une prison ; et que la République la lui rendrait, quand son affaire serait terminée.*

Il restait encore à la Reine deux bagues d'or, enrichies de quelques petits diamans. Cette faible proie avait échappé aux regards des premiers spoliateurs :

le trésorier de France Amar les aperçut ; et, avec la plus grossière brutalité, il les arracha des mains de la Reine.

Le 11 septembre, à deux heures après-midi, le concierge Richard, sa femme et leur fils aîné, furent traînés en prison ; un nommé Lebeau, déjà concierge à la Force, fut choisi pour les remplacer : le même jour il parut devant la Reine.

Lebeau, ancien boucher de Charenton, n'était certainement pas un être inhumain, car tout Paris a su qu'il s'évanouit de frayeur en voyant commencer les massacres de septembre ; mais, par la timidité même de son caractère, il devint, en cette circonstance, un homme précieux pour l'autorité. On avait garotté la famille Richard en sa présence : on put voir l'impression terrible que ce spectacle faisait sur l'âme de Lebeau, et le Gouvernement demeura persuadé que le nouveau surveillant ne se compromettrait pas à la légère.

On exigea de lui qu'il répondrait de Marie-Antoinette *sur sa vie* : il accepta cette effrayante responsabilité, à condition qu'on ôterait les deux gendarmes de l'intérieur du cachot, et que les clés de ce cachot seraient en sa seule puissance. Robespierre consentit à ce nouvel ordre de choses ; mais, pour s'assurer, à son tour, de la discrétion et de l'entière fidélité du geôlier, le tyran décida que Lebeau n'entrerait jamais chez la Veuve de Louis XVI, *qu'en pré-*

sence de l'officier de gendarmerie, déclaré respon-
sable aussi pour sa part.

Jusqu'au malheureux événement de l'œillet, les
concierges Richard avaient nourri proprement et
soigneusement la Princesse : le comité de sûreté-gé-
nérale fit dire à Lebeau de la réduire à deux plats
d'ordinaire, et de supprimer le dessert. Ces ordres
barbares furent exécutés ; mais la Reine reconnut,
heureusement, que sa nourriture était restée saine, et
que la main de la fidélité la préparait toujours avec
bienveillance.

Rosalie, jeune fille de campagne, au service de
madame Richard, était demeurée au service du nouveau concierge ; et comme cette fille, douée d'un bon
cœur, éprouvait pour les malheurs de la Reine la plus
tendre et la plus respectueuse compassion, elle mettait tous ses soins à bien préparer les simples alimens
destinés à cette Princesse.

Rosalie était un monument bien précieux pour un
historien, chargé de faire luire la clarté du jour au
milieu des plus épaisses ténèbres : la Providence a
conservé Rosalie. Une dame d'un très-grand mérite
me parlait de sa droiture, de son dévouement, de
son affliction en ces jours affreux, et m'en parlait
après un laps de temps de vingt-neuf années. Cette
dame la croyait morte, et regrettait une si grande
perte pour moi.... Le hasard le plus étonnant me fit,
quelques mois après, découvrir ses traces. J'ai retrouvé Rosalie, pauvre, honnête et laborieuse au sein

de la capitale. Je l'ai trouvée fidèle à la mémoire de la Princesse auguste, qu'elle servit durant soixante et seize jours. Elle m'a raconté les choses les plus secrètes et les plus inconnues. Elle m'a fait voir ce débris de linon conservé, qui fut, il y a aujourd'hui trente ans, une coiffure de la Reine. Je l'ai présentée à la famille respectable qui l'avait perdue de vue depuis vingt-neuf ans, et qui l'avait connue de près à la conciergerie, sous l'administration de Lebeau et des Richard.

Le récit inappréciable de Rosalie arrêterait en ce moment ma narration. J'en ai formé une Notice à part, que mon lecteur retrouvera parmi les pièces justificatives. Mon lecteur y remarquera également le récit du porte-clé Larivière, qui, après avoir mangé le pain de la Reine, au château de Versailles, se trouva premier guichetier de service à la conciergerie, la nuit du 2 août, et ouvrit la porte de cette prison à sa royale Maîtresse, conduite par vingt scélérats titrés.

Je reprends mon récit. Depuis le malheureux événement, que la Convention nationale appela *Conspiration de l'œillet*, Paris vit plusieurs fois fermer ses barrières. L'inquisition révolutionnaire, déjà si furibonde, sembla redoubler d'activité. Les visites domiciliaires se succédèrent sans intervalles. On arrêta de nouveaux milliers de *suspects*; et parmi ces royalistes incarcérés se trouvèrent plusieurs des confidens ou des amis du marquis de Rougeville.

CHAPITRE LVIII.

Rigueurs intérieures. Le marquis de Rougeville
à Vienne.

A la Conciergerie, dans l'immense intérieur de la prison, la surveillance fut organisée sur un pied beaucoup plus sévère qu'auparavant. Au lieu d'un inspecteur passager, Robespierre établit, dans ce lugubre manoir, trois commissaires en permanence. Jusqu'alors, le tribunal avait accordé aux parens des détenus, des permissions signées *Fouquier*, qui les autorisaient à communiquer, de temps, en temps, avec leurs tristes parens, dans les chaînes. Toutes ces permissions furent abolies et prohibées *jusqu'à nouvel ordre*. Les avocats, surnommés défenseurs, ne dépassèrent plus le vestibule de la prison ; il leur fut enjoint d'entretenir désormais leurs cliens, en présence des porte-clé, *déclarés responsables ;* et le maréchal de Noailles-Mouchy, presque centenaire, fut vu (coiffé d'un simple mouchoir), assis avec son avocat sur l'humide escalier du concierge, la veille de son jugement et de sa mort.

Durant les premiers quarante jours, les gendarmes

Gilbert et Dufrêne, veillaient nuit et jour dans le cachot de la Reine, assis sur un canapé, qui leur servait aussi de lit de camp. Après l'événement de l'œillet, il n'y eut plus de gendarmes chez la Princesse ; mais en revanche, on plaça une sentinelle au - devant de ses deux petites fenêtres, lesquelles prenaient jour sur la misérable *cour des femmes,* bâtimens du Midi.

D'après les anciennes dispositions du palais de justice, habition primitive de nos Rois, des espaces considérables se trouvaient, par l'exhaussement subit des terres, convertis en caveaux obscurs. Ces caveaux, d'une humidité marécageuse, étaient liés ou traversés par un aqueduc ; et cet aqueduc, fermé d'une vieille grille de fer, aboutissait à la rivière. Les tyrans étudièrent ce labyrinthe, pour la première fois ; ils voyagèrent dans cette région d'épouvante et d'infortune, qui devait, à une époque peu éloignée, entendre leurs propres soupirs ; ils fortifièrent les endroits faibles ; ils supprimèrent tous les accès dangereux ; ils épuisèrent toutes les précautions les plus craintives et les plus minutieuses pour s'assurer d'une femme délicate et souffrante, que gardaient sans relâche quatre ou cinq cents soldats.

L'officier municipal Michonis, jeté au fond d'un cachot, persista dans la plus courageuse dénégation, et feignit de n'avoir jamais su le nom du marquis de Rougeville.

Rougeville, cependant, ne se dissimula point l'extrême danger où son zèle, poussé trop loin, avait amené la Princesse. Echappé miraculeusement aux visites domiciliaires de Paris, et tombé dans les champs extérieurs en se précipitant du haut des murailles, il s'était rendu à Vienne en Autriche, en tuant plusieurs chevaux, que lui sacrifiaient les bons Champenois.

Il parut devant le jeune Empereur d'Allemagne, François de Lorraine, aujourd'hui régnant. « Sire, » lui dit-il, vous savez les épouvantables malheurs » qui pèsent sur ma patrie. La France, démoralisée, » s'est effacée elle-même du tableau des nations. Le » plus grand des forfaits a été commis. Le même » forfait va se commettre. La fille adorable de Marie- » Thérèse, la sœur de Joseph et de Léopold, habite » un cachot funèbre : la mort l'environne de toutes » parts.

— » Que puis-je faire en un si grand péril, lui ré- » pondit le jeune Monarque ? Proposez-moi des » moyens de salut pour cette princesse infortunée ; » si leur exécution est possible, vous me verrez les » accueillir et les adopter.

— » Sire, reprit le chevalier français, depuis » quelques jours votre armée laisse voir la plus affli- » geante inaction ; le bruit même s'est répandu que » ses phalanges ne tarderont pas à se dissoudre.

— » Mes ministres ont craint de pousser à bout

» les violens ennemis de la Reine, ajouta l'Empereur.
» Fidèle aux intentions de Léopold mon père, je
» voulais qu'on répondît aux menaces par la terreur :
» mon conseil a pensé que cette manière d'agir pou-
» vait avoir son imprudence. Quant à mon armée,
» elle est toujours là.

— » Sire, s'écria le marquis de Rougeville, vos
» ministres ne connaissent pas les révolutionnaires
» français : une audacieuse et prompte résistance
» peut seule intimider leur témérité. Faites marcher
» sur notre capitale vos généraux les plus décidés à
» punir, ou je vois la fille des Césars traînée, avant
» peu de jours, au supplice. »

Le jeune Empereur, à ces mots, tomba dans une
profonde rêverie ; et puis, relevant sa tête, sans dissi-
muler sa peine et ses pleurs, il dit au généreux gentilhomme : « Que le ciel veuille prendre sous sa pro-
» tection les destinées d'une Princesse accomplie.
» J'espère que les républicains, avant d'attenter à
» ses jours, se ressouviendront qu'elle a pour neveu
» l'empereur d'Allemagne, et pour parens ou alliés
» tous les souverains de l'Europe. Voyez mes minis-
» tres ; je vais les réunir à cet effet. »

CHAPITRE LIX.

Le marquis de Rougeville expose ses vues et ses moyens aux ministres de l'Empereur.

LE marquis de Rougeville vit aussitôt les conseillers intimes du prince, et ses deux ministres les plus influens, il leur communiqua son projet relatif à l'enlèvement et l'évasion de Marie-Antoinette. Il leur fit voir en quoi consistaient et ses moyens et son espoir. Plusieurs de ses amis venaient d'être arrêtés, il est vrai, dans les visites domiciliaires; mais un grand nombre de gentilshommes, d'avocats, de négocians et d'honnêtes bourgeois, n'attendaient que son retour pour faire une irruption subite dans les souterrains de la conciergerie. On devait y pénétrer, cette fois, non par la rivière, mais par l'arrière-cour de la Sainte-Chapelle, à cet endroit isolé où les façades antiques étaient encore semées de fleurs de lys. Ce corps de bâtiment, peu surveillé, touchait immédiatement à l'ancienne chapelle souterraine. Cette chapelle, devenue elle-même un cachot, avait pour habitans vingt-cinq personnes irréprochables et dévouées, vingt-cinq magistrats du parlement de Paris,

qui, rendus, par cette invasion, à leur propre existence et à la liberté, ne manqueraient pas de s'unir
aux assaillans pour délivrer la Reine. Au signal con-
venu, de fausses et fortes patrouilles de gendarmes
devaient s'emparer du poste de la grille royale et du
poste de la voûte obscure, sur le quai. Deux mille
royalistes en uniformes de gardes nationales, et quatre mille royalistes en habits bleus, devaient se joindre aux conjurés, afin d'immoler ou d'enchaîner
toutes les résistances. Un carrosse de remise, stationné
dans le voisinage du Palais, devait recevoir la Princesse, et la transporter, à bride abattue, au château
de Livry; là, deux cents conjurés à cheval, devaient
attendre la Reine, pour l'escorter et la conduire jusques sur les terres de l'Empereur. Mais qu'était-ce
qu'un si faible secours de cavalerie! le marquis de
Rougeville suppliait les ministres Allemands de mettre à sa disposition trois mille chevaux, commandés,
si l'on voulait, par un officier de l'armée impériale.
Il consentait à n'avoir, dans cette expédition, que
les dangers de Paris et de la Conciergerie, laissant à
tout autre la joie de l'enlèvement et la gloire la plus
apparente du succès.

Soit indifférence, soit indolence, soit confiance
aveugle dans l'avenir, le vieux Kaunitz traîna cette
affaire en longueur : et le marquis de Rougeville, au
désespoir, tomba dangereusement malade.

CHAPITRE LX.

Agitations d'esprit de la Reine.

La Reine, seule au fond de son cachot, portait son imagination vers les différentes cours de l'Europe. Elle connaissait tous leurs princes régnans, et n'ignorait ni leurs moyens en effectif, ni leurs moyens de caractère. L'Espagne avait pour roi un Bourbon, attaché par inclination et par honneur à la Famille de France. Mais l'Escurial, dominé en ce moment par un favori sans génie, n'avait point sauvé Louis XVI : quelle apparence qu'il mît plus d'ardeur et d'empressement à sauver son Epouse et son jeune fils !

Les Bourbons de Naples et d'Italie pleuraient sincèrement les malheurs de la branche aînée ; mais, depuis les revers des Prussiens en Champagne, tous les courages étaient abattus ; et les potentats, sur la défensive, n'employaient leurs forces et leurs trésors qu'à fermer tout accès, tout passage à nos étincelles de révolution.

Georges III, le plus estimable des hommes, avait pleuré Louis XVI et pris son deuil devant tout son peuple et sa cour. Ce prince, dont la santé ne se ranimait que par intervalles, suppliait son Chancelier de veiller à la conservation de Marie-Antoinette, et de lutter enfin contre les ennemis des rois. Mais ses ministres constitutionnels, véritables rois du monarque, lui répondaient par ces mots : *Amérique*, *Amérique;* et se vengeaient en n'agissant pas.

Pie VI, pontife inébranlable au sein de la consternation générale, conservait, lui seul, de l'énergie et de l'espoir. Nuit et jour à son poste, il observait l'horizon politique, et voyait les progrès de l'ouragan. Il avertissait les rois de leur danger, chaque jour plus épouvantable, et méditait une croisade universelle contre l'athéisme et la rébellion.

La maison d'Autriche aurait pu, ce semble, à elle seule, rompre les fers de notre Reine infortunée. Mais cette puissance, jadis formidable, penchait déjà vers son déclin. L'antique organisation de l'Allemagne avait pour ennemis à peu près déclarés, Ceux-là même que nous regardions en Europe comme ses plus généreux défenseurs. Les princes Electeurs ne voyaient qu'avec regret la guerre déclarée ; et l'Empereur, effrayé sur son propre avenir, n'osait exiger d'eux, pour la cause de la Reine, une vigueur d'opérations que la majorité ne soutiendrait pas.

La Suède, par un indigne assassinat, avait perdu son roi magnanime, ce prince, de visage et de cœur français, qui, à Versailles, durant nos jours de féli-

cité publique, avait dit à Marie-Antoinette : « Si vous
» étiez jamais offensée, tournez vos regards vers le
» Successeur de Gustave-Adolphe : il se déclare, à la
» face du monde, et votre admirateur et votre che-
» valier. »

Catherine II occupait encore le trône impérial de
toutes les Russies ; on aurait cru qu'un intérêt de sentiment se serait déclaré dans le cœur de cette souveraine, et que, par honneur du moins, elle n'aurait
point délaissé la triste fille des Césars..... Catherine
feignit de regarder notre révolution comme une bou-
rasque passagère ; et, quoique le sang d'un vertueux
Monarque eût déjà rougi l'échafaud, elle répondit à
des personnes alarmées : *Chez les Français rien
n'est durable : leurs caprices et leurs modes ne vivent qu'un jour.*

Notre Vendée, admirable dès sa naissance, grandissait à vue d'œil, et se dirigeait hardiment vers le
Temple et ses augustes captifs. Mais la Vendée, sans
Chef unique et remarquable, épuisait sa valeur en
petits combats de détail, où les émigrés venaient
mourir en pure perte, excités par une Puissance voisine, qui ne les secondait pas.

L'esprit public, dans l'intérieur du royaume, était
favorable à la cause sacrée de nos rois. Lyon, Nantes,
Rouen, Marseille, Bordeaux, toutes les villes com-
merçantes, réduites à l'inaction et à la misère, depuis
l'horrible émancipation des noirs, frémissaient d'in-

dignation contre le despotisme des nouveaux maîtres; et les campagnes, revenues de leur erreur, auraient volontiers payé de misérables dîmes, pour
conserver leurs malheureux enfans. Mais les grands
corps de la magistrature étaient descendus dans la
tombe; la conscience publique n'avait plus d'inter-
prètes; la Nation française, retombée dans la barbarie, éprouvait toutes les horreurs de l'isolement
et de l'abandon; les citoyens, accablés, se cachaient
pour verser des larmes. On abhorrait lès crimès de la
Convention : on obéissait avec zèle à tous ses infâmes
décrets!

CHAPITRE LXI.

Le capitaine de Bûne.

————

La Reine avait toujours aimé l'occupation et le travail : et par l'affreuse méchanceté des tyrans, toute espèce d'occupation lui était refusée. Elle détacha quelques fils d'une toile à papier, clouée jadis sur ses murailles, et de ces fils, qu'elle unissait avec patience, elle se mit à tresser du lacet.

Robespierre, informé de cette circonstance, crut qu'avec ce lacet, peut-être, elle avait l'intention d'abréger ses jours. Il résolut aussitôt de mettre un terme à son indépendance, à sa solitude ; et, d'après son avis, les deux comités ordonnèrent qu'un officier de gendarmerie serait chargé, nuit et jour, de sa surveillance dans le cachot.

M. du Ménis, colonel de la gendarmerie, reçut, à cet égard, les ordres les plus sévères ; il s'empressa de les mettre à exécution.

M. du Ménis, ancien officier près la juridiction des Maréchaux de France, avait conservé son emploi, malgré la rigueur des temps. Dénoncé plusieurs fois par des rivaux implacables, il s'était maintenu à force de prudence et de discrétion. Son frère puîné servait le conventionnel Baras, en qualité de secrétaire ; et ce frère l'appuyait de tout son crédit.

L'honnête M. du Ménis prit en particulier le capitaine de Bûne, ancien officier comme lui de la Connétablie ; et après lui avoir fait connaître les nouvelles intentions de l'autorité par rapport à la Reine, il tint ce discours à son ami :

« Vous êtes âgé de cinquante à cinquante-deux
» ans : c'est ce qu'il faut aux Comités : ils exigent
» un homme de votre âge. Vous êtes honnête
» homme, et votre cœur n'a point fait divorce avec
» l'humanité : c'est ce qui me convient à moi, dans
» la circonstance présente.

» Avec les meilleures intentions et le plus sincère
» dévouement, nous ne pourrions, ni vous ni moi,
» sauver la Princesse ; mais nous pouvons, du moins,
» adoucir l'affligeante situation où elle est. Rendez-
» lui tous les bons offices qui dépendront de vous,
» sans vous exposer, sans me compromettre ; je
» compte sur votre bon sens et sur votre amitié. Au
» surplus, vous ne devez pas oublier que la concier-
» gerie est livrée au plus affreux espionnage. Qu'il
» y a des espions parmi les gens de peine ; qu'il y
» en a parmi les guichetiers ; que nous en avons
» parmi nos gendarmes ; qu'on a mis des moutons
» parmi les prisonniers !!

» Vous allez entrer en fonctions ; vous les conti-
» nuerez aussi long-temps que votre santé pourra
» le permettre. Tous les soirs, vous aurez à vous
» quinze ou vingt minutes, pendant lesquelles le
» concierge, dans l'intérieur du cachot, et notre
» brigadier, sur le seuil de la porte, vous remplace-
» ront et vous attendront. Allez embrasser votre en-
» fant, et prendre vos hardes nécessaires, après
» quoi plus personne ne vous approchera. »

Le capitaine de Bûne accepta cette mission, et
fut installé par son colonel lui-même, sous les yeux
de l'autorité. (C'était le 6 ou le 7 de septembre, dix
ou onze jours avant le jugement.)

M. Chauveau-Lagarde, avocat, nous a dit dans
son Fragment historique rempli d'intérêt, qu'il
trouva, en effet, cet officier de gendarmerie dans le
cachot de la Reine, lorsqu'il vint, le 14 octobre,
après midi, combiner rapidement avec cette Princesse la défense du lendemain. Marie-Antoinette,
parlant assez haut pour que sa conversation pût être
compromise, le jurisconsulte l'engagea à se méfier
du gendarme, et à modérer le son de sa voix. *Non*,
Monsieur, *je n'ai rien à craindre*, lui répondit
aussitôt l'illustre captive ; et elle continua de parler
sur le même ton. Honnête et vertueux capitaine, digne de tous les sublimes éloges que l'histoire a donnés aux héros des vieux temps, vous vivrez éternel-
lement dans l'avenir, si cet écrit, destiné à mettre

au grand jour toutes les douleurs de notre Souveraine, arrive enfin à sa publicité. Ah! pourquoi Rougeville n'a-t-il point connu votre personne et votre mérite! que de bien vous eussiez pu faire, étant réunis! que d'obstacles se fussent applanis devant son ardeur, s'il eût marché sous votre égide, ou vous-même sous son étendard!

La Reine, par l'habitude qu'elle avait du grand monde, ne tarda pas à démêler les véritables sentimens, et même le rang personnel de son nouveau garde. Le premier jour, elle fut constamment occupée, ou silencieuse. Le lendemain, son regard eut moins de contrainte et de circonspection : elle regarda l'officier plusieurs fois. M. de Bûne, encouragé par ce regard, et de plus en plus attendri en voyant cette dignité pleine de douceur, cette humiliation et cette infortune, permit à son dévoûment de se déclarer enfin, et de calmer les incertitudes de la Reine.

Il était resté découvert : il mit un genou en terre, et, d'une voix extrêmement voilée, il prononça ce peu de mots : « Madame, j'ai le cœur brisé du spectacle » de vos peines. Je suis un homme d'honneur, issu » de famille allemande. Si mon sang pouvait terminer vos infortunes, avec quel plaisir je le répandrais tout entier! »

Marie-Antoinette extrêmement émue, lui fit signe de se relever, et avec cette grâce que nous lui avons

tous connue, le remercia de sa bienveillance et de
sa fidélité. Elle vit couler ses pleurs; elle en répandit
elle-même; mais, par la crainte de quelque apparition subite et inattendue, elle rompit cet entretien.

Le jour suivant, elle vit les mêmes égards, le
même intérêt concentré, mêlé de consternation et,
pour ainsi dire, de larmes : elle accorda sa confiance
entière, et demanda des nouvelles du dehors.

Depuis la catastrophe du 10 août, c'est-à-dire,
depuis treize mois et vingt jours, elle était séparée de
ses serviteurs, de ses parens, de ses amis, de l'univers policé, de la nature entière. M. de Bûne lui
apprit tout ce qu'elle ignorait depuis la chute du
trône et de la monarchie; il lui apprit la mort de
plusieurs personnes qu'elle croyait vivantes; il lui
apprit l'existence de quelques fidèles serviteurs dont
elle avait pleuré le trépas. Il lui dit l'état d'incertitude et d'agitation où se trouvait la politique générale de l'Europe. Il lui représenta, sans la déguiser,
la situation déplorable de la capitale, où le crime régnait, avec tyrannie, sur un trône que n'avait pu
sauver la modération et la vertu. Il parla de la douleur des gens de bien, réduits à des gémissemens
réputés factieux, et à des vœux silencieux et stériles.
La Reine, à plusieurs reprises, demanda des nouvelles de Madame Elisabeth, et de ses enfans.

Par les relations habituelles de son emploi, l'officier de gendarmerie put la tranquilliser ou la cal-

mer, autant que son cœur éploré pouvait l'être. Elle
donna un libre cours à ses larmes; elle tira de son
sein et baisa à plusieurs reprises, une boucle de cheveux et le portrait de M. le Dauphin.

Ainsi se passèrent, tristement, à souffrir et à voir
souffrir, les cinq premières journées de cette rude
et inégale captivité.

Une des plus mortelles douleurs de la Reine lui
venait de l'extérieur de son cachot; et cette souffrance se renouvelait, chaque jour, vers les cinq
heures du soir, à l'exception du *nonidy*, veille de la
décade. Ceux de mes lecteurs qui ont reçu leur part
des barbaries de cette époque, se rappelleront
qu'une heure à peu près avant la nuit, le greffier du
tribunal révolutionnaire arrivait, en voiture, dans
nos prisons, accompagné du concierge en chef et
de quelque employé subalterne; il déroulait un long
papier sinistre, et, monté sur une pierre ou sur un
banc, il appelait, à haute voix, de soixante à quatre-
vingts noms. C'étaient les noms des infortunés à qui
remise était faite de leur *acte d'accusation*, en
forme, et qui, le lendemain, vers les neuf heures,
devaient monter à l'audience du tribunal, pour y
entendre des témoignages calomnieux, des outrages
prémédités, et une sentence capitale, toujours suivie de la confiscation des biens.

De son cachot, exactement placé entre la cour *de
la pistole*, où les femmes avaient leurs logemens, et

la longue cour *du préau*, où les hommes étaient réunis, la Reine entendait, chaque soir, l'effrayante publication de la double liste. Ses traits, alors, se contractaient. La pâleur de la mort couvrait son visage. Elle joignait ses mains affaiblies; et, comme elle reconnaissait toujours quelques noms marquans, dans les deux listes proclamées, elle avait à pleurer, sans cesse, ou quelque digne serviteur, ou quelque ami généreux des Bourbons.

Tous ces proscrits, destinés aux douceurs de la vie et aux perfections du bonheur, périssaient pour la cause royale, et par suite des imprudences et de la faiblesse du pouvoir. Marie-Antoinette, dont l'âme fut si généreuse et le jugement si rempli d'équité, s'avouait à elle-même toutes ces vérités lamentables, et, plaignant le triste sort des victimes, beaucoup plus vivement que ses malheurs, elle s'écriait, en songeant au désespoir de tant de familles : *O mon Dieu! ayez pitié de leur âme; et n'abandonnez pas leurs enfans !*

Un jour, au milieu du calme le plus profond, et sans aucune opposition de la part de la sentinelle, des cris menaçans et tumultueux se firent entendre, tout-à-coup, dans la cour des femmes. Les deux petites fenêtres de la Reine étaient entr'ouvertes; elle ne tarda pas à reconnaître que sa personne et son Nom étaient l'objet de ces violentes clameurs. Des furies, en termes grossiers, l'accusaient de tous les maux de la France, lui imputaient jusqu'aux rigueurs générales de la conciergerie ; et demandaient très-instamment sa mise en cause et sa mort. Revenue de sa première frayeur, la Reine comprit facilement que ce nouvel outrage avait pour instigateurs les vils scélérats qui gouvernaient la France, et qui savaient mettre à toutes leurs façons d'agir l'odieux cachet de leurs sentimens.

Le concierge Lebeau, attiré par l'éclat prolongé de tout ce désordre, reconnut que des voleuses et des femmes perdues figuraient seules dans cette espèce de rébellion. Il les fit, pour ce moment-là, rentrer dans leurs chambres : et, peu de jours après, sur d'autres prétextes, il les plongea dans les cachots.

Que l'on se représente, s'il est possible, la douleur de surcroît et les déchirans regrets qu'éprouvèrent, en cette occasion, toutes les prisonnières bien-nées. Le crime des compagnes immondes que la police avait associées à leur sort, leur paraissait d'autant plus odieux, que la Reine avait entendu les outrages, sans pouvoir distinguer de quelles bouches ils étaient partis. « Peut-être, se disaient ces » dames entr'elles, et dans le plus profond secret, » peut-être la Reine a-t-elle pensé que l'excès de » notre malheur nous a rendues injustes envers elle, » et que l'abaissement où sa personne est réduite, a » banni de nos cœurs tout respect!.... Non, non. » Plus ses amertumes sont grandes, et plus nos re-

» vers nous semblent légers. Plus nos tyrans l'éloi-
» gnent du trône, et plus nous la croyons digne de
» porter un sceptre qui eût été si glorieux dans ses
» mains! »

Ne pouvant faire arriver leur justification jusqu'à
la Princesse, par des communications ou des discours, les prisonnières royalistes s'étudièrent à la
lui faire connaître, du moins par quelques gestes
et l'expression de leurs regards. Les hautes croisées
de leurs vastes chambres étaient en face même du
cachot. Ces dames, attachées aux grilles, épièrent le
moment où l'officier-gendarme de l'intérieur ouvri-
rait les panneaux de vitrage, afin de renouveler et
changer l'air de la nuit; et, alors, se doutant bien
que Marie-Antoinette porterait son triste regard jusqu'à leurs demeures, elles levèrent les yeux vers le
ciel, témoin de leur persévérance, et presque toutes
fondirent en pleurs. La Reine, qui devina leur inquiétude respectable, s'affligea doublement de ces
alarmes de la délicatesse, et de la dure contrainte où
elle-même se trouvait. Elle eût voulu les rassurer, les
consoler toutes.... Elle n'osa pas même se laisser
voir auprès de ses barreaux.

Un jour, une pauvre religieuse, en état d'oraison,
s'offrit aux regards de Marie-Antoinette, qui allait
et venait dans son cachot. Elle s'arrêta pour la contempler, et dit à la jeune Rosalie, qui faisait son lit:

Rosalie, considérez cette pauvre religieuse. Avec quelle ferveur elle prie le bon Dieu!

Le pavé de la cour *de la pistole* dominait d'environ deux pieds le pavé du cachot de la Reine. Les dames, à leurs momens de promenade, laissaient voir souvent l'intention de porter leurs regards vers cet intérieur : la sentinelle, presque toujours inexorable, les repoussait avec brutalité. Enfin, la police administrative ordonna de faire feu sur les personnages téméraires ou indociles, qui dépasseraient *le milieu* d'une cour déjà si étroite, et qui se permettraient des conversations à haute voix.

Malgré toutes ces rigueurs, malgré toutes ces précautions, les dames françaises voulurent que la fille des Césars ne les crût pas indignes de son estime. Le cri de *vive la Reine* fut tracé, en gros caractères, et en couleur, sur un large voile de mousseline, et déployé, durant quelques minutes, à la vue même du cachot. A cet aspect, la Reine frémit d'une si haute imprudence; et, s'approchant de l'embrasure avec précipitation, elle ferma la croisée, de sa propre main.

Son action fut vue, et appréciée. On se rendit justice à soi-même; on reconnut que le zèle est capable de commettre de grandes fautes, et on jura d'être plus circonspect à l'avenir.

Les prisonniers, de leur côté, s'oubliaient eux-mêmes, entièrement, pour ne s'intéresser qu'aux souffrances et aux dangers, tous les jours plus vifs, d'une Souveraine adorée. La vaste cour *du préau* est fermée, au nord, par trois grandes arcades gothiques, dont les grilles échelonnées servent de parloirs aux détenus. Les innocens prisonniers de cette époque désastreuse, trouvaient du plaisir à se venir coller, tous les matins, contre ces grilles, afin de voir, ou plutôt, d'entrevoir le cachot. Ils regardaient, avec un sentiment de vénération, cette petite porte rembrunie, qui, semblable au voile du Sanctuaire, dérobait la Reine à tous les yeux. Leur âme chevaleresque s'indignait contre ces lâches militaires, qui mettaient leur gloire à garder une femme... dans un cachot!! Mais cette garde, ingrate et parjure, prouvait, du moins, par sa présence, que Marie-Antoinette existait : et le jour n'était pas éloigné où l'absence de ces mêmes satellites devait être considérée comme le plus grand de tous les malheurs.

CHAPITRE LXII.

Interrogatoire nocturne. Cruelle position de l'officier de Bûne.

———————

LE 12 octobre, sur les dix heures avant minuit, deux juges du tribunal révolutionnaire, accompagnés d'un inspecteur de police et d'un greffier, entrèrent brusquement dans le cachot de la Reine. On lui donna quelques minutes pour s'habiller, et, au même instant, on lui fit subir le grand interrogatoire.

D'après les odieuses questions que ces pervers lui adressèrent, la veuve de Louis XVI jugea facilement que la mesure était parvenue à son comble, et que le fatal jugement approchait. En présence des commissaires, elle avait comprimé sa vive émotion : lorsqu'elle se retrouva seule, avec l'officier de gendarmerie, elle permit à toutes ses alarmes de se manifester librement, et, s'étant replacée dans son lit, elle dit, tout bas, au capitaine « : Je m'étais flattée, un instant, Monsieur, que les assassins de mon époux n'attenteraient pas aux jours de sa veuve infortunée.

19 *

Je pensais qu'en présence des souverains nombreux dont je suis ou la sœur ou la tante, la Convention balancerait à me faire périr. Vous le voyez : il n'y a plus d'obstacle ni de considération qui les arrête ; je touche à mes derniers instans. L'intérêt de ma fille et de mon fils me portait seul à désirer la vie. Je souhaitais, aussi, la conserver, Monsieur, pour récompenser votre excellent cœur. Dieu en décide autrement !..... Je me soumets avec résignation à ses décrets impénétrables. »

M. de Bûne tâcha de rassurer l'esprit de l'auguste captive. Mais il lui fut aisé de voir qu'à cet esprit clairvoyant et supérieur, il ne fallait pas offrir des chimères.

Marchant, pour ainsi dire, à tâtons, dans cet obscur et lugubre cachot, il alla se replacer sur son canapé. Comme il réfléchissait à la cruelle position de la Reine, il entendit des soupirs concentrés et fréquens dans la partie de la chambre qu'il venait de quitter. Ces soupirs, de moment en moment, devenaient plus sinistres : on eût dit les efforts d'une personne que des mains violentes cherchaient à suffoquer. Tout-à-coup, des gémissemens se font entendre, et le lit de la Princesse paraît violemment agité. Le capitaine accourt. Il parle à la Reine, elle ne lui répond pas ! Eclairé, du dehors, par la faible lueur d'un réverbère, il examine de près cette couche presque renversée : la Reine est comme disparue et ensevelie dans les replis et les nœuds du linceul. Un tremblement universel s'est emparé de ses membres. Elle pleure ; elle se désole ; et ne peut articuler que ces mots : *Laissez-moi mourir ; laissez-moi mourir.*

« Madame, lui dit l'officier tout éperdu, au nom » de Dieu votre créateur, au nom de votre inno- » cence et de votre gloire, ne cherchez pas à mou- » rir, et souffrez que je vous rende à la vie. » En disant ces paroles, il dégage de tous ces liens les membres affaiblis de la Reine ; il la replace sur son oreiller, qui s'était abattu ; il rétablit et dispose de son mieux cette faible et misérable couche ; et, prenant dans ses mains les pieds glacés de Marie-Antoinette, il les réchauffe par le contact, par le frottement, et par l'utile secours de sa respiration.

La Reine, succombant pour la première fois depuis ses malheurs, sous le poids accablant de ses peines, venait d'éprouver une attaque nerveuse des plus violentes. Elle versa des larmes jusqu'au point du jour ; et, dès que le grand jour parut, elle reprit ses vêtemens, et se promena sans interruption dans la chambre.

Le 13, vers les deux heures après-midi, un juge, un greffier, deux huissiers, vinrent lui notifier son acte d'accusation, qu'elle écouta sans proférer une parole. Le juge lui demanda si elle avait fait choix d'un défenseur : Je n'en connais aucun, répondit

Marie-Antoinette. Cet homme, alors, de la part du tribunal, lui proposa MM. Tronçon-Ducoudrai et Chauveau-Lagarde, avocats.

« Je ne les connais point, reprit la Veuve du mo-
» narque ; mais je les accepte, ne pouvant choisir. »

Après le départ des commissaires, elle voulut savoir de M. de Bûne si les deux avocats jouissaient d'une bonne réputation ; la réponse approbative de l'officier modéra son inquiétude ; et, la nuit du 13 au 14, elle sembla goûter un peu de repos.

Le 14 au matin, la Reine fut plus d'une heure en prières auprès de son lit. Avant qu'on n'entrât chez elle pour lui servir son breuvage d'eau de poulet, elle dit à l'officier de gendarmerie : *Le Roi mon époux fut admis à se choisir un confesseur, pour l'assister à sa dernière heure. Croyez-vous, monsieur de Bûne, que cette faveur me pourrait être accordée si je la réclamais ?* L'officier, consterné, lui répondit : *Madame, je conserve l'espoir que nous n'en sommes pas encore réduits à chercher un pareil secours.* Marie-Antoinette insista ; et alors l'officier s'exprima en ces termes : « A l'heure pré-
» sente, madame, il n'y a plus au sein de Paris que
» des prêtres assermentés, pour le service de nos
» paroisses ; tous les autres ecclésiastiques sont ou
» fugitifs, ou cachés très-secrètement, ou retenus
» sous les verroux de la tyrannie. »

Cela étant, dit la Reine en poussant un soupir

de compassion, *je ne dois plus m'occuper de cette idée* : *à Dieu ne plaise que je veuille exposer qui que ce soit, pour mon utilité personnelle. Dieu voit, du haut du ciel, l'horrible contrainte que j'éprouve : Lui seul recevra ma confession et mes derniers vœux.*

Nota. M. de Bûne, parvenu à un âge très-avancé, a fini ses jours à l'Hôtel royal des Invalides, quelques années après le retour des Bourbons. Il a souvent raconté ces précieux détails à son fils, à ses filles, qui vivent encore. Il les a racontés à plusieurs officiers de l'Hôtel. Il les a confiés à ses amis et à des familles entières. Il est donc faux qu'un ecclésiastique, *nommé Charles*, se soit introduit à la conciergerie, en octobre 1793, pour y confesser *plusieurs fois* la Reine, pour célébrer les saints mystères dans son cachot, et lui administrer, comme viatique, l'auguste communion des chrétiens. Il est également faux qu'une demoiselle Fouché soit parvenue, en ce même temps-là, auprès de la Reine de France, captive; qu'elle ait séduit le concierge en lui prodiguant l'or à pleines mains, et qu'elle ait offert et remis à une Princesse (de qui elle n'était point connue), tous les secours dont se vante sa témérité.

L'estimable M. Michaud de Villette, rédacteur en chef de la Biographie, a déjà traité de fable et d'imposture ce récit, qui couvre d'opprobre ses inventeurs. Ce que la Biographie Universelle n'a fait qu'indiquer, je le démontre dans mon ouvrage; et pour ne point énerver la narration lamentable qui doit seule nous occuper en ce moment, j'ai placé ma solennelle réfutation dans une Notice particulière. Elle est à la fin de cet écrit.

CHAPITRE LXIII.

La Reine reçoit M. Chauveau-Lagarde, avocat, et s'occupe avec lui de son acte d'accusation.

M. Chauveau-Lagarde, l'un de nos avocats les plus distingués, a publié, en 1816, une brochure de 64 pages, où je vais puiser un récit des plus intéressans. C'est le défenseur de la Reine, lui-même, qui parle :

« Je me trouvais à la campagne, le 14 octobre 1793, lorsqu'on vint m'avertir que j'étais nommé avec M. Tronçon-Ducoudrai pour défendre la Reine au tribunal révolutionnaire ; et que les débats devaient commencer dès le lendemain, à huit heures du matin.

» Quelques personnes ont vanté le prétendu courage qu'il nous fallut alors pour accepter cette tâche à la fois honorable et pénible : elles se sont trompées : il n'y a point de vrai courage, sans réflexion. Nous ne songeâmes pas même aux dangers que nous allions courir.

» Je partis, à l'instant, pour la prison, plein du

sentiment d'un devoir si sacré, mêlé de la plus profonde amertume.

» La prison de la Conciergerie est, comme on le
sait, la prison des accusés qui sont sur le point de
passer en jugement, ou qui doivent, après leur condamnation, aller à la mort.

» Après avoir passé deux guichets, on trouve un
corridor obscur, à l'entrée duquel on ne peut se
conduire qu'à la lueur d'une lampe, qui y reste
constamment allumée. A droite, sont des cachots :
à gauche, est une chambre où la lumière pénètre
par deux petites croisées garnies de barreaux de fer,
et donnant au niveau de la petite *cour des femmes.*

» Cette chambre, où fut renfermée la Reine, était,
alors, divisée en deux parties par un paravent. A
gauche en entrant, était un gendarme avec ses armes.
A droite était, dans la partie occupée par la Reine,
un lit, une table, deux chaises : Sa Majesté était vêtue de blanc avec la plus extrême simplicité.

» Il n'est personne qui, se transportant, en idée,
dans un tel lieu, et se mettant à ma place, ne sente
ce que je dus éprouver, en y voyant l'Epouse d'un
des plus dignes héritiers de St.-Louis, l'auguste fille
des Empereurs de l'Allemagne, une Reine qui, par
ses grâces et sa bonté, avait fait les délices de la plus
brillante cour de l'Europe, et qui fut l'idole de la
nation française.

» En abordant la Reine avec un saint respect,

mes genoux tremblaient sous moi; j'avais les yeux
humides de pleurs; je ne pus cacher le trouble dont
mon âme était agitée; et mon embarras fut tel, que je
ne l'eusse éprouvé jamais à ce point, si j'avais eu
l'honneur d'être présenté à la Reine, et de la voir,
au milieu de sa cour, assise sur un trône, environnée
de tout l'éclat de la royauté.

» Elle me reçut avec une majesté si pleine de douceur, qu'elle ne tarda pas à me rassurer, par la confiance dont je m'aperçus bientôt qu'elle m'honorait,
à mesure que je lui parlais et qu'elle m'observait.

» Je lus avec elle son acte d'accusation, qui fut
connu, dans le temps, de toute l'Europe, et dont je
ne rappellerai point ici les horribles détails.

» A la lecture de cet œuvre de l'enfer, moi seul
fus anéanti. La Reine, sans s'émouvoir, me fit ses
observations. Elle s'aperçut, et je le remarquai
aussi, que le gendarme pouvait entendre une partie
de ce qu'elle disait. Mais, en témoignant n'en avoir
aucune inquiétude, elle continua de s'expliquer avec
la même sécurité (1). Je pris mes premières notes

---

(1) La Reine avait alors, auprès d'elle, pour la garder,
dans sa chambre, l'officier de gendarmerie de Bûne, qui fut
remplacé dès le lendemain matin, et depuis persécuté, pour
avoir, à la première partie des débats, présenté respectueusement son bras à la Reine, afin de la soutenir, lorsque,
épuisée de fatigue, elle avait demandé à boire un verre
d'eau.   (*Note de l'avocat.*)

pour sa défense. Je montai au greffe, pour y examiner ce qu'on appelait les pièces du procès. J'en trouvai un amas si confus et si volumineux, qu'il nous eût fallu des semaines entières pour les examiner.

» Je redescendis à la prison, pour en faire part à la Reine; et je crois encore être présent à l'entretien que j'eus, à cette occasion, l'honneur d'avoir avec Sa Majesté.

Sur l'observation que je lui fis, qu'il nous serait impossible de connaître ces pièces en si peu de temps, et qu'il était indispensable d'avoir un délai pour les examiner..... *A qui,* me dit la Reine, *faut-il s'adresser pour cela?*

» Je craignais de m'expliquer : et comme je prononçai à voix basse, le nom de *la Convention nationale* : « Non, répondit la Reine, en détournant la tête; » non, jamais. »

» J'insistai, en représentant à la Reine qu'étant chargés de la défendre, notre devoir était de ne rien négliger pour confondre la calomnie; que nous étions déterminés à le remplir du mieux qu'il nous serait possible; que sans l'examen des prétendus papiers du procès, notre volonté serait, du moins en partie, impuissante; que, d'ailleurs, je ne proposais pas à Sa Majesté de former en son nom une demande à cette Assemblée, mais de lui adresser, au nom de ses défenseurs, une plainte contre une précipitation qui était, aux termes des lois, un véritable déni de justice.

» En parlant ainsi, je vis la Reine ébranlée ; mais elle ne pouvait se résoudre encore à une démarche qui lui répugnait. Je continuai, en la suppliant de m'excuser si je revenais sur un sujet que je sentais bien lui être pénible. J'ajoutai que nous avions à défendre, dans la personne de Sa Majesté, non pas seulement la Reine de France, mais encore la Veuve de Louis XVI, la mère des enfans de ce Roi, et la belle sœur de nos princes, qui se trouvaient, comme on le sait, nommément désignés avec elle dans l'accusation.

» Cette dernière idée réussit ; et, à ces mots de *sœur*, d'*épouse* et de *mère*, la nature l'emporta sur la souveraineté : la Reine, sans proférer une seule parole, mais laissant échapper un soupir, prit la plume, et écrivit à l'Assemblée, en notre nom, deux mots pleins de noblesse et de dignité, par lesquels, en effet, elle se plaignait de ce qu'on ne nous avait pas laissé le temps d'examiner les pièces du procès, et réclamait pour nous le délai nécessaire.

» La réclamation de la Reine fut remise à Fouquier-Tinville. Il promit de la communiquer à l'Assemblée ; mais il n'en fit aucun usage, ou du moins, il en fit un usage inutile, car, le lendemain (15 octobre), les débats commencèrent à huit heures du matin. »

CHAPITRE LXIV.

La Reine est jugée par le tribunal révolutionnaire.

———————

LE médecin des prisons (le docteur Subervielle),
touché de compassion à la vue des souffrances de la
Reine, avait fait ses efforts pour que l'administration accordât à la Princesse un séjour moins humide
et plus sain. Ne pouvant y réussir, il avait ordonné,
pour rafraîchir son sang, l'eau de poulet, tous les
matins sur les neuf heures. Le vieux apothicaire
Lacour, logé à deux pas de la conciergerie, exécu-
tait avec soin ce breuvage, et l'envoyait exactement
à neuf heures, dans un flacon cacheté, que son premier garçon (encore vivant), remettait au concierge.

Le 15 octobre, jour du fatal jugement, M. Lacour,
guidé par ses pressentimens et son bon cœur, eut la
présence d'esprit d'envoyer le flacon quelques minutes avant huit heures. La Reine, entraînée par
les huissiers et la gendarmerie, était déjà sortie de
son cachot, et allait monter (à jeun), vers la salle
des audiences, lorsque l'apothicaire se présenta.
Ce jeune homme supplia les satellites d'accorder
quelques minutes à la Princesse, qui suspendit sa

course pour boire , à la hâte , cette dernière prise d'eau de poulet.

Comme huit heures sonnaient à la pendule du tribunal révolutionnaire, Marie-Antoinette, vêtue de noir, parut devant ses juges; ils la regardèrent avec le sang-froid de l'insolence et de la férocité.

La salle où ce long sacrilége fut commis , avait été la Grand'Chambre du parlement; (la Cour de cassation y tient aujourd'hui ses séances). Des billets donnés avaient déjà rempli l'auditoire ; et toutefois, un assez grand nombre de royalistes étaient venus à bout d'y pénétrer.

En voyant paraître l'auguste Veuve de Louis XVI, ses fidèles serviteurs lui firent connaître leur présence par un léger murmure d'encouragement et d'approbation. Du haut de *son fauteuil de fer,* elle dirigea vers sa droite, c'est-à-dire sur le public, un long regard , mêlé de tristesse et de dignité; et puis, elle regarda lentement les jurés et les juges (1).

En ouvrant la séance, le président, nommé Hermann (le plus mielleux, le plus faux des hommes), prononça ces paroles hypocrites : « Citoyens, vous » êtes venus assister au Jugement d'une femme que » vos yeux ont vue sur un trône, et que vous remar- » quez en ce moment sur les gradins réservés aux

---

(1) Duplay, menuisier, Hôte et Séïde de Robespierre, présidait le jury.

» grands criminels. Le tribunal, toujours équitable,
» vous recommande le calme et la tranquillité; la loi
» vous interdit tout signe d'approbation ou d'im-
» probation. »

Et puis, il dit: Accusée, comment vous nommez-
vous? Quel est votre état? Quel est votre âge?

La Reine, si elle n'eût écouté que l'inspiration de
son âme indignée, aurait refusé toute réponse juridique à ce scélérat; mais la crainte de nuire, par
sa fierté, à ses malheureux enfans et à l'autre prisonnière du Temple, la détermina sans doute à répondre avec modération:

*Je me nomme Marie-Antoinette-Joséphine-
Jeanne de Lorraine..... Veuve de Louis XVI. Je
suis âgée de 37 ans.*

Après ces mots *de Lorraine*, elle ajoutait *Archiduchesse d'Autriche....* Hermann se hâta de l'inter-
rompre, en disant: « Point, point d'Archiduchesse;
» la république ne connaît point toutes ces misè-
» res-là. »

Les débats de ce procès fameux sont, à peu de
chose près, conservés dans les anciennes éditions
du Moniteur; l'imprimeur Crétot les publia aussi
dans un exposé très-fidèle. Je n'accablerai point mon
lecteur par le récit minutieux d'une séance où, durant l'espace de dix-huit heures, la Reine eut à répondre à toutes les interpellations les plus hardies,
à toutes les accusations les plus outrageantes, à toutes

les calomnies les plus absurdes que la révolte ait jamais imaginées pour justifier ses attentats. A ces cruels excès de l'usurpation populaire, Marie-Antoinette répondit avec clarté, avec supériorité, avec modération et bienséance. Un marchand de toiles, de Versailles (Lecointre), député à la Convention, traita la Veuve de son souverain comme il n'aurait pas osé traiter sa propre domestique.

Le comte d'Estaing, ce fameux Amiral, que la France avait adoré, que la Cour avait comblé d'honneurs et de récompenses, se fit connaître en cette occasion pour le plus vil et le plus méchant des ingrats. Il chargea la Reine, que tant d'autres accusateurs mettaient en péril. Il contredit rudement le ministre Latour-du-Pin, qui la protégeait par une dénégation pleine d'obligeance.

Marie Devaux, femme Arel, et les deux gendarmes ordinaires du cachot (Gilbert et Dufrêne), racontèrent avec amertume les plus petites circonstances de Michonis et de l'Œillet. Le brigadier Dufrêne poussa l'invraisemblance et la supposition, jusqu'à énoncer le *contenu du billet* ployé dans la fleur, tandis que la femme Arel déclarait formellement que la Reine avait lu ce papier le plus mystérieusement possible, et qu'elle l'avait avalé, pour l'anéantir.

M. Boze, peintre de Louis XVI, n'oublia pas, dans cette horrible circonstance, ce que la famille

20

royale avait fait pour lui, dans les jours du bonheur et de la prospérité. L'accusateur public, placé très-près de lui, l'excitait à demi-voix à charger l'Accusée, dans quelque fait ou par quelque réflexion. Joseph Boze feignit de ne pas l'entendre, jouant le trouble et la stupidité, plutôt que de manquer à l'honneur, au devoir, à la conscience. Sa conduite, en cette occasion, lui valut la colère bruyante du juge Coffinhal, qui demanda son arrestation, et la fit décider sur l'heure (1).

Le savetier Simon fut introduit comme témoin. Que l'on se représente le trouble dont la Reine fut saisie, à la vue de cet être corrompu, arrogant, ignoble, qui osa prendre le titre et la qualité d'*Instituteur du fils Capet!*

Simon, fidèle à sa mission toute particulière (dont il avait appris la formule, comme un écolier, ou comme un perroquet), accusa la Reine d'être en relations de bienveillance avec plusieurs municipaux

---

(1) Un mois avant le 10 août, les Girondins écrivirent secrètement à Louis XVI, pour lui offrir leur appui, à des conditions que le Roi ne crut pas devoir accepter. Le peintre Boze, tendrement attaché au monarque, avait été le porteur de cette missive diplomatique, croyant y voir l'avantage futur de son royal protecteur. Le tribunal voulait amener cet artiste à dire que la négociation avait déplu à la Reine, et que cette Princesse en avait détourné son Epoux.

du Temple, que le Gouvernement se proposait de faire périr; et, par le plus étrange pléonasme, à tous ces noms de municipaux ou d'administrateurs des prisons, il adjoignit les noms de Péthion et de la Fayette!!... Au reste, pour donner quelque poids à son assertion, il déclara tenir tous ces renseignemens *du jeune prisonnier, son élève.*

Après toutes ces inculpations, que les assaillans ne regardaient, eux, que comme de simples escarmouches, arrivèrent les grandes horreurs. Divers témoins accusèrent la Reine de la ruine de l'Etat, par la dissipation des finances. On lui reprocha son Trianon, son amitié pour la famille Polignac, le luxe de ses ameublemens à Saint-Cloud, les formes et la mobilité de sa toilette royale. L'accusateur public osa lui dire : « Il a été trouvé chez Septeuil des Bons si-» gnés de vous, pour des sommes considérables. »

Je n'en ai jamais signé, s'écria la Princesse avec émotion : *je demande que ces papiers-là me soient représentés.*

« A la vérité, reprit Fouquier-Tinville, ces Bons » ont été égarés; mais nous allons faire entendre » *des témoins honnêtes,* qui les ont vus. » Ces témoins parurent, et le public trouva qu'ils ne disaient que des pauvretés.

Hermann jugea convenable de ramener le nom de la comtesse de la Mothe, dans un procès où ce nom devait être si étranger. Hermann *s'attendrit* sur

le sort de cette célèbre voleuse, marquée par la main
du bourreau; et il dit à la Reine: « La femme la Mo-
» the fut votre victime : persistez-vous à soutenir
» que vous ne l'avez point connue? »

Je ne soutiens que la verité, répondit Marie-Antoinette, *en disant que je n'ai jamais vu la dame
de la Mothe.*

Ce chapitre deviendrait interminable, si je me faisais un devoir de rapporter et de consigner ici tout le
scandaleux détail de cette séance. Je me bornerai à
dire les deux griefs les plus essentiels, les deux accusations les plus terribles, que notre Reine infortunée ait eu à repousser dans cette lutte de l'innocence abandonnée, contre le crime armé du pouvoir.

« Vous avez appauvri la France, » lui dit Hermann, « pour enrichir vos deux frères Joseph et
» Léopold, ainsi que votre famille entière. »

La Maison impériale, répondit Marie-Antoinette, *était mieux dans ses finances qu'aucune
autre cour de l'Europe : je déclare devant Dieu
n'avoir jamais rien fait passer à mes parens.*

« Vous avez corrompu votre propre fils, lui dit
» Hébert, Substitut du procureur de la Commune.
» Vous et votre sœur Elisabeth, l'avez formé au vice
» et à la débauche : il en a signé la déclaration. »

La Reine s'était contenue jusqu'à cette monstrueuse accusation, jusqu'à cette provocation sans

exemple : A ces paroles, tout son être se bouleversa. La pâleur de ses traits disparut ; sa figure abattue rougit et se ranima d'indignation. *Ah !* s'écria-t-elle en relevant sa tête avec majesté, *j'en appelle à toutes les mères ici présentes : un pareil crime est-il dans la nature ! !!* Et en achevant ces mots, elle prit son mouchoir et fondit en pleurs.

L'auditoire tout entier partagea son émotion maternelle. Presque toutes les femmes présentes aux débats, se troublèrent et versèrent des pleurs. On vit des gendarmes émus ; et la contenance d'Hébert, en ce moment-là, fut celle d'un lâche calomniateur, que frappait et marquait déjà la colère céleste (1).

Épuisée par de si violentes commotions, Marie-Antoinette perdait tout son sang. Une soif ardente la saisit ; elle demanda un verre d'eau, à plusieurs reprises. Les huissiers l'entendaient et ne bougeaient pas. Le capitaine de Bûne, touché de commisération, alla se procurer un verre d'eau limpide, et le lui servit avec politesse et respect.

A quatre heures et un quart, le tribunal suspendit la séance pour trois quarts d'heure, et durant cet intervalle, on arrêta plusieurs centaines de personnes, qui, dans la salle ou dans les péristiles, s'étaient exprimées trop librement.

---

(1) Quoique Robespierre lui eût dicté son rôle, il le fit guillotiner quelques mois après.

Lorsque les juges et les jurés se furent nourris et rafraîchis, Hermann r'ouvrit la séance, et les deux avocats furent entendus.

La postérité regrettera que M. Chauveau-Lagarde, (encore vivant), n'ait pas écrit son plaidoyer, sur l'heure. Deux de mes amis l'entendirent alors, et le trouvèrent, en mille endroits, d'une éloquence presque antique. Tronçon-Ducoudrai mit aussi beaucoup de logique, beaucoup de verve, beaucoup de feu dans le sien. Mais ni l'un ni l'autre de ces orateurs ne toucha suffisamment la corde essentielle. Il ne s'agissait pas de prouver à ce tribunal de sang que Marie-Antoinette n'était point coupable des crimes portés dans l'acte d'accusation, le tribunal le savait de reste : il s'agissait de prouver seulement à ces juges et à ces misérables jurés, que Marie-Antoinette d'Autriche était Étrangère : il fallait leur dire et leur répéter que les souverains de l'Europe avaient le droit de réclamer un si important dépôt. Il fallait ne pas laisser ignorer à tous ces assassins, qu'après la mort de Cromwel, son cadavre, exhumé, fut pendu et traîné sur la claie; que ce cadavre fut battu de verges, et ses entrailles jetées aux chiens. Il fallait ajouter que tous les autres juges de Charles Stuart avaient subi le supplice de la potence.

On me dira qu'une éloquence de cette vigueur n'était pas en rapport avec les circonstances; et, à cette observation je m'empresserai de répondre que l'homme à talent sait *indiquer*, avec adresse, les choses trop délicates ou trop difficiles à déclarer. Les fonctions d'avocat sont admirables, lorsqu'un honnête homme les remplit, avec supériorité. Cicéron, en paraissant devant Jules-César, n'ignorait pas que Déjotarus était déjà perdu dans l'esprit du Maître du monde ; et Cicéron, cependant, osa dire à César : « Tout habitué que je suis à parler devant » les hommes, et à traiter, sans pâlir, les plus diffi- » ciles sujets, un trouble involontaire m'agite, ô » César, en me voyant renfermé dans votre propre » cabinet, devenu, pour Cicéron, une salle d'au- » dience!!! »

César, qui tenait à l'estime de l'orateur romain, et qui craignit de souiller sa gloire par le meurtre ju- ridique d'un roi vaincu et détrôné, prit noblement le parti d'absoudre Déjotarus. Mais le tribunal révo- lutionnaire de Paris, composé de scélérats, trouvés dans la fange, et d'hommes, gagnés par promesses et par argent, s'empressa de condamner la Reine de France.

L'arrêt de mort fut prononcé, le 16 octobre, à quatre heures dix minutes du matin : La Reine, qu'on avait éloignée pendant quelques minutes, rentra pour entendre sa condamnation.

Ses avocats, par humanité, l'avaient flattée de l'espoir que le tribunal prononcerait sa déportation en Allemagne. En entendant ces paroles *de mort*, la Reine demeura comme anéantie. Le trouble de son âme se peignit subitement sur son visage, qui, pendant quelques minutes, parut de marbre et inanimé.

Hermann lui dit : « Condamnée, avez-vous quel-
» qu'objection à faire sur l'application de la loi ? »
Marie-Antoinette, reprenant ses esprits, dirigea son regard inquiet vers ses avocats. M. Chauveau-Lagarde se tut. Et Tronçon-Ducoudrai se leva, pour articuler ces mots : « J'observe au tribunal, que mon
» ministère, à l'égard de la Veuve Capet, a pris fin ;
» en conséquence, je n'ai rien à ajouter ni à ré-
» pondre. »

La Reine de France porta sur le défenseur infidèle ou pusillanime, un regard d'étonnement et de sévérité, qui fut sa juste récompense. Elle sortit de ce repaire épouvantable, sans regarder ni le tribunal ni le public.

CHAPITRE LXV.

Dernière nuit à la Conciergerie. Testament de la
Reine. Le prêtre assermenté.

Le capitaine de Bûne, pour ce verre d'eau présenté
à la Reine, avait été destitué sur-le-champ : Marie-
Antoinette n'eut pas la consolation de le retrouver
dans son cachot funèbre.

Après l'avoir ramenée en ce lieu, les huissiers du
tribunal se retirèrent. Quelques gendarmes furent
placés dans le grand vestibule et à l'entrée du long
corridor noir. La Princesse fut laissée seule dans sa
chambre, et, pour la première fois depuis soixante
et seize jours, on lui servit un flambeau.

Le concierge s'étant présenté à elle, pour lui proposer un bouillon, elle refusa toute nourriture, et
demanda de l'encre et du papier.

Ce fut alors qu'elle écrivit sa Lettre à Madame Elisabeth, lettre où l'innocence et la grandeur ont déposé leur touche inimitable ; lettre si entraînante et
si naïve, qu'elle venge Marie-Antoinette mieux que
tous les témoignages des hommes, et mieux que tous
nos livres et nos écrits.

Lettre de Marie-Antoinette, Veuve de Louis XVI, à Madame Elisabeth Philippine, sa belle-sœur, détenue au temple.

« C'est à vous, ma sœur, que j'écris, pour la dernière fois.

» Je viens d'être condamnée, non pas à une mort honteuse (elle ne l'est que pour les criminels), mais à rejoindre votre Frère. Comme lui, innocente, j'espère montrer la même fermeté que lui dans ses derniers momens. Je suis calme, comme on l'est quand la conscience ne reproche rien.

» J'ai un profond regret d'abandonner mes pauvres enfans. Vous savez que je n'existais que pour eux et vous, ma bonne et tendre sœur, vous qui avez, par votre amitié, tout sacrifié pour être avec nous. Dans quelle position je vous laisse!

» J'ai appris, dans le plaidoyer même du procès, que ma fille était séparée de vous. Hélas! la pauvre enfant! je n'ose pas lui écrire; elle ne recevrait pas ma lettre. Je ne sais pas même si celle-ci vous parviendra.

» Recevez pour eux deux ici ma bénédiction. J'espère qu'un jour, lorsqu'ils seront plus grands, ils pourront se réunir à vous, et jouir en entier de vos tendres soins.

» Qu'ils pensent tous deux à ce que je n'ai cessé

de leur inspirer, que les principes et l'exécution exacte de ses devoirs sont les premiers biens de la vie ; que leur amitié et leur confiance mutuelle en feront le bonheur.

» Que ma fille sente qu'à l'âge qu'elle a, elle doit toujours aider son frère par les conseils que l'expérience qu'elle aura de plus que lui, et son amitié pourront lui inspirer.

» Que mon fils, à son tour, rende à sa sœur tous les soins, tous les services que l'amitié peut inspirer.

» Qu'ils sentent que, dans quelque position qu'ils puissent se trouver, ils ne seront vraiment heureux que par leur union.

» Qu'ils prennent exemple de nous. Combien, dans nos malheurs, notre amitié nous a donné de consolations ! Et dans le bonheur, on jouit doublement quand on le partage avec un ami : et où en trouver de plus tendre que dans sa propre famille ?

» Que mon fils n'oublie jamais les derniers mots de son père, que je lui répète expressément : Qu'il ne cherche jamais à venger notre mort !

» J'ai à vous parler d'une chose bien pénible à mon cœur. Je sais combien cet enfant doit vous avoir fait de peine. Pardonnez-lui, ma chère sœur : pensez à l'âge qu'il a (1), et combien il est facile de faire dire à un enfant ce qu'on veut, et même ce qu'il ne comprend pas.

_____

(1) Sept ans.

» Un jour viendra où il n'en connaîtra que mieux tout le prix de votre bonté et de votre tendresse pour tous deux.

» Il me reste à vous confier ma dernière pensée ; j'aurais voulu vous écrire dès le commencement de mon procès ; mais, outre qu'on ne me laissait pas écrire, la marche en a été si rapide , que je n'en aurais réellement pas eu le temps.

» Je meurs dans la religion catholique, apostolique et romaine , dans celle de mes pères , dans celle où j'ai été élevée, et que j'ai toujours professée.

» N'ayant aucune consolation spirituelle à attendre, ne sachant pas s'il existe encore ici des prêtres de cette religion, *et même le lieu où je suis les exposant trop , s'ils y entraient une fois,* je demande sincèrement pardon à Dieu de toutes les fautes que j'ai pu commettre depuis que j'existe. J'espère que dans sa bonté il voudra bien recevoir mes derniers vœux, ainsi que ceux que je fais depuis long-temps pour qu'il veuille bien recevoir mon âme dans sa miséricorde et sa bonté.

» Je demande pardon à tous ceux que je connais, et à vous, ma sœur, en particulier, de toutes

---

(1) La Reine, qui assurément n'a aucun motif pour mentir, prouve bien, dans ce passage, qu'elle n'a communiqué avec aucun prêtre ; la Notice N°. 3 , en offrira la preuve bien évidente.

les peines que, sans le vouloir, j'aurais pu leur causer.

» Je pardonne à tous mes ennemis le mal qu'ils m'ont fait.

» Je dis ici adieu à mes tantes et à tous mes frères et sœurs. J'avais des amis; l'idée d'en être séparée pour jamais, et leurs peines, sont un des plus grands regrets que j'emporte en mourant.

» Qu'ils sachent que jusqu'à mon dernier moment, j'ai toujours pensé à eux.

» Adieu, ma bonne et tendre sœur. Puisse cette lettre vous parvenir! Pensez toujours à moi. Je vous embrasse de tout mon cœur, ainsi que ces bons et chers enfans. Mon Dieu! qu'il est déchirant de les quitter pour toujours!

» Adieu! adieu! Je ne vais plus m'occuper que de mes devoirs spirituels. Comme je ne suis pas libre dans mes actions, on m'amènera peut-être un prêtre; mais je proteste ici que je ne lui dirai pas un mot, et que je le regarderai comme un être absolument étranger (1).

   » Ce 16 octobre 1793, à quatre heures
     et demie du matin.

    » *Signé* MARIE-ANTOINETTE. »

---

(1) L'original de cette lettre touchante, est resté long-temps exposé aux regards du public. Il y en a des *fac-similé* où se voient jusqu'aux traces des larmes.

La Reine se croyait seule avec le concierge, pendant qu'elle traçait l'écrit immortel que l'on vient de lire : elle était observée, à travers les carreaux de sa fenêtre, par les commissaires de la police, cachés en dehors, dans la petite cour.

Après avoir fait plusieurs baisés sur le papier qui renfermait les dernières expressions de sa belle âme, elle le remit à Lebeau, et le supplia de le faire parvenir tôt ou tard à son adresse, ou bien de le brûler, s'il ne voyait pas jour à y réussir.

Lebeau lui promit de faire, à cet égard, tout ce qu'il serait possible d'entreprendre, et Marie-Antoinette, avec douceur et reconnaissance, le remercia de tous ses soins.

Comme il sortait du cachot, les agens du pouvoir s'emparèrent du testament de la Reine ; ils le portèrent de suite à l'accusateur public (1).

Aussitôt que le concierge eut quitté la Princesse, un jeune officier de gendarmerie entra dans cette chambre, et n'en sortit que lorsque le crime fut consommé. La Reine, après vingt heures d'agitations, n'obtint pas un seul instant pour chercher le repos

---

(1) Voilà pourquoi sur l'original, restitué après vingt années, par le conventionnel Courtois, on lit, avec horreur, la signature de Fouquier-Tinville. Ce Fouquier-Tinville s'empressa d'en investir Robespierre, chez lequel Courtois le trouva et le saisit, en thermidor.

et pouvoir fermer sa paupière. On verra bientôt, dans le récit naïf de Rosalie, jusqu'où cet officier-gendarme poussa la persécution et l'inhumanité.

Vers les sept heures du matin, un prêtre asser-menté, nommé Girard, osa se présenter chez la Reine, et lui offrir ce qu'il appelait *ses consolations.* Marie-Antoinette, ayant su de lui-même qu'il était l'un des curés actuels de Paris, comprit, qu'ayant l'amitié des persécuteurs, il ne pouvait avoir la con-fiance des victimes. Elle le remercia, sans aigreur, sans observations; et comme ce fourbe insistait, elle lui dit : *ma conscience est en paix, Monsieur ; je paraîtrai devant mon Dieu avec confiance.*

L'abbé Girard, que les commissaires avaient ac-compagné jusqu'à l'entrée du cachot, leur dit en se réunissant à eux : *son orgueil est toujours le même ; il ne le quittera que sur l'échafaud.......* Prêtre impie! tu n'approchais de cette illustre infortunée que pour lui ravir les derniers secrets de son cœur! Tu as eu la barbarie de l'accompagner jusqu'à son supplice, pour aggraver de ta présence tous les tour-mens qu'elle avait encore à souffrir! Tu as vu de près cette épouvantable tragédie..... Et ton cœur ne s'est ému ni de compassion, ni de remords! (1)

_____

(1) Bonaparte fit cet homme-là chanoine de sa métro-pole : Bonaparte plaçait admirablement ses faveurs !

CHAPITRE LXVI.

Agonie vivante ; mort de la Reine.

———

Robespierre et les chefs du tribunal venaient de lire avec empressement les dernières dispositions de la Reine. Ils y avaient vu son aversion et son mépris pour les prêtres ennemis du roi : ils résolurent de la tourmenter à cet égard, et lui envoyèrent le curé de St.-Landry, comme on vient de le voir dans le précédent chapitre.

Marie-Antoinette, conservant jusques au bout la clairvoyance de son esprit et la noble fermeté de son âme, sut mettre à la distance convenable un parjure et un apostat. Dans ces jours d'immoralité, de crime et de trahison universelle, notre Souveraine incomparable pensa que les épanchemens de sa conscience ne devaient être livrés qu'à Dieu seul ; et puisque les vrais apôtres de l'évangile ne pouvaient plus approcher de sa personne sans s'exposer à la mort la plus prompte, elle se regarda comme ces autres malheureux qui périssent entre les mains des voleurs, ou dans un naufrage au milieu des mers, ou dans les horreurs d'un incendie. Elle interrogea sa vie depuis les jours de son enfance, s'accusa devant Dieu de ces fautes légères que notre créateur indulgent pardonne à l'humanité ; et, lasse de ce monde, où les bons cœurs n'ont point d'asile, elle invoqua la mort, qui devait mettre un terme à tous ses maux.

Après son trépas, et lorsqu'il ne paraissait plus possible que la voix de cette Victime se fît entendre au milieu des vivans, mille fables romanesques ont été débitées sur les mystères de son cachot. Les uns se sont vantés d'avoir fait parvenir jusqu'à elle et des vêtemens commodes, et d'utiles supplémens à sa nourriture, et du linge digne de ses habitudes, et de l'argenterie, et de l'argent !!...

D'autres, plus excessifs et plus téméraires encore, nous ont dit (et c'est le crédule Montjoye qui le rapporte), d'autres nous ont dit que, bravant les soldats et les grilles, les tyrans, les fers, l'échafaud, ils étaient arrivés, *par la puissance de l'or* jusques à la Reine captive. Que (sans titres ni recommandateurs), ils avaient du premier abord acquis sa confiance entière ; qu'ils l'avaient *revue et confessée plusieurs fois;* qu'ils avaient *célébré la messe* sur sa petite table, entre son lit de sangles et le débile paravent ; qu'ils l'avaient *communiée en viatique, aussi bien que ses deux gendarmes;* et que toutes ces choses, invraisemblables et impossibles, s'étaient faites *par la miraculeuse volonté de Dieu !!*

Historien clairvoyant, impartial et incorruptible,

je ne transigerai pas ici, avec ma pénétration et ma conscience, et je laisserai de côté les vains égards. Non, l'affreuse pauvreté de la Reine n'a point été adoucie pendant les soixante et seize jours de sa dernière captivité; non, cette Princesse judicieuse n'a point admis UN INCONNU à lui offrir la célébration périlleuse des saints mystères, la confession confidentielle, et les derniers sacremens des chrétiens.

Elle l'aurait voulu, elle l'aurait ardemment souhaité, que de pareilles communications en ce temps-là étaient physiquement impraticables (1).

Un quart d'heure environ après le départ du curé constitutionnel, le premier huissier du tribunal vint lire à la Princesse une manière d'ordonnance qui lui commandait de quitter son vêtement de deuil. Marie-Antoinette baissa les yeux, et ne fit point de réponse.

Les tyrans avaient été frappés de cet air de grandeur que, la veille, elle conservait encore sous un simple habit d'étamine. Ils résolurent de la dégrader en tout, pour l'avilir; et comme une robe de deuil aurait rappelé au public l'injuste trépas du bon Louis XVI, ils décidèrent que sa Veuve irait au supplice avec un petit vêtement blanc.

---

(1) Mon lecteur trouvera la démonstration de ce que j'avance, dans l'une des Notices qui terminent ces Mémoires.

La Reine, quoiqu'épuisée par la longue séance de la veille, par ses insomnies et toutes ses peines d'esprit, n'avala qu'un demi-bouillon avant de quitter la conciergerie.

Vers les huit heures du matin, Rosalie, dans la consternation, vint lui aider à changer de linge. A neuf heures, la Reine entra en prières; et à dix heures trente-cinq minutes, le Rapporteur se présenta pour lui lire de nouveau sa sentence de mort.

Au coup de onze heures, l'Exécuteur Henri Samson, (qui exerce encore!...) lui lia les mains avec violence, et lui coupa brusquement les cheveux. (Voyez les Notices.)

A onze heures dix minutes, la Mère infortunée de Louis XVII monta sur la charrette fatale: sous l'arcade neuve de droite, auprès du grand perron du palais.

La vaste cour du palais de justice était remplie de gendarmes et d'artilleurs, depuis l'incarcération de la Princesse. Ce jour-là, pour la première fois, on permit au public d'y venir et d'y stationner. Le grand perron du parlement était garni de curieux et de spectateurs, depuis l'aurore. On en voyait à toutes les croisées; il y en avait dans les réseaux de la grille royale, sur toutes les corniches, sur les balustrades et sur les toits.

Aussitôt que le char de la victime se mit en mou-

21 *

vement, l'air retentit de ces cris féroces : *Vive la république, à bas les Rois !*

Marie-Antoinette, les mains fortement liées derrière le dos, tremblait de froid ; car la journée était déjà des plus rudes. Elle regarda tout ce peuple, accouru sur son passage pour l'offenser, pour la maudire : et son regard n'en conserva pas moins toute sa modestie et sa douceur.

Son expérience était terminée. Elle savait combien est exagérée la sentence qui dit que l'homme est fait à l'image de Dieu.

Préparée à tous les outrages, puisqu'elle avait pour adversaires des ennemis personnels et les républicains, elle entendait ce bruit confus d'une populace en délire, comme les esprits des tombeaux entendent les chocs de la foudre et de la tempête, qui ne les touchent plus.

Quelquefois son regard pensif sortait de sa distraction profonde et se dirigeait vers les habitations. Elle y voyait ces mêmes personnes qui, jadis, l'avaient applaudie sur son passage ; et à toutes ces croisées déloyales, elle remarquait des drapeaux aux trois couleurs.

Dans la rue St.-Honoré, presque en face de l'Oratoire, un jeune enfant que soutenait sa mère, lui fit une révérence ingénue, et de la main lui envoya un baiser.

A ce spectacle surprenant, la Princesse rougit d'émotion, et ses yeux se remplirent de larmes.

Parvenue à la place du Château-d'Eau, elle reconnut le palais désert de l'assassin de sa famille. Toutes ses idées se concentrèrent sur un souvenir si déchirant. Elle soupira et détourna la vue.

Devant l'église de S.-Roch, le comédien Grammont, qui commandait la cavalerie, fit faire halte au cortége, pour que la populace, amoncelée sur les degrés du temple, pût offenser la Reine à loisir. Le comédien Grammont dut être satisfait : la populace de Paris, en cette occasion, justifia complètement le dégoût d'*Horace* pour le peuple.

Pendant quinze ou vingt minutes, on n'entendit que ces mots *Médicis! Messaline! Frédégonde!....* Et Celle à qui on les adressait, avait sauvé la vie à Santerre, et s'était réconciliée avec Mirabeau!!

Après une heure et demie de marche et d'indignités, la charrette arriva dans la rue Royale, que bordaient trois doubles rangs de soldats et plusieurs pièces de canon. Entre les deux pavillons du Garde-Meuble de la couronne, la Reine comprit que l'affreux voyage touchait à son terme. Ses lèvres s'agitèrent, parce qu'elle recommandait son âme à Dieu. Tournant sa tête avec dignité, elle dirigea son regard vers les chevaux de la Renommée, et l'infâme échafaud s'offrit à ses yeux. Ses yeux aussitôt se fermèrent. La pâleur de la mort couvrit son visage ; sa tête tomba sur sa poitrine.... Elle avait cessé d'exister.

Je vous remercie, ô mon Dieu, qui prîtes enfin

pitié d'elle. Vous la dérobâtes en quelque sorte à ses assassins. Vous voulûtes ne point leur accorder ce dernier triomphe; vous ne permîtes point que son âme irréprochable eût à se débattre avec des bourreaux.

Une apoplexie foudroyante termina les jours de la Reine; et ce fut son triste cadavre, et non pas Elle-même, que les républicains portèrent sur l'échafaud.

L'exécuteur audacieux donna deux soufflets à cette tête auguste; il la montra au peuple et aux soldats.

Ainsi périt, à l'âge de trente-sept ans, Marie-Antoinette-Josèphe-Jeanne de Lorraine, Archiduchesse d'Autriche, Reine de France et de Navarre: Princesse accomplie, qui nous aimait et nous estimait avant de nous connaître, et qui, de bonne heure, préféra notre France à tous les royaumes chrétiens, parce que cette France avait eu pour monarques Henri IV, le meilleur des hommes, et Louis XIV, le plus étonnant des héros.

Espérons qu'une si déplorable catastrophe ne sera point perdue pour les siècles à venir, et qu'un MONUMENT, digne de cette Reine infortunée, perpétuera, dans la capitale, et son image et nos regrets.

F I N.

NOTICES HISTORIQUES.

N°. Ier.

ROSALIE.

LES dames Boze m'avaient parlé, plusieurs fois, d'une jeune fille extrêmement douce qui, en 1793, était cuisinière à la Conciergerie, chez Madame Richard, et qui, en cette qualité, préparait le manger particulier de la Reine, et venait, deux fois par jour, le lui apporter dans sa chambre. Les dames Boze, après vingt-huit années, se rappelaient avec attendrissement les bonnes qualités de cette fille de campagne, et elles me racontaient sur ses bons procédés envers la Reine une foule de petits détails curieux, que mon devoir d'historien me portait à recueillir soigneusement.

Le hasard, ou plutôt la Providence, a permis que, dans notre immense capitale, j'aie retrouvé Rosalie. Son premier soin a été de me demander si M. Boze, peintre de Louis XVI, vivait encore, et elle m'a montré le portrait que la fille aînée de cet artiste voulut bien faire pour elle, jadis, dans la prison.

Cette famille, aimable et respectable, en revoyant Rosalie, après vingt-neuf ans de séparation, l'a reconnue à l'instant même, et lui a prodigué, devant moi, toutes les marques de l'attachement le mieux mérité et de l'estime la plus sincère.

Je vais réunir dans un seul récit toutes les particularités, toutes les révélations précieuses que l'excellente Rosalie m'a confiées, pour être consignées dans mon ouvrage ; ces détails se sont trouvés, en tout, conformes à ce que M. Boze et ses dames m'avaient raconté, deux années auparavant.

DÉCLARATION DE ROSALIE LAMORLIÈRE,

Native de Breteuil, en Picardie.

Je servais, en qualité de femme-de-chambre, Mme. Beaulieu, mère du comédien célèbre, lorsque le Roi Louis XVI fut condamné à périr sur un échafaud. Madame Beaulieu, déjà infirme et souffrante, manqua mourir de douleur en apprenant cette condamnation, et, à tous momens, elle s'écriait : Peuple injuste, peuple barbare, un jour, tu verseras des larmes de désespoir sur la tombe d'un si bon Roi!

Madame Beaulieu mourut, peu de temps après les massacres de septembre. Son fils, alors, me donna, de confiance, à Madame Richard, concierge du palais.

J'éprouvais beaucoup de répugnance à prendre du service auprès d'un concierge de prison ; mais M. Beaulieu, qui était, comme on sait, bon royaliste, et qui allait défendre, en qualité d'avocat, et toujours gratuitement, les malheureux prisonniers du tribunal révolutionnaire, me pria d'accepter cette place, où je trouverais, me dit-il, l'occasion d'être utile à une foule d'honnêtes gens, que la Conciergerie renfermait. Il me promit de m'y venir voir le plus souvent qu'il lui serait possible, son théâtre de la Cité n'étant qu'à deux pas de là.

Madame Richard, ma nouvelle maîtresse, n'était pas aussi bien élevée que Madame Beaulieu, mais elle avait assez de douceur dans le caractère; et comme elle avait été marchande à la toilette, elle conservait dans tout son ménage et sur sa personne un grand goût de propreté.

A cette époque, il fallait beaucoup de présence d'esprit pour régir une vaste prison comme la Conciergerie; je ne voyais jamais ma maîtresse embarrassée. Elle répondait à tout le monde en peu de paroles; elle donnait ses ordres sans aucune confusion; elle ne dormait que des instans; et rien ne se passait au-dedans ou au-dehors, qu'elle n'en fût promptement informée. Son mari, sans être aussi propre aux affaires, était pénible et laborieux. Peu-à-peu je m'attachai à cette famille, parce que je vis qu'ils ne désapprouvaient point la compassion que m'inspiraient les pauvres prisonniers de ce temps-là.

Le 1er. d'août 1793, dans l'après-dîner, Mme. Richard me dit à voix basse : « Rosalie, cette nuit, nous ne nous cou-
» cherons pas; vous dormirez sur une chaise; la Reine va
» être transférée du Temple dans cette prison-ci. » Et aussitôt je vis qu'elle donnait des ordres pour qu'on ôtat M. le général Custines de *la Chambre du Conseil*, afin d'y placer la princesse. Un porte-clé fut dépêché vers le tapissier de la prison (Bertaud, logé cour de la Sainte-Chapelle). Il lui demanda un lit de sangles, deux matelas, un traversin, une couverture légère, et une cuvette de propreté.

On apporta ce petit mobilier dans la chambre humide que délaissait M. de Custines. On y ajouta une table commune et deux chaises de la prison. Tel fut l'ameublement destiné à recevoir la Reine de France.

Vers les trois heures du matin , j'étais assoupie dans un fauteuil; Madame Richard, me tirant par le bras, me réveilla précipitamment, et me dit ces paroles : « Rosalie, allons, allons ; prenez ce flambeau ; les voici qui arrivent. »

Je descendis en tremblant, et j'accompagnai Madame Richard dans le cachot de M. de Custines, situé à l'extrémité du long corridor noir. La Reine y était déjà rendue. Une quantité de gendarmes étaient devant sa porte, en-dehors. Plusieurs officiers et administrateurs étaient dans l'intérieur de la chambre, où ils se parlaient bas, les uns aux autres. Le jour commençait à venir.

Au lieu d'écrouer la Reine, au greffe en vitrages, qui est à la gauche du premier vestibule, on l'écroua, dans son cachot. Cette formalité étant remplie, tout le monde se retira, et madame Richard et moi restâmes seules chez la Reine. Il faisait chaud. Je remarquai les gouttes de sueur qui découlaient sur le visage de la princesse. Elle s'essuya deux ou trois fois avec son mouchoir. Ses yeux contemplèrent avec étonnement l'horrible nudité de cette chambre; ils se portèrent aussi avec un peu d'attention sur la concierge et sur moi. Après quoi la Reine, montant sur un tabouret d'étoffe, que je lui avais apporté de ma chambre, suspendit sa montre à un clou, qu'elle aperçut dans la muraille, et commença de se déshabiller pour se mettre au lit. Je m'approchai, respectueusement, et j'offris mes soins à la Reine. *Je vous remercie, ma fille*, me répondit-elle, sans aucune humeur ni fierté; *depuis que je n'ai plus personne, je me sers moi-même.*

Le jour grandissait. Nous emportâmes nos flambeaux, et la Reine se coucha, dans un lit bien indigne d'elle, sans doute, mais que nous avions garni, du moins, de linge très-fin et d'un oreiller.

Dès le matin, on plaça deux gendarmes dans la chambre

de la princesse. On y mit aussi, pour la servir, une vieille femme, âgée de près de quatre-vingts ans, qui était, comme je l'ai su depuis, l'ancienne concierge de l'Amirauté, dans l'enceinte même du Palais de Justice. Son fils, âgé de 24 ou 25 ans, était l'un des porte-clé de notre prison. (On la nommait Larivière.)

Pendant les premiers quarante jours, je ne fis aucune fonction chez la Reine. J'y venais seulement, avec Mme. Richard ou avec son mari, pour apporter le déjeûner, qu'on servait à neuf heures, et le dîner, qu'on servait ordinairement à deux heures, deux heures et demie. Madame Richard mettait le couvert, et, par respect, je me tenais auprès de la porte. Mais Sa Majesté daigna y faire attention, et elle me fit l'honneur de me dire : *Approchez-vous, Rosalie, ne craignez pas.*

La vieille Madame Larivière, après avoir rapiéceté et recousu fort proprement la robe noire de la Reine, fut jugée peu propre à son emploi. Elle remonta chez elle, au local de l'ancienne amirauté, et de suite on la remplaça par une jeune femme, nommée Arel, dont le mari était employé aux bureaux secrets de la police. La Reine avait témoigné de la confiance et de la considération à la vieille femme : elle ne jugea pas la nouvelle personne aussi favorablement ; presque jamais elle ne lui adressait la parole.

Les deux gendarmes (toujours les mêmes), se nommaient Dufrêne et Gilbert. Ce dernier paraissait plus rude que son camarade le brigadier. Quelquefois, Sa Majesté, accablée d'ennui, s'approchait d'eux, pendant que nous couvrions sa table, et elle les regardait jouer, quelques instans, en présence de Madame Richard, ou du concierge.

Un jour, Madame Richard amena dans le cachot son plus jeune enfant, qui était blond, qui avait des yeux bleus fort agréables, et dont la figure charmante était bien au-dessus de son état. On le nommait *Fanfan.*

La Reine, en voyant ce beau petit garçon, tressaillit visiblement. Elle le prit dans ses bras, le couvrit de baisers et de caresses, et se mit à pleurer, en nous parlant de M. le dauphin, qui était à peu près de même âge; elle y pensait nuit et jour. Cette circonstance lui fit un mal horrible. Madame Richard, quand nous fûmes remontées, me dit qu'elle se garderait bien de ramener son fils dans le cachot.

Vers la mi-septembre, il arriva un grand malheur, qui fut bien préjudiciable à la Reine. Un officier déguisé, nommé M. de Rougeville, fut introduit dans le cachot de la princesse par un officier municipal, appelé Michonis. L'officier (qui était connu de la Reine), laissa tomber un œillet auprès du bas de sa robe : et j'ouïs-dire que cette fleur renfermait un papier de conspiration. La femme Arel observait tout ; elle fit son rapport à Fouquier-Tinville, qui descendait, tous les soirs, avant minuit, dans la prison. Les deux gendarmes furent aussi entendus. Le gouvernement crut qu'il y avait un grand complot dans Paris pour enlever la princesse, et on donna aussitôt des ordres, plus sévères cent fois et plus terribles que par le passé. M. Richard, son épouse et leur fils aîné, furent mis en prison, et au cachot, les uns à Sainte-Pélagie, l'autre aux Madelonnettes. La femme Arel ne reparut plus. On ôta les deux gendarmes du cachot de la Reine; et nous vîmes arriver, pour nouveau concierge du palais, le concierge en chef de la Force, nommé Lebeau.

Lebeau paraissait rude et sévère lorsqu'on le voyait pour la première fois; mais, au fond, il n'était pas méchant homme. Les administrateurs lui dirent que je demeurerais cuisinière à son service, parce qu'on n'avait aucun sujet de se méfier de moi, et que dans la maison, je ne me mêlais de rien que de ma besogne. Ils ajoutèrent, cependant, que je n'irais plus à la provision, comme du temps de Madame Richard, et que j'étais *consignée* dans l'intérieur de la Conciergerie, par ordre du Gouvernement, ainsi que lui geolier. et sa jeune fille Victoire (aujourd'hui Madame Colson, établie à Montfort-l'Amaury.)

On décida que Lebeau répondrait, *sur sa tête*, de la personne de la Reine, et que lui seul aurait à sa disposition la clé du cachot. On lui ordonna de n'y entrer que pour les choses indispensables, et toujours accompagné de l'officier de gendarmerie de service, ou du brigadier.

On posa une sentinelle dans *la petite Cour des Femmes*, où s'éclairait la chambre de la princesse, et comme les deux petites fenêtres étaient presqu'aussi basses que le pavé, la sentinelle, en passant et en repassant, voyait, sans difficulté, toutes les actions de l'intérieur de chez la Reine.

Quoique Sa Majesté n'eût aucune communication dans la Conciergerie, elle n'ignora pas le malheur arrivé aux premiers concierges. On était venu, du comité de sureté générale, lui faire subir à elle-même un interrogatoire sur Michonis et sur l'œillet, et je sus qu'à toutes ces questions elle avait répondu avec une grande prudence.

Lorsque Lebeau parut pour la première fois chez la Reine, je l'accompagnais, et je portais à Madame le potage ordinaire de son déjeûner. Elle regarda Lebeau, qui, pour se conformer aux manières de ce temps-là, était vêtu d'un gilet-pantalon, appelé *carmagnole*. Le col de sa chemise était ouvert et rabattu; mais sa tête était découverte. Ses clés à la main, il se rangea près de la porte, contre le mur. ·

La Reine, ôtant son bonnet de nuit, prit une chaise, et me dit avec un son de voix aimable : *Rosalie ; vous allez faire aujourd'hui mon chignon*. En entendant ces paroles, le concierge accourut, se saisit du démêloir, et dit tout haut, en me repoussant : *Laissez, laissez ; c'est à moi à faire.*

La princesse, étonnée, regarda Lebeau, avec un air de majesté qu'il est impossible de dépeindre. *Je vous remercie*, ajouta-t-elle. Et se levant aussitôt, elle ploya ses cheveux elle-même, et posa son bonnet.

Sa coiffure, depuis son entrée à la Conciergerie, était des plus simples. Elle partageait ses cheveux sur le front, après y avoir mis un peu de poudre embaumée.

Madame Arel, avec un bout de ruban blanc, d'une aulne environ, liait l'extrémité de ses cheveux, les nouait avec force, et puis donnait les deux barbes de ce ruban à Madame, qui, les croisant elle-même, et les fixant sur le haut de sa tête, donnait à sa chevelure (blonde et non pas rouge) la forme d'un chignon mouvant.

Le jour où, remerciant Lebeau, elle se détermina à se coiffer, dorénavant, elle-même, Sa Majesté prit sur sa table le rouleau de ruban blanc qui lui restait, et elle me dit, avec un air de tristesse et d'attachement qui me pénétra jusqu'au fond de l'âme : *Rosalie, prenez ce ruban, et gardez-le toujours, en souvenir de moi.* Les larmes me vinrent aux yeux, et je remerciai Madame, en faisant une révérence.

Lorsque le concierge et moi fûmes dans le corridor, il se saisit de mon ruban, et là-haut, dans sa chambre, il me dit : « Je suis bien fâché d'avoir contrarié cette pauvre femme. » Mais ma position est si difficile, qu'un rien doit me faire » trembler. Je ne saurais oublier que Richard, mon cama- » rade, est, ainsi que son fils et sa femme, dans un fond de » cachot. Au nom de Dieu, Rosalie, ne commettez aucune » imprudence : je serais un homme perdu. »

Le 2 d'août, pendant la nuit, quand la Reine arriva du Temple, je remarquai qu'on n'avait amené avec elle aucune espèce de hardes, ni de vêtemens. Le lendemain, et tous les jours suivans, cette malheureuse princesse demandait du linge, et Madame Richard, craignant de se compromettre, n'osait ni lui en prêter, ni lui en fournir. Enfin, le municipal Michonis, qui, dans le cœur, était honnête homme, se transporta au Temple, et le dixième jour, on apporta du donjon, un paquet, que la Reine ouvrit promptement. C'étaient de belles chemises de batiste, des mouchoirs de poche, des fichus, des bas de soie ou de filoselle noirs, un déshabillé blanc pour le matin, quelques bonnets de nuit, et plusieurs bouts de ruban blanc, de largeurs inégales. Madame s'attendrit, en parcourant ce linge; et, se retournant vers Madame Richard et vers moi, elle dit : « A la manière soignée de tout » ceci, je reconnais les attentions et la main de ma pauvre » sœur Elisabeth. »

Sa Majesté, en venant au Palais, portait son grand bonnet de deuil (sa coiffure de veuve). Un jour, en ma présence, elle dit à Madame Richard : « Madame, je désirerais, s'il était pos- sible, avoir deux bonnets, au lieu d'un, afin de pouvoir changer. Auriez-vous la complaisance de confier ma coiffure de deuil à votre couturière? Il s'y trouvera, je crois, assez de linon pour établir deux petits bonnets négligés. »

Madame Richard exécuta, sans difficulté, cette commission de la princesse; et lorsque nous lui rapportâmes ses deux nou- velles coiffures, toutes simples, elle parut satisfaite, et se re- tournant vers moi, elle daigna me dire : « Rosalie, je ne puis » plus disposer de rien; mais, mon enfant, je vous donne » avec plaisir cette monture de léton et ce linon-batiste que » la couturière a rapportés. »

Je m'inclinai humblement pour remercier Madame; et je conserve encore le linon-batiste qu'elle me fit l'honneur de me donner. Je le montrai, il y a vingt-neuf ou trente ans, aux dames Boze, qui venaient voir leur prisonnier à la Con-

ciergerie; ces dames couvrirent le débris d'étoffe de larmes
et de baisers.

La Reine éprouvait une grande privation. On lui avait refusé toute sorte d'aiguilles, et elle aimait beaucoup l'occupation et le travail. Je m'aperçus qu'elle arrachait, de temps
en temps, les gros fils d'une toile à tenture de papier, clouée
sur des châssis, le long des murailles; et avec ces fils, que sa
main polissait, elle faisait du lacet très-uni, pour lequel son
genou lui tenait lieu de coussin, et quelques épingles, d'aiguilles.

Son goût pour les fleurs avait été, de son propre aveu,
une véritable passion. Dans les commencemens, nous en
mettions, de temps en temps, un bouquet sur sa petite table
de bois de chêne. M. Lebeau n'osa plus permettre cette douceur. Il me craignait tant, dans les premiers jours de son arrivée, qu'il fit construire un grand paravent de sept pieds de
hauteur, destiné à dérober la prisonnière à mes regards, lorsque je viendrais servir les repas ou faire la chambre. Ce paravent (que j'ai vu) n'a pourtant point fait son usage. Lebeau
se contenta de celui que nous avions donné à la Reine, du
temps de Madame Richard. Celui-là n'avait guères que
quatre pieds d'élévation. Il formait comme un demi-rideau,
le long du lit de la princesse, et il la séparait, en quelque
sorte, des gendarmes, lorsqu'elle était dans la pénible nécessité de vaquer à des besoins indispensables, pour lesquels
on avait la barbarie de ne lui laisser aucune liberté.

Un forçat, nommé Barassin, était chargé d'enlever la
garde-robe; et, dans ces circonstances, Madame *me priait* de
brûler du genièvre, pour lui changer l'air.

Le matin, en se levant, elle chaussait de petites pantoufles
rabattues, et tous les deux jours, je brossais ses jolis souliers

noirs de prunelle, dont le talon, d'environ deux pouces, était *à la Saint-Huberty*.

Quelquefois on venait chercher le concierge pour des objets urgens et indispensables dans la prison ; il me laissait alors, sous l'inspection de l'officier de gendarmerie. Un jour, quel fut mon étonnement ! l'officier prit, lui-même, un des souliers de la Reine, et se servant de la pointe de son épée, il gratta la rouille humide des briques, comme je faisais, moi, avec mon couteau. Les ecclésiastiques et les seigneurs, détenus dans le préau, nous regardaient faire, à travers la grille de séparation. Voyant que cet officier de gendarmerie était un brave homme, ils me supplièrent de venir jusqu'à eux, afin de leur laisser voir de près la chaussure de la Reine. Ils la prirent aussitôt, ils se la passèrent les uns aux autres, et la couvrirent de baisers.

Madame Richard, à cause d'une loi qui venait d'être rendue, avait caché son argenterie. La Reine était servie avec des couverts d'étain, que je tenais aussi propres, aussi clairs qu'il m'était possible.

Sa Majesté mangeait avec assez d'appétit. Elle coupait sa volaille en deux, *c'est-à-dire, pour lui servir deux jours.* Elle découvrait les os avec une facilité et un soin incroyables. Elle ne laissait guères des légumes, qui lui faisaient un second plat.

Quand elle avait fini, elle récitait tout bas sa prière d'actions de grâces, se levait et marchait. C'était pour nous le signal du départ. Depuis l'œillet, il m'était défendu de laisser même un verre à sa disposition. Un jour, M. de Saint-Léger, l'Américain, qui venait du greffe et allait rentrer au préau avec ses camarades, remarqua dans mes mains un verre à moitié rempli d'eau. L'eau qui manque, me dit ce Créole, est-ce la Reine qui l'a bue ? Je répondis qu'oui, par un mou-

vement de tête. M. de Saint-Léger se découvrit à l'instant, et
avala ce demi-verre d'eau avec respect et avec délices.

Sa Majesté, comme je l'ai déjà dit, n'avait ni commode,
ni armoire dans sa chambre. Lorsque sa petite provision de
linge fut arrivée du Temple, elle demanda une boîte pour l'y
serrer et le mettre à l'abri des poussières. Madame Richard,
n'osant point faire cette demande aux administrateurs, m'autorisa à prêter un carton à la princesse, qui le reçut avec autant de satisfaction que si on lui avait cédé le plus beau
meuble du monde.

Le régime des prisons, alors, ne permettait pas de donner
un miroir; et Madame, tous les matins, renouvelait, à cet
égard, sa demande. Madame Richard me permit de prêter
ma petite glace à la Reine. Je ne l'offris qu'en rougissant. Ce
miroir, acheté sur les quais, ne m'avait coûté que vingt-cinq
sous, d'assignats!.... Je crois le voir encore : sa bordure
était rouge, et des manières de chinois étaient peints sur les
deux côtés. La Reine agréa ce petit miroir, comme une chose
d'importance, et Sa Majesté s'en est servie jusqu'au dernier
jour.

Tant que Madame Richard fut en place, la princesse fut
nourrie avec soin, et, j'ose dire, avec distinction. On ache-
tait ce qu'il y avait de mieux, pour elle ; et, au marché, trois
ou quatre marchandes, qui reconnaissaient bien le geolier,
lui remettaient, en pleurant, les volailles les plus délicates ou
les plus beaux fruits : *Pour notre Reine*, disaient-elles.

Quand la famille Richard fut mise au cachot, nous n'al-
lâmes plus personne à la provision : c'étaient nos fournisseurs
qui venaient, eux-mêmes, au Palais, et ils déployaient les
provisions, pièce à pièce, dans le greffe, en présence des
gens de la police ou du brigadier.

La Reine, en voyant servir son nouveau dîner, s'aperçut

facilement que toutes choses, depuis l'œillet, étaient changées. Mais jamais elle ne laissa échaper aucune plainte. Je ne lui apportais plus que son potage et deux plats : (Tous les jours un plat de légumes, et puis de la volaille ou du veau alternativement.) Mais je préparais ces choses-là de mon mieux. Madame, qui était d'une propreté, d'une délicatesse excessive, regardait mon linge, toujours blanc, et par son regard, semblait me remercier de cette attention que j'avais pour elle. Quelquefois, elle me présentait son verre, afin que je lui servisse à boire. Elle ne buvait que de l'eau, même à Versailles, comme elle nous le rappelait quelquefois. J'admirais la beauté de ses mains, dont l'agrément et la blancheur était au-dessus de tout ce qu'on pourrait dire.

Sans déranger sa table, elle se plaçait, entre cette table et son lit. Je regardais, alors, l'élégance de tous ses traits, qu'éclairait parfaitement la croisée, et j'y remarquai, un jour, çà-et-là, quelques marques de petite-vérole, très-adoucie, et pour ainsi dire imperceptibles, qu'on n'apercevait plus à quatre pas.

Du temps de Lebeau, Madame se coiffait, chaque jour, devant lui et moi, pendant que je faisais son lit, et que je ployais sa robe sur une chaise. Je remarquai des places de cheveux blancs sur les deux tempes. Il n'y en avait presque point sur le front, ni dans les autres cheveux. S. M. nous raconta que c'était le trouble du 6 octobre.

Madame de la Marlière (qui vit encore et habite Paris) m'avait priée, plusieurs fois, du temps de Madame Richard, de lui procurer des cheveux de la Reine, pour en orner un médaillon. Cela m'aurait été facile, car Sa Majesté, de temps en temps, rafraîchissait sa chevelure. Après l'événement de l'œillet, Madame de Lamarlière fut long-temps sans pouvoir être admise à revoir son mari, qui était prisonnier.

22 *

Avant la disgrâce de la famille Richard, la Reine était blanchie par Madame Saulieu, notre blanchisseuse ordinaire, laquelle demeurait à deux pas de l'archevêché. Après l'accident funeste de l'œillet, notre blanchisseuse ne revint plus. Le greffier du tribunal révolutionnaire s'empara du linge de corps de la princessse, moins les bonnets et les fichus, et il paraît qu'on ne lui redonnait ses chemises qu'une à une, et de loin à loin.

Le chagrin, le mauvais air, le défaut d'exercice, altérèrent la santé de la Reine. Son sang s'échauffa. Elle éprouva de grandes hémorragies. Je m'en étais aperçue ; elle me demanda secrètement *des linges*, et aussitôt, je coupai mes chemises, et je mis ces linges sous son traversin.

Le quatrième ou cinquième jour de son arrivée à la Conciergerie, les administrateurs lui prirent sa montre, qu'elle avait apportée d'Allemagne, quand elle vint chez nous pour être Dauphine. Je n'étais pas auprès d'elle, quand on lui fit ce chagrin ; mais Mme. Richard en parla dans notre chambre, et dit qu'elle avait beaucoup pleuré en livrant cette montre d'or.

Par bonheur, les commissaires ne savaient pas qu'elle portait un médaillon ovale, fort précieux, attaché à son cou, au moyen d'une petite gance noire. Ce médaillon renfermait des cheveux bouclés, et le portrait du jeune Roi. Il était ployé dans un petit gant de peau canarie, qui avait été à l'usage de M. le Dauphin.

La Reine, en venant du Temple, conservait encore deux jolies bagues de diamans, et son anneau de mariage. Ces deux brillans étaient, sans qu'elle y pensât, une espèce d'amusette pour elle. Assise et rêveuse, elle les ôtait, elle les remettait, elle les passait d'une main à l'autre plusieurs fois dans un même moment. A l'occasion de l'œillet, on fit plusieurs visites dans sa petite chambre. On ouvrit son tiroir; on fouilla dans son linge ; on fouilla sur elle-même; on culbuta ·ses chaises et son lit. Ces mauvais sujets ayant vu briller les diamans de ses deux bagues, les lui enlevèrent, et on lui dit qu'elles lui seraient restituées, quand tout serait fini.

Ces visites générales eurent lieu, depuis, dans son cachot à toutes les heures du jour, et même de la nuit. Les architectes et les administrateurs visitaient, à chaque instant, la solidité des barreaux de fer et des murailles. Je les voyais dans des perplexités continuelles. Ils disaient entr'eux : *Pourrait-elle pas s'échapper par ici, s'échapper par-là ?* Ils ne nous laissaient, et n'avaient pas eux-mêmes, un seul instant de relâche.

Par crainte de quelqu'infidélité du dedans, ou de quelque surprise du dehors, ils étaient sans cesse autour de nous, dans la Conciergerie. Ils mangeaient, sans façons, à la table du concierge, et, tous les jours, il me fallait préparer un grand ordinaire pour quinze et dix-huit de ces gens-là.

J'avais ouï-dire à Madame Richard : *La Reine ne s'attend pas à être jugée. Elle conserve l'espoir que ses parens vont la réclamer ; elle me l'a dit avec une franchise tout-à-fait charmante. Si elle nous quitte, Rosalie, vous serez sa femme-de-chambre : elle vous emmènera.*

Après l'œillet, cette princesse me parut inquiète et plus alarmée, de beaucoup. Elle réfléchissait et soupirait, en allant et venant dans le cachot.

Un jour, elle remarqua, en face de ses croisées, dans une chambre grillée de fer, une prisonnière qui joignait ses mains, et levait ses yeux vers le ciel, en prononçant des prières. *Rosalie*, me dit cette grande et bonne princesse, *regardez, là-haut, cette pauvre religieuse. Avec quelle ferveur elle prie le bon Dieu!*

La religieuse, assurément, priait Dieu pour la Reine. C'était l'occupation de ces dames, tout le long du jour.

Mon père vint de ma province pour me voir. Comme on ne laissait plus entrer personne depuis la conspiration de l'œillet, il eut toutes les peines du monde à parvenir jusqu'à moi; on l'accompagna jusqu'à ma chambre. M. Lebeau lui dit : « Il m'est défendu de recevoir et de permettre aucunes » visites; ma propre famille n'entre pas. Ne soyez avec votre » fille que quatre ou cinq minutes, bonhomme, et ne reve- » nez plus. » Je ne pus pas même offrir un rafraîchissement à mon père, et lui montrant un poulet qui était à la broche, je lui dis tout bas : *C'est pour la pauvre Reine, que nous avons ici.* Mon père soupira; et nous nous séparâmes.

Un jour, en faisant le lit de la princesse, je laissai tomber un journal du matin, que j'avais mis sous mon fichu; et je m'en aperçus, lorsque nous fûmes remontés dans nos chambres. Toute troublée, je l'avouai à M. Lebeau. Il se troubla bien davantage, car il était peureux naturellement. *Allons vite*, me dit-il, *allons; retournons au cachot. Prenez cette carafe d'eau claire, que nous changerons contre l'autre : je ne vois pas d'autre moyen à nous tirer de là.*

Il fallut avertir, de nouveau, les gendarmes; nous nous rendîmes chez la Reine, et je retrouvai mon journal, qu'elle n'avait pas apperçu.

Autant la Reine avait éprouvé de mal-aise pendant les chaleurs du mois d'août, autant elle eut à souffrir du froid et de l'humidité, les 15 premiers jours d'octobre. Elle s'en plaignait avec douceur, et moi, je ressentais un chagrin mortel de ne pouvoir adoucir sa souffrance. Le soir, je ne manquais pas de prendre sa camisole de nuit sous son traversin. Je montais vîte chez nous, pour la bien réchauffer; et puis, toute brûlante, je la replaçais sous le traversin de la Reine, ainsi que son grand fichu de nuit.

Elle remarquait ces petites attentions de ma fidélité respectueuse, et son regard, plein d'affabilité, me remerciait,
comme si j'avais fait autre chose que mon devoir. On ne lui
avait jamais accordé ni lampe, ni flambeau : et je prolon-
geais, autant que possible, le petit ménage du soir, afin que
ma respectable Maîtresse fût un peu plus tard dans la solitude
et l'obscurité. Elle n'avait, ordinairement, pour entrer dans
son lit, que la faible clarté que lui renvoyait, de loin, le réverbère de la cour des femmes.

Le 12 d'octobre, deux heures environ après son coucher,
les juges du tribunal vinrent lui faire subir le grand interrogatoire; et le lendemain, quand j'entrai chez elle, pour faire
son lit, je la vis qui se promenait rapidement dans sa pauvre
cellule. J'avais le cœur brisé, je n'osai point porter mes regards sur elle.

Depuis quelques jours, elle n'était plus seule; on avait mis
un officier, pour la garder, dans son cachot.

Enfin, arriva l'affreuse journée du 15 octobre. Elle monta
dès les huit heures du matin à la salle des audiences, pour y
subir son jugement; et comme je ne me rappelle pas lui avoir
porté, ce jour-là, aucune espèce de nourriture, il est à croire
qu'ils la firent monter à jeun.

Dans la matinée, j'entendis quelques personnes qui s'en-
tretenaient de l'audience. Elles disaient : *Marie-Antoinette
s'en retirera : elle a répondu comme un ange ; on ne fera que la
déporter.*

Vers les quatre heures après midi, le concierge me dit :
« La séance est suspendue pour trois quarts d'heure. L'accu-
» sée ne descend pas; montez vite; on demande un bouil-
» lon. » Je pris à l'instant une excellente soupe, que je tenais
en réserve sur mon fourneau, et je montai vers la princesse.
Comme j'allais arriver dans une salle, auprès d'elle, un des

commissaires de police, nommé Labuzière (qui était petit et
camard), m'arracha ma soupière des mains, et la donnant à
sa maîtresse, jeune femme extrêmement parée, il me dit :
Cette jeune femme a grande envie de voir *la Veuve Capet;*
c'est une charmante occasion pour elle. Et cette femme aussitôt s'éloigna, portant le potage, à moitié répandu.

J'eus beau prier et supplier La Buzière. Il était tout puissant : il me fallut obéir. Que dut penser la Reine, en recevant
sa soupière des mains d'une personne qu'elle ne connaissait
pas !

A quatre heures quelques minutes, du 16 octobre au matin, on vint nous avertir que la Reine de France était condamnée !!... Je sentis comme une épée qui aurait traversé mon
cœur, et j'allai pleurer dans ma chambre, en étouffant mes
cris et mes sanglots. Le concierge apprit cette condamnation
avec peine; mais il était plus habitué que moi à toutes ces choses : il fit semblant de n'y prendre aucune part.

Vers les sept heures du matin, il me commanda de descendre chez la Reine, et de lui demander si elle avait besoin
de quelqu'aliment. En entrant dans le cachot, où brûlaient
deux lumières, j'aperçus un jeune officier de gendarmerie assis
dans l'angle de gauche, et m'étant approchée de Madame, je
la vis, toute habillée de noir, étendue sur son lit.

Le visage tourné vers la fenêtre, elle appuyait sa tête sur
sa main. Madame, lui dis-je en tremblant, vous n'avez rien
pris hier au soir, et presque rien dans la journée. Que dési-
rez-vous prendre, ce matin? La Reine versait des larmes en
abondance, elle me répondit : *Ma fille, je n'ai plus besoin de
rien : tout est fini pour moi.* Je pris la liberté d'ajouter : « Ma-
» dame, j'ai conservé sur mes fourneaux un bouillon et un
» vermicel. Vous avez besoin de vous soutenir : permettez-
» moi de vous apporter quelque chose. »

Les pleurs de la Reine redoublèrent, et elle me dit : *Ro-*

salie, apportez-moi un bouillon. J'allai le chercher, elle se mit sur son séant, et ne put en avaler que quelques cuillerées. J'atteste devant Dieu, que son corps n'a pas reçu d'autre nourriture, et j'eus lieu de me convaincre qu'elle perdait tout son sang ! ! !

Un peu avant le jour déclaré, un ecclésiastique, autorisé par le gouvernement, se présenta chez la Reine, et lui offrit de l'entendre en confession. S. M. apprenant de lui-même qu'il était un des curés de Paris *en exercice*, comprit qu'il avait prêté le serment; et elle refusa son ministère. On parla de cette circonstance dans la maison.

Lorsque le jour fut venu, c'est-à-dire à peu près vers les huit heures du matin, je retournai chez Madame, pour lui aider à s'habiller, ainsi qu'elle me l'avait indiqué lorsqu'elle prit ce peu de bouillon, sur son lit. Sa Majesté passa dans la petite ruelle que je laissais ordinairement entre son lit de sangles et la muraille. Elle déploya, elle-même, une chemise qu'on lui avait apportée, probablement en mon absence, et m'ayant fait signe de me tenir devant son lit pour ôter la vue de son corps au gendarme, elle se baissa dans la ruelle, et abattit sa robe, afin de changer de linge, pour la dernière fois. L'officier de gendarmerie s'approcha de nous à l'instant, et se tenant auprès du traversin, regarda changer la princesse. S. M. aussitôt remit son fichu sur ses épaules, et avec une grande douceur, elle dit à ce jeune homme : *Au nom de l'honnêteté, Monsieur, permettez que je change de linge sans témoin.*

— « Je ne saurais y consentir, répondit brusquement le gendarme : mes ordres portent que je dois avoir l'œil sur tous vos mouvemens. »

La Reine soupira, passa sa dernière chemise avec toutes les précautions et toute la modestie possibles, prit pour vêtement, non pas sa longue robe de deuil qu'elle avait encore devant ses juges, mais le deshabillé blanc qui lui servait ordinairement de robe du matin, et déployant son grand fichu de mousseline, elle le croisa sous le menton.

Le trouble que me causait la brutalité du gendarme ne me permit point de remarquer si la princesse avait encore le médaillon de M. le Dauphin; mais il me fut aisé de voir qu'elle roulait soigneusement sa pauvre chemise ensanglantée; elle la renferma dans l'une des manches, comme dans un fourreau, et puis elle serra ce linge dans un espace qu'elle aperçut entre l'ancienne toile à papier et la muraille.

La veille, sachant qu'elle allait paraître devant le public et devant des juges, elle donna, par bienséance, un peu d'élévation à ses cheveux. Elle ajouta aussi à son bonnet de linon, bordé d'une petite garniture plissée, les deux barbes volantes qu'elle conservait dans le carton; et sous ces barbes de deuil, elle avait ajusté proprement un crêpe noir, qui lui faisait une jolie coiffure de veuve.

Pour aller à la mort, elle ne garda que le simple bonnet de linon, sans barbes, ni marques de deuil. Mais n'ayant qu'une seule chaussure, elle conserva ses bas noirs et ses souliers de prunelle, qu'elle n'avait point déformés, ni gâtés, depuis soixante-et-seize jours qu'elle était avec nous.

Je la quittai, sans oser lui faire des adieux, ni une seule révérence, de peur de la compromettre et de l'affliger. Je m'en allai pleurer dans mon cabinet, et prier Dieu pour elle.

Lorsqu'elle fut *sortie* de cette affreuse maison, le premier huissier du tribunal, accompagné de trois ou quatre personnes de son même emploi, vint me demander chez le concierge, et m'ordonna de le suivre jusqu'au cachot. Il me laissa reprendre et mon miroir, et le carton. Quant aux autres objets, qui avaient appartenu à S. M., il me commanda de les

serrer dans l'un des draps de lit. Ils m'y firent ployer jusqu'à
une paille, qui se trouva, je ne sais comment, sur le pavé de
la chambre; et ils emportèrent cette misérable dépouille de
la meilleure et de la plus malheureuse princesse qui ait jamais
existé.

N. B. — Environ dix ou onze jours avant le jugement, on
avait mis auprès d'elle, dans le cachot, un officier de gendarmerie, en qui elle me paraissait avoir beaucoup de confiance. On le nommait M. de Bûne. C'est le même qui, pendant les débats, lui apporta un verre d'eau; ce qui lui attira
de grandes persécutions. Il fut arrêté, et jugé.

Depuis peu, on m'a montré son portrait dans un appartement des Quatre-Nations. Il est fort ressemblant : je l'ai reconnu à la première vue. »

Fin de la Relation de Rosalie.

ATTESTATION *de M. Boze (âgé de quatre-vingt-
deux ans.)*

Je, soussigné, ci-devant peintre de S. M. Louis XVI,
atteste et certifie que j'ai parfaitement connu, il y a trente
ans, dans la maison de la Conciergerie, au Palais de Justice
(où j'étais prisonnier, pour mes principes royalistes), la demoiselle Marie-Rosalie Lamorlière, native de Picardie. Cette
excellente fille, alors âgée d'environ vingt-quatre ans, était
cuisinière chez le concierge; et, en cette qualité, elle faisait
la nourriture et le lit de l'infortunée Reine Marie-Antoinette,
lorsque cette princesse fut transférée du Temple à la prison
du tribunal révolutionnaire. Rosalie, malgré les temps, devenus si mauvais, avait conservé un cœur honnête et les meil-

leurs sentimens. Le respect qu'elle montrait à l'auguste prisonnière, toutes les fois qu'elle venait dans son cachot pour la servir, et la consternation qu'elle laissa voir sur son visage lorsque la Reine fut condamnée, et lorsque cette malheureuse princesse partit pour l'échafaud, furent remarqués dans la maison par les guichetiers, par les gendarmes : de sorte que toutes ces personnes grossières ne nommaient plus Rosalie que *Mamzelle Capet*. Après la mort de la Reine, Madame Richard et son mari reprirent leur poste de concierges, qu'on leur avait ôté, *à cause de l'œillet;* ils obtinrent que je pourrais venir souvent dans leur habitation particulière, afin d'y peindre leurs enfans, et quelques prisonniers ou des amis. Alors, Rosalie, me parlant à cœur ouvert, me racontait, ainsi qu'à mon épouse et à ma fille, les circonstances secrètes du cachot, et en parlant de la douceur et de la bonté de la feue Reine, elle fondait en pleurs. Au bout de vingt-neuf années, mon épouse a retrouvé Rosalie, que ma fille avait peinte, jadis, dans la prison.

En foi de ce, etc.

Paris, ce 20 mars 1824.

Joseph BOZE, *ci-devant peintre du Roi.*

N°. II.

LE PORTE-CLÉ LARIVIÈRE.

La veuve du concierge Lebeau, retirée à sa campagne de Charenton, vivait encore il y a cinq mois. Parvenue à sa soixante-dix–huitième année, elle avait conservé toute sa mémoire et tout son esprit. Je la voyais de temps en temps ; elle s'intéressait de tout son cœur au succès de l'ouvrage qu'on vient de lire : elle me fournissait avec zèle toutes les instructions et tous les documens que sa fidèle mémoire lui rappelait. Je lui destine, dans ce livre, une Notice particulière : elle m'en a chargé, avec l'autorité d'une femme âgée et mourante ; je le lui ai promis, à son lit de mort.

Lorsque j'eus découvert les traces de Rosalie, je me rendis à la maison de campagne de Madame Lebeau, qui recevait très-noblement. Madame Lebeau apprit cette nouvelle avec plaisir ; elle s'empressa de me dire ces paroles : « Puisque » vous avez enfin trouvé Rosalie, cette bonne fille doit vous » avoir parlé d'un porte-clé, nommé Larivière, qui, plus » d'une fois, entra dans le cachot de la Reine, et que feu » mon mari distinguait parmi les gens de son emploi. J'ai » ouï-dire qu'étant pâtissier de son état, il a formé un petit » établissement dans notre voisinage, c'est-à-dire entre Vin- » cennes et Paris. Celui-là vit couper les cheveux à notre in- » fortunée princesse ; s'il vit encore, il peut vous fournir des » détails importans. »

En quittant la veuve Lebeau, je pris par Vincennes; et, demandant le séjour de *Larivière* à toutes les peuplades, à toutes les habitations que je rencontrais, je finis par découvrir et par aborder l'homme de la Conciergerie.

Un orage était survenu. J'entrai chez lui par un temps horrible; il m'accueillit en galant homme, et voulut me retenir dans sa petite maison. Larivière est d'une taille élevée; il me parut âgé de cinquante-cinq ans.

Nous entrâmes en matière. Il m'écoutait fort attentivement. Au nom de Rosalie, il s'écria: *Est-ce que la pauvre Rosalie est du monde? Ah! Monsieur, que j'en suis ravi! C'était une bien bonne fille, et qui s'était affectionnée à la Reine bien sincèrement. On sut dans la prison, qu'elle l'avait pleurée à chaudes larmes: les employés la surnommèrent Mamzelle Capet.*

A cette première entrevue, l'ancien porte-clé me raconta, sur le sujet qui m'occupait, des choses très-intéressantes; et pour tout ce qui lui restait à m'apprendre, il m'offrit, obligeamment, de se rendre, un jour, chez moi. Il y est venu peu de jours après; il a renouvelé sa visite; et de toutes ses conversations éparses, j'ai composé la narration qui suit:

RELATION DE LOUIS LARIVIÈRE.

« Mon père et ma mère, après avoir servi trente ans Monseigneur le duc de Penthièvre, grand-amiral de France, furent nommés par ce bon prince concierges à l'amirauté du Palais.

Notre puissant protecteur, sachant que je désirais apprendre la pâtisserie dans toute la perfection possible, me fit recommander au chef d'office servant chez le roi, et dès l'âge de quatorze ans, je me vis apprenti pâtissier, chez le Roi même, à Versailles.

L'événement du 6 octobre me devint funeste. La famille royale quitta pour toujours le château ; les deux tiers du service furent supprimés ; je m'en allai à Paris, dans le sein de ma famille.

Mon père, par la suppression de l'amirauté de France, perdit aussi, quelques temps après, son emploi; mais comme son logement n'était ni commode, ni agréable, on ne songea pas à le lui retirer de sitôt. Les croisées de ce logement, fermées d'énormes grillages, étaient au deuxième, et s'éclairaient sur l'intérieur de la Conciergerie, grande cour du Préau.

Le concierge Richard étant venu, un jour, chez mon vieux père, m'aperçut assis dans un coin de l'appartement, où, faute d'occupation, j'avais mes bras croisés. Que faites-vous, dit-il à mes parens, de ce grand paresseux, qui me paraît fort et robuste? S'il sait écrire, comme je n'en doute pas, vous allez me le donner ; j'ai besoin d'un bon guichetier, de confiance. Je lui serai bon maître; et de cette manière, vous le pourrez voir souvent.

Nous acceptâmes bien volontiers les propositions de Richard, et j'allai de suite prendre un emploi dans cette conciergerie profonde, que, jusqu'alors, je n'avais vue qu'à travers nos barreaux.

Le 2 du mois d'août 1793, je me trouvais de service à la porte d'entrée, au premier guichet de la conciergerie. Assis dans le grand fauteuil de cuir, je dormais, quoiqu'étant de garde ; j'entendis, tout-à-coup, frapper à la porte, non avec le marteau, mais à grands coups de crosses de fusil. J'ouvris promptement la grille de fer, puis le guichet d'entrée; et je vis une grande et belle femme que plusieurs officiers et administrateurs amenaient. A peine fut-elle éclairée par toutes les lumières du vestibule, que je reconnus mon ancienne et respectable Maîtresse, la Veuve du Roi de France, qu'on avait fait périr. Elle était vêtue d'un long vêtement noir, qui donnait encore plus d'éclat à sa blancheur extraordinaire. Je ne la trouvai guères changée, dans ce moment-là, parce que le trouble qu'on venait de lui donner lui avait rendu toutes ses couleurs.

Ceux qui la conduisaient eurent, d'abord, l'intention de l'écrouer au greffe de la prison, qui est touchant le vestibule d'entrée; mais ils changèrent d'avis promptement, et, prenant à droite, par le corridor noir, ils conduisirent Sa Majesté dans sa chambre.

Au grand jour, vers les six heures du matin, le concierge me prit à part et me dit : « Allez-vous-en trouver votre mère. » Dites-lui que j'ai résolu de la placer auprès de la Reine, » pour un petit nombre de jours. Quoiqu'avancée en âge, » votre mère a de la santé. Les administrateurs l'ont acceptée, » sur la peinture que j'en ai faite. J'espère qu'elle ne me » donnera point le chagrin de me refuser. »

J'allai porter, à l'instant, ces propositions à ma mère. Elle s'affligea, en apprenant que la Reine de France était menacée d'un prochain jugement; mais, par toutes sortes de raisons, elle ne balança point à descendre à la conciergerie.

Placée auprès de Sa Majesté, avant l'arrivée des deux gendarmes, elle eut le temps de se faire connaître pour ce qu'elle était; et comme ma mère était d'un bon esprit, et que, dès son bas âge, elle avait vécu auprès des grands, elle dit à la Reine de ces paroles bien placées, qui la firent estimer aussitôt, et même considérer. Elle avait été belle, autrefois. Sa vieillesse n'était ni choquante, ni désagréable : Elle nous a toujours dit que Sa Majesté l'avait traitée *beaucoup mieux qu'il ne lui était dû.*

Ma mère apprit à la Reine que j'avais été à son service, et que, maintenant, j'étais réduit à servir dans cette prison.

Le lendemain de son installation, ma mère sortit, un instant, de chez la Princesse, et me chargea d'aller acheter une demi-aune de voile, ou d'étamine, pour rapiécer la robe de deuil de Sa Majesté, qui était rompue sous les deux bras, et usée, dans la partie inférieure, à cause du frottement continuel sur le pavé. Ma commission portait, aussi, d'acheter du fil de soie, du fil ordinaire, des aiguilles, et de revenir promptement.

Je me présentai chez la Reine, avec tous ces petits objets que je viens de dire, et comme je les remettais à ma bonne mère, Sa Majesté daigna me remercier, par un mouvement de tête gracieux.

Le quatrième ou le cinquième jour, les administrateurs dirent à ma mère que son emploi était trop pénible pour son âge, et l'on installa une jeune femme nommée Arel, qui, le mois suivant, dénonça Michonis, et un inconnu, porteur de l'œillet où était renfermée de l'écriture.

Jusqu'à ce malheureux événement de l'œillet, les rigueurs de la conciergerie pouvaient passer pour supportables. Les porte-clés, au nombre de huit, servaient sept jours consécutifs, et disposaient librement du huitième. Un jour, M. Gilbert-des-Voisins, président du parlement, me prit en particulier dans un recoin, et me tint le discours suivant :

« Larivière, j'ai cru reconnaître en toi un brave garçon. Il
» dépend de toi de faire ta fortune, et de me sauver la vie ;
» je ne puis t'expliquer ici mes intentions ; mais, après-de-
» main, c'est ton jour de sortie : mon valet-de-chambre ira
» te joindre chez toi. Je te supplie de ne pas rejeter les pro-
» positions que je l'ai chargé de te faire. »

Nous nous séparâmes, crainte d'être remarqués ; et, le

surlendemain, le valet-de-chambre du président vint me
joindre, en effet, dans une petite chambre que je louais, pour
ma liberté, sur le quai de l'Horloge. Il me parla ainsi : « La-
» rivière, tous les biens immenses de M. Gilbert-des-Voisins
» sont saisis et séquestrés ; il y a des garde-scellés dans son
» hôtel ; on a juré sa mort ; c'est un homme perdu si vous
» ne lui prêtez assistance. J'ai eu le bonheur de soustraire et
» de mettre en sureté une somme de dix-huit mille francs en
» or. Mon maître me charge de vous l'offrir, (en attendant
» mieux), si vous consentiez à le faire évader par le passage
» obscur de la chapelle, qui tombe sur le petit escalier tour-
» nant, et aboutit à la cour extérieure de la Ste.-Chapelle. »

Je répondis à ce pauvre jeune homme, que tous les trésors
du monde ne pouvaient rendre possible l'évasion qu'il me
proposait, attendu que les énormes verroux de toutes ces
portes anciennes, étaient enchaînés pour les rendre immobiles ; et qu'à moins de faire égorger la sentinelle du dehors,
le moindre bruit dans l'intérieur décélerait la tentative.

Peu de jours après, l'événement de la fleur eut lieu chez
la Princesse. Le jour même, Fouquier-Tinville en fut instruit, à sa visite ordinaire du soir. Le lendemain, toutes les
permissions furent annullées ; tous les guichetiers et employés furent consignés jusqu'à nouvel ordre ; la famille Richard fut traînée en prison, et remplacée par le geolier de la
Force, nommé Lebeau.

Du temps de Richard, on m'employait, quelquefois, à la
cuisine, lorsqu'il y avait trop d'ouvrage pour Rosalie ; et,
sachant, alors, que je pouvais faire quelque chose d'utile
pour Sa Majesté, je me chargeais, de préférence, des plats
que Rosalie lui destinait. Un jour, je préparais des petits
pois, pour la Princesse ; un administrateur le sut, et vint rô-
der autour de nos fourneaux. Comme je portais mon attention

d'un autre côté, il profita de cette circonstance, et se permit de découvrir mon poëlon. Je m'en aperçus ; et, à peine eut-il tourné le dos, que je pris les petits pois et les jetai dans les cendres : je craignais que ce méchant homme ne les eût empoisonnés.

Madame Richard, quatre ou cinq fois, avait eu occasion de m'envoyer chez la Princesse, au lieu de Rosalie, employée probablement à d'autres soins. Je servais le manger à Sa Majesté, qui me remerciait de la tête, et ne me parlait pas.

Du temps de ma mère, j'étais entré un jour au cachot, vêtu en garde national, parce que, malgré mon nouvel emploi, je me trouvais inscrit pour ce service. S. M. dit à ma mère : *Engagez, s'il vous plaît, votre fils, notre ancien serviteur, à ne plus mettre sous mes yeux cet uniforme, qui me rappelle le six octobre, et tous les malheurs de ma famille.*

Ma mère, quand je la revis dans notre demeure, m'en dit deux mots, avec tristesse ; et, pour obéir à S. M., je ne mis plus mon habit dans la prison.

Le 16 octobre, à dix heures du matin, le concierge Lebeau me commanda d'aller l'attendre dans le cachot de la Reine, et d'enlever la vaisselle, s'il y en avait. Il me donna cet ordre, je crois, pour que je fusse témoin de ce qui allait se passer, et que l'ayant vu, je pusse lui en rendre compte ; ce qui eut lieu.

La Reine, me voyant paraître dans son cachot, me dit ces tristes paroles : *Larivière, vous savez qu'on va me faire mourir ?... Dites à votre respectable mère que je la remercie de ses soins, et que je la charge de prier Dieu pour moi.*

A peine étais-je entré dans le cachot, (où j'aperçus un nouvel officier de gendarmerie), les juges arrivèrent, avec leur greffier Fabricius. Sa Majesté, qui était à genoux auprès de son lit de sangles, se leva pour les recevoir ; le président

23 *

lui dit : Soyez attentive, on va vous lire votre sentence ; et ils se découvrirent tous les quatre, ce qu'ils ne faisaient jamais en pareil cas. Je crus m'apercevoir qu'ils avaient été comme saisis en voyant l'air majestueux et respectable de la Reine.

Cette lecture est inutile, leur dit la Princesse à haute voix ; *je ne connais que trop cette sentence.* L'un d'eux répliqua : « Il n'importe, il faut qu'elle vous soit lue une seconde fois. » Sa Majesté ne répliqua point, et le greffier se mit à lire.

Comme il finissait, je vis entrer Henry Samson, l'Exécuteur en chef, jeune homme, alors, et d'une taille immense. Il s'approcha de la Reine, et lui dit : « Présentez vos mains. » Sa Majesté recula deux pas, et, toute troublée, lui répondit : *Est-ce qu'on va me lier les mains ! on ne les a point liées à Louis XVI.* Les juges dirent à Samson : *Fais ton devoir.*

O mon Dieu !!! s'écria la Reine, toute éperdue.

A ces paroles, Henry saisit brutalement les pauvres mains de la Reine, et les lui lia *trop fort,* derrière le dos. Je vis que la Princesse soupirait, en levant les yeux vers le ciel ; mais elle retenait ses larmes, prêtes à couler.

Quand ses mains furent liées, Samson lui enleva sa coiffe, et lui coupa les cheveux.

Sa Majesté, croyant, peut-être, qu'on allait la tuer dans le cachot, se retourna avec beaucoup d'émotion, et elle put voir que l'exécuteur s'emparait de sa chevelure, et la mettait dans sa poche pour l'emporter. (On la brûla dans le grand vestibule, après l'exécution).

Voilà ce que j'ai vu ; voilà ce que je voudrais n'avoir jamais vu ; voilà ce que je n'oublierai de ma vie. »

« *P. S.* Je ne dois pas oublier de dire que le gendarme Gilbert, ainsi que Dufrêne, furent faits officiers, après la mort de la Princesse. Gilbert, malgré mes parens, se fit aimer de ma sœur *Julie*, et l'épousa. Il la rendit la plus malheureuse femme du monde, étant le plus corrompu gendarme qui ait existé. Un jour, il alla jouer tout l'argent de sa compagnie; et puis, se brûla la cervelle de désespoir. »

Tel fut le récit du porte-clé Larivière. Je lui demandai s'il avait ouï dire, dans le temps, qu'un ecclésiastique fût venu chez la Reine, pour la confesser et la communier.

Larivière me répondit : « Ne croyez pas, monsieur, une histoire de cette espèce; un prêtre, qui serait entré à la conciergerie, aurait été englouti à l'instant. Le concierge Lebeau savait qu'on le surveillait de près, nuit et jour, et je l'ai connu trop craintif pour qu'il se fût prêté à une chose si dangereuse.

Les nombreuses personnes, établies dans le vestibule, voyaient les gens qui montaient chez lui; et on n'était admis à monter chez le concierge, qu'après avoir fait viser les Permissions du tribunal.

Après l'œillet, il n'y eut plus de ces permissions; et les commissaires du Gouvernement ne s'absentèrent plus, jusques à la mort de la Reine (1). »

---

(1) Trois guichetiers ou porte-clés de cette époque vivent encore; ils tiennent le même discours.

~~~~~~

N°. III.

MADAME VEUVE LEBEAU.

Au commencement de janvier 1794, je quittai Nice, en Piémont, et je revins à Paris, où je trouvai la tyrannie de Robespierre parvenue, à peu près, à son comble. J'étais fort
jeune et sans expérience. Je me laissai inviter à un grand dîner, chez le restaurateur *Vénua*, dans ces beaux appartemens
qui sont aujourd'hui ceux de l'hôtel *Meurice*. On parla de
l'armée d'Italie; on me fit des questions; et je dis ingénuement ce que j'avais appris, depuis peu, chez un de mes
proches parens, commissaire des guerres à cette armée. L'or-
donnateur Eyssautier avait fait faire une revue générale de
nos troupes, en dirigeant, le même jour, tous ses commissaires des guerres sur les divers points. Il était résulté de cette
opération, secrète et importante, que notre armée d'Italie se
composait alors de 17,000 hommes, tout au plus, tandis
qu'elle comptait sur le pied de 40,000 hommes, au Trésor
public !

Robespierre jeune *administrait* cette armée, par la volonté
de son frère Maximilien. Ces deux larrons, sous prétexte *que
les Italiens haïssaient nos assignats*, avaient fait rendre un
décret pour que l'armée d'Italie ne fût payée *qu'en numéraire*:
de sorte qu'ils avaient pour bénéfice journalier, à eux deux,
la différence qui existe entre les frais universels d'une armée
de 17,000 hommes et ceux d'une armée de 40 mille.

Nous étions vingt personnes à table, et je n'en connaissais guères que trois. Mon récit fit une grande sensation sur cet auditoire; et aux conversations de détail qui s'engagèrent dans le salon, je compris que Robespierre avait des ennemis, joyeux d'être informés d'une pareille circonstance.

Deux jours après, le tyran me fit parvenir une lettre qui m'ordonnait de me rendre chez lui. Je m'y rendis, avec une soumission que j'ai bien déplorée dans la suite. Après avoir fait sa toilette minutieuse devant moi, cet homme féroce me fit des reproches épouvantables, me soutint que j'avais de l'ambre sur mes habits, et ne me laissa sortir de sa maison, rue Saint-Honoré, que pour me faire arrêter, le lendemain, à mon domicile.

Le fameux Héron, son premier visir, accompagné de quelques soldats, vint s'emparer de moi, posa les scellés sur mes papiers, et me conduisit à la Force, dans une voiture. Mon mandat d'arrêt, qu'il me laissa voir, me rangeait dans *la faction de l'étranger*.

Arrivé aux prisons de la Force, je comparus devant Madame Lebeau : c'était l'épouse du concierge. Madame Lebeau me considéra quelques instants, et puis j'entendis qu'elle disait à Héron ces paroles : *Puisque ce jeune homme doit être mis au secret, emmenez-le dans quelqu'autre maison; il serait mort, ici, dans vingt-quatre heures : j'ai la peste dans mes cachots; et pas un de nos guichetiers n'y descendrait, pour tout l'or du monde.*

Cette nouvelle de la peste me parut alarmer Héron. Il me fit remonter en voiture, et j'allai prendre mes fers au Plessis, de la rue Saint-Jacques, où Mesdames de Duras et de Tourzel, la jeune, m'ont connu.

Après vingt-huit années, j'ai su que Madame Lebeau vivait encore, et qu'elle habitait sa maison de campagne de

Charenton. Nous nous sommes revus. Sa mémoire, prodigieuse, lui rappela, sur-le-champ, la circonstance dont je viens de parler, et elle se réjouit sincèrement « d'avoir » contribué à prolonger les jours d'un homme destiné à » peindre les malheurs de la Reine. »

Madame Lebeau, douée de beaucoup d'esprit naturel, et d'une certaine culture, joignait à ces avantages un physique fort supérieur à son état. En l'abordant, on ne se serait pas douté que l'on abordait une simple concierge : on croyait s'entretenir avec une bonne vieille comtesse, décemment assise dans son grand fauteuil.

Je vais réunir en un seul récit tous les divers renseignemens qu'elle a bien voulu me fournir, en présence d'une société choisie.

NARRATION DE Mme. LEBEAU.

« La prison de la Force, avant la révolution, était aussi affectée aux détenus pour dettes. Mon mari jouissait paisiblement de l'emploi de concierge en cette maison, lorsque les discordes civiles y amenèrent, pour prisonniers, les premiers de l'Etat, et les plus honnêtes gens du royaume.

Je fus témoin des massacres de septembre. La belle et vertueuse princesse de Lamballe fut égorgée sous mes yeux. Le jury ou tribunal, présidé par Maillard, lui avait fait grâce, la veille. Tout-à-coup, à travers mes persiennes, je vis deux égorgeurs, aux bras retroussés, qui la ramenaient de la Petite-Force, dans ma grande cour. La jeune Pauline de Tourzel (aujourd'hui comtesse de Béarn) était avec elle. L'un des deux malfaiteurs présenta un verre de vin à la princesse, et j'entendis qu'il lui ordonnait de boire *à la santé de la répu-*

blique. Madame de Lamballe, qui voyait des traces de sang sur les bras et sur les vêtemens de cet homme, recula d'horreur, et voulut détourner sa vue. Au même instant, un nommé Ducâtel (depuis inspecteur des prisons), lui asséna plusieurs coups de marteau sur la tête, et l'abattit sur le pavé.

Mademoiselle de Tourzel s'en alla vers les bâtimens de la Petite-Force; et on ne songea plus à l'y persécuter. Quant à moi, j'étais restée seule, avec mes enfans, dans cette horrible maison. Mon mari, dès les premiers assassinats de la veille, s'était enfui, au risque de tout ce qui pourrait lui en arriver; et je sus qu'il s'était retiré, rue de la Huchette, dans la maison d'un de nos parens.

Lorsque la femme Arel et les deux gendarmes eurent dénoncé Michonis, pour cet événement *de l'œillet,* le gouvernement fit arrêter le concierge Richard, et l'on vint signifier à feu mon mari d'aller provisoirement occuper cette place.

Je recommandai à mon époux la plus grande humanité pour la princesse; et, en même temps, je lui conseillai toutes les précautions de la crainte et de la prudence.

Lebeau, en acceptant une surveillance qui mettait sa propre vie en danger, exigea de ces messieurs que les deux gendarmes ne passeraient plus leurs journées dans le cachot; et il prit, par ce moyen, la clé dans sa poche.

La Reine, assurément, n'eut point de regret à cette nouvelle disposition du concierge; car Dufrêne et Gilbert, avec une familiarité insolente, fumaient leur pipe dans la petite chambre de la princessse, et se permettaient devant elle toutes sortes de discours indécens, et de mauvais mots.

S. M. resta parfaitement seule dans son cachot, l'espace de vingt-quatre ou vingt-cinq jours. Après quoi, les comités voulurent y replacer un officier de gendarmerie, lequel y demeura, jusqu'au dénouement. Mon mari m'a dit plusieurs

fois, que la Reine parlait à cet officier avec toute sorte de
confiance, et qu'il feignait, lui (Lebeau) de ne pas y prêter
attention.

Lorsque la Reine fut condamnée, et redescendue en son
cachot, elle était accablée de fatigue, elle se jeta, toute habillée, sur son lit. Mon mari entra pour recevoir ses ordres;
elle pleurait beaucoup; elle lui demanda un encrier, et tout
ce qu'il fallait pour écrire; Lebeau s'empressa de lui obéir:
Quand tout fut terminé, S. M. pria le concierge, très-secrètement, de faire parvenir, quand il le pourrait, ce papier cacheté, aux deux princesses du Temple; et que si la chose lui
devenait impossible, elle l'autorisait à le brûler. Comme Lebeau sortait de cette chambre, les surveillans se saisirent de
son papier, et allèrent le déposer entre les mains de Fouquier-Tinville.

Le Testament de S. M. n'a été découvert qu'en 1816 : six
années auparavant, j'avais révélé ce qui le concerne à M. Desportes, président actuel de la cour royale d'Orléans; ce magistrat peut l'attester. M. Desportes, il y a quinze ou seize
ans, était un des principaux rédacteurs de la *Gazette de
France*. Après la chute de Napoléon et le rétablissement de la
Famille royale, une foule d'intrigans et de menteurs se sont
adressés à nos princes, et ont osé prétendre à leurs bienfaits,
en déclarant qu'ils avaient assisté la Reine dans son malheureux cachot. On m'a fait l'honneur de me consulter, pour savoir de moi ce qu'il fallait penser de tous ces secours fournis
à l'auguste prisonnière. J'ai eu recours alors à M. le président
Desportes, mon ancien prisonnier, et ce généreux et respectable écrivain a eu la bonté de me composer un petit Précis
historique, dont j'ai commandé sur-le-champ l'impression et
la distribution.

Dans cet écrit, j'ai déclaré que la Reine était surveillée, à la Conciergerie, avec une sévérité sans exemple ; j'ai démontré que le concierge, détenteur des clés du cachot, était observé de toutes parts, aussi rigoureusement que la princesse ; et j'ai déclaré que le cachot royal étant exposé et assujetti à toutes sortes de fouilles imprévues, il n'était pas possible au concierge, ni à toute autre personne, d'y introduire le moindre effet et le moindre objet inconnu.

Je sais que Mademoiselle Fouché l'aînée, Gouvernante du curé de Saint-Germain-l'Auxerrois, et cet ecclésiastique lui-même, ont publié qu'ils avaient pénétré chez la princesse : Mademoiselle Fouché, pour lui apporter des vêtemens ou de la nourriture, et lui pour la confesser. Ils ont publié que cela s'était fait par l'entremise du concierge.

Si la chose avait eu lieu sous l'administration de Richard, je me tairais sur cet article, tout en le croyant bien hasardé ; mais si les deux personnes susdites prétendent être venues au cachot, du temps de Lebeau, je déclare ce récit une invention et une calomnie.

Premièrement, parce que mon mari ne pouvait jamais entrer chez la Reine, qu'escorté et accompagné par un officier, ou un brigadier, et, à défaut, par deux gendarmes.

En second lieu, parce que mon époux, dont j'ai eu toutes les confidences, ne m'a jamais parlé de rien qui ait trait à cette visite-là.

En troisième lieu, parce que ni moi, ni mon mari, ni personne de ma famille, n'avons jamais connu ni le cure de Saint-Germain, ni sa gouvernante. (Ils ont voulu faire ma connaissance ; mais depuis le retour du Roi, seulement).

En quatrième lieu, parce que s'il s'était agi de procurer un confesseur à l'auguste prisonnière, il y avait assez de prêtres dans nos cachots, sans avoir besoin d'en appeler un du dehors, avec des difficultés et des dangers incalculables. Et je dois ajouter que les prêtres de la Conciergerie, presque tous gentilshommes et abbés de cour, étaient connus de la princesse, au lieu que celui-ci ne l'était pas.

En cinquième lieu, je déclare que mon mari, peureux et craintif par caractère, ne m'a jamais permis, à moi, d'entrer chez la Reine. N'accordant pas cette faveur à sa propre épouse, il n'était pas homme à l'accorder à un prêtre, mis *hors la loi*, lui qui savait pour quelle cause il remplaçait les Richard, à la Conciergerie.

En sixième lieu, je dois rappeler que Barassin (criminel condamné à quinze ans de fers) avait été dispensé d'aller aux galères, pourvu qu'il surveillât, dans la prison, le concierge et les employés. Ce Barassin jetait un coup-d'œil sur tous les individus qui entraient dans l'enceinte de la prison. Il les suivait pas à pas; il s'informait de leurs noms et de leurs affaires. Il entrait à toute heure dans l'appartement de mon époux, qui n'osait ni le rudoyer, ni l'éloigner.

Ce Barassin, toutes les nuits, avait un entretien particulier avec Fouquier-Tinville, qui visitait la prison avant d'aller se coucher, ou de retourner aux affaires.

En septième lieu, j'observe que dans son récit imprimé (répandu par ses propres soins dans la capitale), M. le curé du Louvre dit formellement avoir célébré la messe du cachot *devant les deux gendarmes, lesquels deux gendarmes,* ajoute-t-il, *ont voulu communier!!!*

Du temps de mon mari, il n'y avait plus de gendarmes chez la Reine : voilà donc un récit qui porte à faux, et qui se détruit lui-même.

Il y avait, du temps de Richard, les gendarmes Gilbert et Dufrêne, et, de plus, une femme, nommée Arel. Mais ces trois personnages (appostés là par la police) ont dénoncé *l'œillet*, et conduit le pauvre Michonis à l'échafaud. De pareilles gens ne communient pas. Et, s'ils ont dénoncé l'œillet et le municipal, comme les débats de la Reine l'attestent, à plus forte raison; auraient-ils dénoncé un prêtre réfractaire, des confessions souvent renouvelées, une communion, et une messe, à laquelle une femme étrangère aurait assisté.

Lorsqu'on veut inspirer confiance, il faut s'étudier à dire des choses vraisemblables; mais assurément cette histoire de la conciergerie, ne l'est pas; et quand la Reine de France, prête à mourir, déclare, dans son testament, qu'elle ignore s'il existe encore en France des prêtres non assermentés, je ne comprends pas qu'on ose, par un récit tout opposé, donner un démenti formel à cette respectable Princesse. »

Ainsi parlait madame Lebeau, devant son avocat, devant l'ancien jardinier des archevêques de Paris à Conflans, devant une dame de Choisy, sa pensionnaire, et devant plusieurs autres personnes de mérite, que je nommerai, s'il en est besoin.

Huit jours avant son trépas, elle m'a fait rappeler auprès d'elle, m'a supplié de venger sa mémoire, et m'a fait une dernière révélation, que je rendrai publique, si les débats s'engagent, et que j'y sois contraint.

~~~~~~

Nᵒ. I V.

_____

RELATION PUBLIÉE PAR M. CHARLES MAGNIN ,

Curé actuel de Saint-Germain-l'Auxerrois, paroisse du Louvre (1).

« JE ne peux terminer ces Notes d'une manière plus glorieuse pour Dieu, et plus consolante pour les amis de la Religion, qu'en racontant ce qui se passa à la conciergerie, lorsque la Reine y fut entrée. Une nommée mademoiselle Fouché, dont la charité la faisait se dévouer au soulagement des prisonniers, depuis la révolution, redoubla d'intérêt et de zèle quand elle sut la Reine arrivée dans cette maison. Elle fut assez heureuse *et intelligente* pour se procurer des secours qui la mirent en état de *gagner les surveillans*, et de parvenir jusqu'à la Reine. Elle y arriva donc ; et malgré l'intérêt, la sensibilité, le dévouement qu'elle témoigna à S. M., elle ne parvint à lui inspirer quelque confiance qu'à la troisième visite qu'elle lui fit. Elle eut le bonheur de lui procurer du linge, des vêtemens, et enfin les soulagemens que comportait la cruelle position de Sa Majesté. Mademoiselle Fouché, aussi

_____

(1) La petite brochure où je puise la Relation qu'on va lire, a été répandue avec profusion dans Paris par M. le curé de Saint-Germain-l'Auxerrois. Elle est sans nom d'imprimeur ; mais l'exemplaire que je possède est signé de sa main. Il me le remit, lui-même, il y a deux ans ; quand je lui fis visite, pour entendre son récit, et étudier sa physionomie.

pieuse que bienfaisante, proposa à la Reine de lui amener un prêtre; Sa Majesté y consentit. Mademoiselle Fouché s'adressa, pour cet important ministère, à M. Charles Magnin, ancien directeur du petit séminaire d'Autun, (ecclésiastique généralement estimé et dans le clergé et parmi les amis de la Religion, aujourd'hui exerçant ses fonctions dans la paroisse St.-Roch, et aux temps les plus orageux de la révolution, dans un oratoire particulier, près la place Vendôme.)

» Dès que Sa Majesté eut reconnu que le langage et les principes de l'Ecclésiastique étaient conformes à son caractère et à son ministère, elle lui donna sa confiance, et se confessa plusieurs fois à lui. Ce digne prêtre célébra la Messe dans la chambre de la Reine. Sa Majesté communia avec une piété et une reconnaissance envers Dieu, telles que les larmes lui coulaient abondamment de ses yeux.

» Ainsi, on a, du moins, la douceur de penser que Dieu lui a accordé des momens de consolation.

» Une chose admirable, et qui ne doit pas être passée sous silence, c'est que les deux gendarmes qui étaient dans sa chambre, soit qu'ils fussent bons naturellement et qu'ils cachassent leurs sentimens pour exercer cette fonction, soit que la piété de la Reine les eût touchés, se mirent en état de communier à la messe qui fut célébrée devant S. M., et dont ils avaient été prévenus.

» M. Magnin, qui avait le bonheur d'exercer ses fonctions auprès de la Reine, tomba malade, de manière à ne pouvoir plus quitter son lit. Mademoiselle Fouché, qui avait déjà donné tant de preuves de dévouement à Sa Majesté, alla chercher un autre ecclésiastique. Ce fut cet ecclésiastique, appelé M. Chôllet, qui donna les derniers secours de la religion à la Reine, la veille ou l'avant-veille de sa mort. Depuis, il quitta la France, *et il est mort en émigration.*

» Quant à Mademoiselle Fouché, la Reine prit en elle
une telle confiance, qu'elle lui remit, pour faire passer à Madame, Duchesse d'Angoulême, la tasse dont S. M. se servait,
tous les jours, à son déjeûner. Madame la princesse de Tarente remit cette tasse à MADAME, à Mittau, vers l'an 1804,
et lui communiqua, en même temps, les faits intéressans
qu'elle avait appris à Paris. En rendant compte de cette commission à Madame la princesse de Chimay, Madame de Tarente lui fit passer, pour Mademoiselle Fouché, un petit billet, sur lequel Madame, Duchesse d'Angoulême, avait écrit
et signé de sa main, qu'elle avait reçu la précieuse tasse de
porcelaine, etc., etc. »

Cette Narration, de M. Ch. Magnin, fourmille, assurément, d'éloges donnés à soi, et d'invraisemblances historiques. Tout cela n'est rien, quand on parcourt l'autre Relation,
fournie à M. de Sévelinges, et placée, par ce littérateur re-
commandable, dans son *Histoire de la Captivité*. On y voit
que la Demoiselle Fouché, admise, à prix d'or, CHEZ LE
CONCIERGE RICHARD, aborda la Reine de France (gardée à
vue dans son cachot). Que cette princesse prit confiance en
elle, à la troisième visite seulement. Que S. M. accepta une
caille rôtie, *attendu qu'on la laissait mourir de faim*. Que S. M.
accepta du linge de corps et d'autres hardes. Que S. M., dont
les pieds nuds n'avaient plus de chaussure, n'osa point accepter des souliers, *par crainte des commissaires-inspecteurs*.
Que S. M. accepta une tasse de porcelaine et un confesseur,
des mains de la Demoiselle Fouché. Qu'il y eut plusieurs
séances de confession, une messe, une communion *en Viatique* (à laquelle furent aussi admis les deux gendarmes). Et
que cette messe d'agonie fut suivie d'un repas fraternel,
semblable à l'agape des premiers chrétiens.
Les riches familles d'Orléans, ajoute la narration, connaissaient les démarches de la Demoiselle Fouché, leur
compatriote; et ces familles généreuses lui dirent: *Si nos
dons actuels ne suffisent pas, nous vendrons tout ce qui nous
reste, pour vous aider à soulager les maux de la Reine, en sa
prison.*

~~~~~~

N°. V.

RÉFUTATION DE LA NOTE PRÉCÉDENTE.

POUR peu que mon lecteur ait remarqué les faits relatifs à la captivité de la Reine dans le cachot de la conciergerie, il demeurera persuadé que tout est faux dans la Relation que je viens de transcrire. En effet, à qui pourrait- on faire accroire qu'en des temps aussi difficiles, une fille *inconnue*, est parvenue à corrompre un concierge aussi prudent, aussi effrayé que Lebeau, et, qu'à la faveur de quelques sommes d'argent, cette fille est arrivée, *plusieurs fois*, dans un cachot, pour ainsi dire transparent, et surveillé par de nombreux délateurs et par la police en personne !

Non, non, mademoiselle Fouché n'a point approché cette Reine, qui se troubla en voyant paraître le marquis de Rougeville, et qui s'empressa de lui écrire cette réponse, piquée avec une épingle : *Gardez-vous de reparaître ici : vous hâteriez ma perte.*

Non, mademoiselle Fouché n'a pas amené le sieur Magnin chez l'auguste prisonnière : ce n'est pas à *une inconnue* à présenter *un inconnu*. La Reine, depuis l'événement de l'œillet, voyait toutes les rigueurs augmenter autour d'elle. La famille Richard était dans les chaînes ; le bon Michonis était proscrit. On venait de la dépouiller de ses derniers anneaux et de la montre de sa mère ; on avait réduit sa nourriture ; on avait

24

osé fouiller et dans son lit, et jusques sur son corps!... Etait-ce au milieu d'une semblable terreur qu'elle pouvait accorder sa confiance à une fille sans extérieur, et à un prêtre qui n'avait ni les vêtemens, ni la coiffure de son état! (1) La Reine avait trop de prudence et de pénétration pour agir ainsi à la légère. Je dis plus, la facile introduction de ces deux personnages, n'aurait servi qu'à redoubler les méfiances de la Princesse; elle n'aurait vu en eux que deux acteurs d'intrigue, deux émissaires de l'autorité, deux agens, déguisés, ou du tribunal, ou de Robespierre.

Quoi! depuis le coup de foudre tombé sur la famille Richard, les fournisseurs de la conciergerie étaient obligés *de déployer* leurs provisions devant les gens de la police et du greffe : et les vases sacrés et les ornemens ecclésiastiques se seraient introduits, sans avoir à craindre cette revue et cette formalité!

Le gendarme de *la Cour des Femmes* allait et venait constamment devant les deux petites fenêtres du cachot. Ce gendarme voyait aisément dans l'intérieur (plus bas que le pavé), et la cérémonie religieuse n'aurait point fixé son attention, et mis sa responsabilité en alarme!.....

Le concierge Lebeau, toujours entouré de gens de la police, qui, souvent, *au nombre de quinze,* s'asseyaient à sa table, et le dévoraient sans façons, Lebeau, sachant ces hommes-là dans sa maison, et la famille de son prédécesseur dans les chaînes, aurait consenti à toutes ces confessions de la Reine, à toutes ces allées et venues du sieur Magnin, et de sa gouvernante Fouché!.... C'est à des aveugles-nés, qu'il faut offrir de semblables fantasmagories, c'est à des crédulités volontaires ou stupides, qu'il faut adresser de telles inventions.

Je n'ajouterai que deux mots sur un sujet de cette importance. La fable, que je viens de réfuter, avait acquis de la consistance et du crédit, avant la restitution que fit Courtois du Testament de notre Reine. Depuis que ce monument d'innocence et de candeur s'est élevé, à la face de l'univers, il est du devoir des écrivains et de tout bon Français, de repousser et de flétrir les spéculations, les basses intrigues, qui cherchèrent à se faire un sort aux dépens de la vertu et du malheur.

Pendant que la Reine gémissait dans la tour du Temple, ou dans le cachot du Palais, une nuée de quêteurs se répandit sur la capitale, et ces vautours, à la voix hypocrite, s'introduisaient chez les royalistes, pour leur enlever leur dernier écu. J'étais, un jour, chez Mme la marquise de Villemomble, logée, comme on le sait, au boulevard Italien. Deux femmes, d'une tournure modeste, vinrent implorer *sa générosité, pour leur auguste Souveraine, qui manquait de tout.* Madame de Villemomble se mit à pleurer, et donna dix ou douze louis d'or, qu'elle ploya dans une jolie bourse de soie. Quand ces femmes furent sorties, un des laquais les suivit, par hasard. Il survint une dispute entre elles, pour le partage du butin : Elles se battirent à outrance, au beau milieu de la rue Grammont.

Au reste, le faubourg Saint-Germain n'ignore pas qu'il existe encore dans Paris *un autre confesseur* de Marie-Antoinette. On le nomme l'abbé de St.-Maur, ou de St.-Faur. Il a de nombreux prosélytes. Et, celui-là, s'élève très-vivement contre le narrateur, que mon devoir d'historien m'a forcé de combattre.

Il parut, en 1815, chez M. Michaud de Villette, un ouvrage, ayant pour titre : *Histoire de la captivité de la Famille Royale,*

2/4 *

etc. Dans ce volume in–8°., on lut, d'abord, les Mémoires de
Cléry, rétablis dans leur pureté primitive.

On y lut ensuite une Relation de la captivité de la Reine de
France à la conciergerie. L'auteur, M. de Sévelinges, a été
trompé complètement, par les personnes qui lui ont fourni
ses matériaux. M. de Montjoye avait déjà raconté l'introduction de la demoiselle Fouché auprès de la Reine. Aux invraisemblances publiées par Montjoye, M. de Sévelinges en a
ajouté de bien plus graves encore : le récit dont je fais men-
tion est un excès, d'un bout à l'autre.

M. Michaud de Villette, quoiqu'éditeur-propriétaire de
cet ouvrage, n'a pas craint de le frapper de mort, quand il a
publié, dans la *Biographie Universelle*, son article MARIE-
ANTOINETTE, si justement accueilli du public. M. Michaud a
reconnu le piége, tendu à la bonne foi de M. de Sévelinges :
et, toutefois, M. Michaud ignorait encore que Rosalie, madame Lebeau et Larivière, étaient au nombre des vivans.

On voit, par les expressions mêmes de l'historien Montjoye, qu'il tient tous ses documens de la bonne princesse de
Chimay; et madame de Chimay les tenait directement de
M. Magnin, et de la demoiselle Fouché, sa gouvernante.
Dans le récit de Montjoye, l'introduction à la conciergerie
s'est effectuée *sous l'administration de Richard;* c'est Richard qui a reçu l'argent séducteur. C'est Richard qui, (au
péril de sa vie), a donné accès dans la prison et dans le cachot, à une fille inconnue, et à un prêtre, qui n'avait pas
même l'extérieur de son état.

Dans *l'Histoire de la Captivité de la Famille royale,* par
M. de Sévelinges, *c'est encore Richard* qui joue le grand rôle ;
c'est à lui que la gouvernante de l'ecclésiastique remettait,
chaque fois, l'or séducteur, à pleines mains. En 1814, ce
dernier ouvrage se répandit avec une vogue extraordinaire.

La demoiselle Fouché et le sieur Magnin, s'ils n'en étaient point les inspirateurs directs, en furent au moins les lecteurs. Ils ne redressèrent point cette version-là : donc ils l'approuvèrent. Ils firent plus : ils lui attirèrent des partisans.

Jusqu'alors, ne connaissant, de l'intérieur de la conciergerie, que ce qu'en avait laissé connaître *le Procès imprimé* de la Reine, ils pensaient, l'un et l'autre, que la famille Richard avait gouverné la prison, durant l'entier séjour de la Princesse. Ils n'ont appris que bien des années après, l'interruption d'autorité survenue à la conciergerie, et le remplacement de Richard et de son épouse par Lebeau.

Comment faire, en une semblable position ! On avait une nouvelle Relation à publier et à distribuer secrètement dans le monde : on prit ce que les gens adroits appellent un moyen terme. On ne nomma, cette fois, ni Lebeau, ni Richard. On profita de l'inattention, de l'inadvertance publique en pareilles matières, et l'on se réduisit à cette désignation générale et indéterminée : *la demoiselle Fouché gagna les surveillans.*

Il n'importe; la vérité a beau descendre, quelquefois, dans le puits, elle n'y saurait périr, elle surnage. Les narrations *diverses* de mademoiselle Fouché parlaient, *toutes*, de la communion de la Princesse, *administrée en viatique*, DEUX OU TROIS JOURS *avant sa mort*. Une époque si précise, si déterminée, appartient, de droit, au concierge Lebeau, et ne peut se rattacher à Richard, disparu depuis plus d'un mois, à cette époque.

Voilà que, tout-à-coup, les narrations, embellies de la condescendance de Richard, se sont trouvées fautives et mensongères. Il a fallu, à toute force, ramener l'anecdote au temps et au règne de Lebeau.

Oui; mais voici un nouvel embarras. Les narrations, depuis long-temps répandues dans les livres et dans les jour-

naux, avaient fait *communier miraculeusement* les deux gar-
diens-gendarmes...... Et l'on a été informé, dans ces derniers
temps, que, depuis l'œillet, c'est-à-dire depuis l'installation
subite de Lebeau, il n'était plus resté de gendarmes-surveil-
lans, chez la Princesse.

Cette difficulté inattendue, est devenue une opposition
parlante et indestructible : tant il est vrai que la fourberie et
le mensonge finissent, tôt ou tard, par se démasquer. La
comtesse de la Mothe ouvrit la route, son châtiment n'a pu
la fermer encore.

Je n'ajoute à ces réflexions, qu'un rapprochement indispensable. Il circule dans le monde, une *histoire* abrégée *de la
Reine*, par M. *de St.-Hugues*, imprimée chez Tiger, près le
Petit Pont. Nous lisons, dans cette brochure in-12, qu'une
madame Guyot, dame très-officieuse, très-pieuse, très-cha-
ritable, pénétra, fort habilement, dans le cachot Royal de la
conciergerie, et qu'elle eut le bonheur de procurer à Marie-
Antoinette, les vêtemens et les secours, dont Sa Majesté
avait le plus pressant besoin. Si mademoiselle Fouché (introduite plusieurs fois, avec le confesseur), avait pourvu,
déjà, aux nombreux besoins de l'auguste Captive, la dame
Guyot nous trompe, elle n'eut plus rien à fournir. Et si la
dame Guyot, première en date, avait déjà fourni tout ce que
réclamaient *les urgens besoins de la Reine*, M. Magnin et sa
gouvernante se sont joués des généreuses intentions de plusieurs familles, et de la crédulité du public.

Je ne pousserai pas plus loin mes réflexions ; la pénétration de mon lecteur sentira pourquoi je m'arrête. Il est pénible d'avoir à traiter des questions aussi délicates, où l'on
peut s'exposer au reproche d'être guidé par des motifs personnels. Je ne connais point les individus que ma discussion
contrarie; aucun motif secret et personnel n'a donc pu me

guider. Historien d'une Princesse, toujours héroïque et sincère, je poursuis avec le flambeau de la raison et de l'évidence, tous les intérêts, toutes les intrigues qui ont voulu la déparer de ses beaux sentimens, ou s'avantager de ses malheurs.

Son Testament sublime est un objet sacré, pour tous les cœurs honnêtes; et, si la fable que j'ai combattue n'avait pas été réduite enfin à sa valeur, l'intérêt d'un individu aurait continué d'obtenir nos hommages, tandis que les dernières effusions d'une Reine opprimée et mourante, n'auraient trouvé, dans son royaume, que méfiance ou que mépris.

Le public, depuis neuf années, demandait une explication sur cette intéressante affaire : j'ai fait mon devoir en m'expliquant.

Extrait de la Brochure de 16 pages, publiée, en 1817, par la dame Lebeau, veuve du dernier Concierge de la Reine.

« Je ne suis jamais entrée dans la chambre de la Reine,
» pendant tout le temps que mon mari l'a eue en sa garde.
» Pour paraître plus exact, il m'avait donné l'exclusion, et
» s'en était, à lui seul, réservé le droit : encore était-il tou-
» jours accompagné de gendarmes, qui veillaient sur tous
» ses mouvemens. On avait soin de choisir les plus méchans
» pour cette escorte. SOUVENT, des administrateurs de la po-
» lice, l'Accusateur public, ou même des membres du comité
» de sureté générale, venaient, eux-mêmes, faire l'inspec-
» tion; c'était le moment des plus odieuses recherches. »

Plus bas, Madame Lebeau s'exprime ainsi : « La Reine
» n'avait que trois chemises, assez fines, dont l'une était

» garnie d'une dentelle de Malines fort belle. On les lui don-
» nait alternativement tous les dix jours. Ce service se faisait
» par le greffe du tribunal révolutionnaire. On n'aurait pas
» osé dépasser d'un mouchoir le compte strict de cette four-
» niture (1).

　　» La Reine s'occupait à écrire, sur la muraille, avec une
» pointe d'épingle, l'état de son linge. Elle y avait, aussi,
» tracé d'autres caractères. Mais, aussitôt après son départ,
» on mit partout une couche épaisse de couleur, et tout fut
» effacé. »

　　N. B. On assure que, le 16 octobre 1822, M. le curé de
Saint-Germain-l'Auxerrois a supprimé, dans son église, la
lecture du Testament de la Reine. Le mécontentement du
public a dégénéré en scandale. On a suivi M. le Curé jusques
dans la sacristie; il a répondu flegmatiquement qu'*il l'avait
oublié.* Au reste, il est convenable d'avertir les lecteurs que le
Testament de la Reine, (distribué par M. Magnin), est fal-
sifié, dans un passage bien important. L'original s'exprime
ainsi: *Puisse cette lettre vous parvenir!* M. Magnin a supprimé
cette phrase, et l'a remplacée par ces mots: *Puissé-je* MÉRI-
TER *vos regrets!....* L'autorité de cet homme est-elle donc
absolue sur les vivans et sur les morts!

---

(1) Que deviennent, alors, et la prétendue tasse de porcelaine, et le
linge et les vêtemens mentionnés et fournis par la demoiselle Fouché!
　　　　　　　　　　　　　　　(*Note de l'auteur.*)

N°. VI.

Mme. CAMPAN. M. GOUGENOT.

Mme. CAMPAN avoue dans ses Mémoires, que l'infortuné roi Louis XVI, peu de temps avant sa chute et sa ruine, lui confia le dépôt de ses papiers secrets. Ces papiers, nous dit-elle, étaient renfermés dans un énorme porte-feuille, qu'après le dix août, je n'osai plus garder chez moi. Je le confiai à *Gougenot*, qui, s'effrayant, à son tour, d'une si périlleuse confidence, me pressait et me tourmentait, pour en être débarrassé. Ne pouvant calmer ses frayeurs et ses alarmes, je l'autorisai à prendre inspection de tous les papiers de ce porte-feuille, et à détruire ce qui ne serait pas d'une rigoureuse utilité.

Il y avait parmi ces papiers de choix une pièce à laquelle le Roi attachait beaucoup d'importance : une Attestation en forme, signée des ministres, et servant à prouver que Louis XVI, lui seul, dans le Conseil, n'avait point approuvé la déclaration de guerre contre l'Allemagne. En cas de malheur *et de mise en jugement*, le monarque voulait que ce papier servît à sa justification et à sa défense.

Madame Campan ajoute que, durant son procès, *le Roi ne fit point redemander cette pièce*. Je l'ignore. Mais ce que je sais bien, c'est que la dépositaire n'aurait point dû attendre qu'on la réclamât, si elle existait.

En 1822, Madame Campan a raconté cet événement essentiel, de la manière qu'on vient de lire.... En 1810, elle le racontait bien différemment : je vais en fournir la preuve, en
indiquant les nombreux témoins.

Violente, impérieuse, cruelle et vindicative à l'excès, Madame Campan, un jour, accabla de coups et *couvrit de con-
tusions* une élève d'Ecouen, qu'elle soupçonnait de roya-
lisme (1). Cette intéressante personne, âgée de dix ans, avait
déjà perdu son père, tué dans les batailles. Son tuteur, qui
la chérissait depuis le berceau, payait sa pension à Ecouen.
Il en était aimé comme un second père. Il venait de la Normandie, tous les trois mois, et se rendait, aussitôt, auprès
d'elle, pour la voir et lui apporter ses cadeaux. Il entre dans
le parloir d'Ecouen, un jeudi, suivant l'usage. Au lieu de cette
belle enfant, droite et bien élancée, qu'il connaissait, il
voit une pauvre infirme, pâle, souffrante, et qui marchait
avec difficulté. Il fait des questions, et apprend ce que je
viens de dire. Qu'on se représente sa douleur et son émotion.

La baronne – Surintendante arrive avec fracas dans les
parloirs : le tuteur se lève, et se plaint, d'abord avec ménagement, des traitemens cruels faits à sa nièce. Madame
Campan se rit de ses doléances; et ose dire que tout pouvoir lui a été donné *par Sa Majesté l'Empereur.*

Madame, lui réplique le parent, aussitôt, *votre dureté pour
cette pauvre enfant ne devrait point m'étonner, quand tout
Paris se rappelle votre barbarie envers la Reine : Elle vous
confia sa dernière cassette, et vous livrâtes ses papiers !!*

L'autre parloir se trouvait plein; les portes étaient ouvertes.

_____

(1) Se promenant dans le bois avec ses compagnes, elle avait prononcé le nom du duc d'Enghien, nourri dans ce château.

Ces officiers-généraux, ces préfets, ces évêques, tous les parens rassemblés ce jour-là prêtaient l'oreille, et entendirent. La surintendante, déposant, à l'instant même, ce regard altier, qu'elle croyait de la grandeur, répondit, en pâlissant et balbutiant : *Monsieur, Monsieur, que venez-vous de dire !... J'en suis innocente : il m'est aisé de le démontrer.* Se séparant, alors, de la jeune vicomtesse du Bouzet et de Madame Voizin, (présentes à cette entrevue), elle ajouta : « J'aime les gens » à caractère ! Monsieur, nous allons passer dans mon par- » loir : c'est là, désormais, que vous serez admis à cultiver » cette nièce aimable. » Et elle lui fit un baiser... Quel baiser !

La discussion du grand parloir fit quelque bruit dans la communauté : les dames Dignitaires, que Madame Campan humiliait par trop d'empire, mêlèrent son ancienne conduite à leurs petites conversations.

Deux jours après, la Surintendante assembla la communauté, et du haut de son tribunal, elle parla en ces termes :

« Je suis informée qu'il circule dans le château d'Ecouen, des propos contre moi, tout pleins d'erreur et d'injustice. La feue Reine me confia, j'en conviens, quelques momens avant le dix-août, une cassette, où étaient renfermés, NON PAS DES EFFETS PRÉCIEUX, mais des papiers de quelque importance. J'étais résolue à les lui conserver, même au péril de ma vie ; mais, le lendemain ou le surlendemain du désastre du château, vingt-cinq jacobins armés de sabres et de fusils, entrèrent dans mon domicile. Ils réclamèrent, au nom de la loi, tout ce que je pouvais avoir appartenant à ma Maîtresse. Je leur résistai, d'abord, par les plus énergiques dénégations. Voyant que leurs instances ne pouvaient rien sur moi, ils se jetèrent sur mon fils en bas âge, et posant toutes leurs baïonnettes sur sa poitrine, ils me menacèrent de l'anéantir. A cette vue, ma

tendresse maternelle oublia ce que j'avais promis à la Reine...
Je livrai le dépôt à ces voleurs, à ces assassins. »

Tout le château d'Ecouen, au mois d'août 1810, entendit
cette version, parfaitement théâtrale; et, en 1822, les Mémoires de Madame Campan ont placé le dépôt du 9 août
1792, entre les mains de M. Gougenot le fils (créature infidèle de la Reine.) (1).

---

(1) M. Gougenot, le père, homme d'honneur, dans tous les temps,
donna sa malédiction à ce fils, qui avait abandonné la Reine, dès le 6
octobre, quoique cette princesse eût fait sa fortune, en lui accordant
de beaux emplois à la cour.

N°. VII.

LE DUC D'ORLÉANS,

AU TRIBUNAL RÉVOLUTIONNAIRE.

Huit ou neuf jours après la mort de la Reine, le duc d'Orléans, amené de Marseille, dans un carrosse, où le surveillaient des gendarmes, fut conduit à cette prison de la Congerie, que Marie–Antoinette venait de quitter.

On l'écroua, comme tous les autres individus, au greffe même de la geole. Et, par une dérision des plus amères, on l'inscrivit sous le nom de *Philippe–Joseph–Egalité.*

La nouvelle de son entrée à la Conciergerie l'avait précédé de quelques heures. Une pareille circonstance mit toutes les têtes en fermentation. Les prisonniers; aigris par leur odieuse infortune et par l'horrible trépas de la Reine, voulaient accabler le duc d'Orléans de reproches, et se plaindre à lui de tous leurs malheurs. L'administration coupa court à un tel désordre : le prince fut déposé dans l'appartement même de Lebeau. (Rosalie a tout vu.)

On plaça dans la salle à manger du concierge un lit de sangles pour le prisonnier de race royale, et tout auprès son valet–de–chambre eut un pareil lit. Le duc d'Orléans, consterné, regarda cette couche, étrangère à ses habitudes. Il l'assura, de sa propre main, dans l'angle même de la salle; il était mécontent, et n'osait le témoigner. Qu'aurait-il dit, s'il avait su que CE MÊME LIT DE SANGLES, pendant soixante et seize jours, avait supporté le corps affaibli de la malheureuse Reine de France !...... A ce souvenir, à cette image, son cœur se serait brisé, je ne forme, à cet égard, aucun doute. Le duc d'Orléans, irrité par des décisions qu'il croyait être des injustices, laissa prendre trop d'empire à son courroux, à son ressentiment. Les célèbres pervers qui s'en aperçurent, mirent à profit l'effervescence de sa passion. D'imprudence en imprudence, de faute en faute, ils l'amenèrent jusqu'à des fautes punissables; et ces fautes elles-mêmes le contraignirent à un attentat.

Aussitôt que ce monstrueux attentat fut commis, ses conseillers, ses instigateurs, tous ses parasites l'abandonnèrent. Et comme rien ne saurait rassurer les corrupteurs et les complices d'un coupable illustre, on tua le duc d'Orléans, pour s'affranchir de ses regrets et de ses remords généreux.

Des gendarmes, placés dans les deux angles de sa chambre, observèrent, pendant quatre jours, et son sommeil et tous ses mouvemens. Le cinquième jour, on le fit comparaître devant le tribunal révolutionnaire, qui se garda bien de lui reprocher ses délits, et qui le condamna, pour une conspiration dont il n'avait pas même l'idée.

On ne lui permit point de remonter dans sa chambre, et de voir son fidèle serviteur, pour la dernière fois.

Philippe d'Orléans fut conduit à la mort sur une charrette, et les mains liées. Je crois me ressouvenir que le duc de Villeroi périt en cette même rencontre, et qu'à ces deux seigneurs on avait adjoint un pauvre serrurier.

Devant la grande porte du Palais-Royal, on vit s'arrêter le cortége. Philippe regarda sa noble demeure, et parut se troubler vivement. Les Parisiens considérèrent tous ses traits, avec des intentions toutes différentes. Les républicains trouvèrent que son maintien *sentait encore le prince ;* et les royalistes compâtissans gémirent, en voyant le triste sort du petit-fils de Louis XIII et d'Henri IV, qui, sous un Roi de volonté ferme, jamais ne se serait égaré.

La famille actuelle du Nom d'Orléans, accessible et généreuse aux malheureux et aux nécessiteux, a repris tout son lustre dans le public, et jouit, à bon droit, de la considération générale. L'Infante Amélie, Nièce de la Reine de France, est venue multiplier les tiges de cette noble Race, qu'avait presque détruite l'ouragan. La douceur de cette princesse, l'aménité de ses discours, la sérénité de son regard, la dignité générale de sa personne, rappellent aux habitans de Paris les traits distinctifs de cette Reine que nous avons perdue. Et la tendre vénération qu'elle nourrit en son cœur pour la mémoire de Marie-Antoinette, sa Tante, est un surcroît de perfections que l'histoire ne doit pas laisser dans l'oubli.

~~~~~~

N° VIII.

M. COSTER-VALAYER.

M. Coster-Valayer, ancien secrétaire intime du prince de Beauveau, fut honoré de toute la confiance de la Reine. Il lui dut, autrefois, sa fortune : son cœur reconnaissant n'a jamais abandonné sa cause et la défense de sa gloire. Il manqua mourir de douleur en apprenant qu'une Créature aussi parfaite venait d'être condamnée à périr de la main d'un bourreau ; et toutes les fois qu'un si douloureux événement se renouvelle dans les discours, ou se retrace de lui-même à sa pensée, il ne peut se défendre des plus pénibles agitations.

M. Coster-Valayer me favorise de sa bienveillance et de son estime. Il m'a raconté des choses si intéressantes, que je crois utile et indispensable de confier ses entretiens à mes lecteurs et à la postérité.

Récit de M. COSTER-VALAYER, *ancien Receveur général du Domaine, Habitant de Paris.*

« Madame Valayer, ma belle-mere, épouse d'un des joalliers de la cour, était encore, en 1772, une des plus jolies femmes de France. Par le plus grand hasard du monde, elle ressemblait à l'Impératrice Marie-Thérèse, trait pour trait. Les cheveux d'un blond doré, comme ceux de l'il-

lustre Souveraine; de jolis yeux bleus, à fleur de tête; un visage ouvert et spirituel; un port aisé; une carnation admirable.

» La jeune Dauphine, en voyant Madame Valayer, pour
la première fois, jeta un cri de surprise, et lorsqu'elle put
entretenir facilement ma belle-mère, elle lui dit, avec son ingénuité charmante : « Madame, vous ressemblez beaucoup à
» l'Impératrice, ma tendre mère, dont je suis séparée. Ap-
» prochez-moi le plus souvent qu'il vous sera possible; je
» veux vous aimer. »

Madame Valayer avait une fille charmante qui, de bonne
heure, sut peindre avec élégance les tableaux de fleurs et de
fruits. La jeune Reine affectionna Mademoiselle Val yer,
pour elle-même et pour ses ouvrages, et elle daigna s'occuper de sa fortune et de son bonheur. J'épousai l'aimable
protégée de la Reine. En faveur de ce mariage, Sa Majesté
voulut bien me promettre une place de receveur-général.

Un de ces brillans emplois étant venu à vaquer, dans la
capitale même, je partis pour Versailles et me présentai au
contrôleur-général, M. de Fleury. « Je suis au désespoir, me
» répondit le ministre; Sa Majesté, je ne l'ignore pas, vous
» avait promis cette place; mais elle a considéré, probable-
» ment, que votre emploi actuel en Normandie, vous per-
» met d'attendre. Je viens de signer la nouvelle nomination.
» Prenez patience, quelqu'autre chose se présentera. »

Sans manquer de respect à ma protectrice auguste, je priai,
je suppliai le ministre de vouloir bien me dire si la princesse,
elle-même, avait indiqué le choix qui faisait mon malheur.

« Non, me répondit le bon M. de Fleury; mais c'est de sa
» part qu'on m'a fait agir. La comtesse Diane de Polignac
» est venue me demander cet emploi, *au nom de la Reine;* et
» vous sentez que la comtesse Diane, belle-sœur et amie de

» la Duchesse , n'est pas assez imprudente pour m'avoir
» trompé. Au demeurant, vous appartenez à Sa Majesté, de-
» puis long-temps. Tâchez de la voir, avant que je n'ex-
» pédie. »

Je suivis le conseil du ministre. J'allai chez la Reine, qui,
dans ce moment, était à sa toilette. Dans son miroir elle
m'aperçut; et, à l'instant, une de ses femmes posa sur sa
table un petit billet, que j'avais noué, et tordu en spirale,
afin qu'il s'attirât une plus prompte attention.

La Reine, sans attendre que sa toilette fût terminée, prit
mon papier, et le lut, avec cette facilité qu'elle mettait à toutes
choses; elle se leva, vint à moi, et me dit : « Je n'aime pas
« du tout le rôle que me fait jouer, en cette occasion, la
» comtesse Diane. Mon cher Coster, c'est à vous que sera
» donné un emploi depuis long-temps promis. Allez, de ce
» pas, trouver le ministre : dites-lui que je suis femme de
» parole, et qu'il ait la complaisance de me voir. Repartez
» sans inquiétude; et dites à votre épouse que je me réjouis
» de votre avancement. »

Le cœur attendri, et les larmes aux yeux, je remerciai la
Reine. Je vis aussitôt le ministre : deux jours après, je fus
pourvu de mon emploi.

Comment n'aurions-nous pas adoré, mon épouse et moi,
une princesse aussi affable, aussi généreuse! Comment pour-
rais-je taire ses nobles et belles qualités, moi qu'elle a pro-
tégé avec tant de persévérance, et qui l'ai vue rechercher avec
un zèle infatigable toutes les occasions possibles de faire des
heureux!

Au mois de juin 1791, la veille du départ pour Varennes,
sur les six heures du soir, nous vîmes entrer chez nous un
grand laquais de la Reine, dont le vêtement extérieur était
une redingote bourgeoise, mais dont la petite livrée se lais-

sait voir en dessous. Ce jeune homme déposa sur un fauteuil un grand porte-feuille à soufflet, fermé à clé, et il nous remit, à mon épouse et à moi, un petit billet, d'une écriture nette et lisible, mais tracée avec rapidité.

Nous y lûmes ces mots : *Monsieur et madame Coster vont me faire l'amitié de garder secrètement ce porte-feuille, qui renferme des choses de valeur. Ils ne le livreront qu'à la personne, qui viendra, un peu plus tard, le réclamer pour moi, en exhibant la contre-épreuve de la carte renfermée dans le présent billet.*

« Cela suffit, » répondis-je au commissionnaire, et lorsqu'il fut parti, je soulevai le porte-feuille, dont le poids m'accablait, tout vigoureux que j'étais, à l'âge de trente-cinq ans.

Ce jour-là, mon épouse et moi n'attachâmes pas beaucoup d'importance au contenu de cet envoi. Nous pensâme bien qu'il nous venait du château; mais comme nous étions liés avec Madame Campan, femme-de-chambre de la Reine, je m'imaginai que cette dame, profitant du voisinage, avait fait déposer le porte-feuille chez moi, à cause de quelque petit déménagement survenu, ou de quelque réparation urgente dans les cabinets.

Le lendemain, tout Paris sut, vers les huit heures, que la famille royale était partie, de nuit, pour gagner les frontières; et ma cuisinière, qui arrivait de la provision, me dit : « Monsieur, vous avez de bien méchans voisins ; ils disent à qui » veut l'entendre, qu'hier un laquais des Tuileries, est venu » chez nous, chargé d'effets précieux. »

Mon épouse se troubla beaucoup, en entendant ces paroles; nous patientâmes jusqu'à la nuit; et lorsque ma pendule marqua neuf heures, je fis venir une voiture de place, et j'emportai le dépôt des Tuileries, au milieu du faubourg St.-Martin. M. Foulquier, mon ami, intendant de la Martinique, m'avait donné ses tableaux et curiosités en garde. Je louai, dans le faubourg, à cette intention, une grande chambre inconnue et solitaire : je cachai le beau porte-feuille sous une pile de tableaux.

LE LENDEMAIN (1), Madame Campan vint nous voir, et comme elle allait nous parler de ce départ du Roi (qui nous parut ne pas lui convenir), mon épouse l'interrompit, pour lui dire à demi-voix : Et dites-moi un peu, qu'est-ce donc que ce porte-feuille à soufflet, que vous nous avez envoyé, il y a deux jours? Que renferme-t-il? En définitive, que voulez-vous qu'on en fasse?

— *De quoi me parlez-vous là?* nous répondit Madame Campan. *De quel porte-feuille s'agit-il? Je ne vous ai point envoyé de porte-feuille.* Madame Coster ajouta : «Est-ce que le billet n'est pas de votre écriture? » — *Voyons-le, ce billet,* reprit la femme-de-chambre de la Reine; et mon épouse, aussitôt, le lui montra.

A peine Madame Campan eut-elle jeté les yeux sur cette écriture, elle s'écria : Mais *c'est la Reine, elle-même, qui vous a écrit ce billet. Il est bien singulier qu'elle ne m'ait fait à cet égard aucune confidence. Puisque le porte-feuille est si lourd, ce sont des bijoux et des diamans qu'il renferme.*

Lorsque Madame Campan fut sortie, nous eûmes du regret, mon épouse et moi, d'avoir en quelque sorte divulgué le secret de la Reine. Mais, comme il est aisé de s'en convaincre, ce n'avait pas été là notre intention.

La Famille royale, rentrée au château des Tuileries, y éprouva une dure et longue captivité. Après l'acceptation de la constitution, lorsque la Reine eut recouvré, non pas son

(1) Donc elle n'était pas aux bains du Mondor, comme elle le raconte dans ses Mémoires.

entière liberté, mais un simulacre d'indépendance, elle envoya chez moi un de ses valets-de-pied, avec la contre-épreuve dont j'ai parlé plus haut; je livrai à l'instant son porte-feuille, et comme cette excellente princesse me fit l'honneur, quelque temps après, de me dire cette parole : *Tout m'est parvenu*, je suis resté en paix sur un objet de cette importance.

Madame Campan, dans ses Mémoires, a l'effronterie de raconter à ses lecteurs, qu'elle indiqua notre maison pour servir d'asile aux effets précieux de la Reine. Je déclare, en présence de Dieu, qu'en s'exprimant ainsi, elle a publié un mensonge. C'est la Reine, elle-même, qui nous fit alors cet honneur. Sans l'imprudence de feu mon épouse, Madame Campan l'aurait toujours ignoré. »

Nº. IX.

MADAME ÉLISABETH.

Mme. ELISABETH, sœur de Louis XVI, quitta la tour du Temple, le 9 mai 1794, et arriva dans la prison de la Conciergerie, ce même jour, à dix ou onze heures du matin. On ne lui donna ni chambre ni cachot; elle fut, ainsi que le duc d'Orléans, confiée à la garde particulière du Concierge, et c'est dans *le cabinet noir* de Madame Richard, qu'elle passa les vingt heures à peu près qui s'écoulèrent entre son installation et son jugement.

« Je me trouvais dans l'appartement de Richard (m'a dit
» plusieurs fois M. Boze), lorsque la princesse arriva au pa-
» lais. On me fit signe de m'enfermer promptement dans un
» des bouges de l'alcove, et, au même instant, je reconnus,
» à travers les carreaux, Madame Elisabeth, dont j'avais fait
» le portrait à Versailles, et que la femme du concierge con-
» duisait par la main.

» Citoyenne, lui dit Madame Richard, que prendras-tu
» pour ton déjeûner? — *Ce que vous voudrez*, répondit la
» princesse avec une grande douceur: *toutes choses me sont*
» *égales*. Elle s'était assise sur une chaise. Peu de momens
» après, elle dit à la geolière: *Où est ma Sœur? Dites-le-moi,*
» *Madame, s'il vous plaît.*

» Madame Richard, voyant qu'elle ignorait la mort de la
» Reine, s'empressa de lui répliquer, mais sans aigreur:

» *Citoyenne, cela ne te regarde pas.* La princesse n'osa plus
» rien ajouter. Lorsqu'elle fut entrée, dans le cabinet noir,
» situé à côté de cette grande chambre, et où le concierge
» lui donna des livres et un flambeau, sa porte fut ferm'e ;
● alors je me retirai chez mes compagnons de misère, dans
» la prison. »

Il paraît que les administrateurs de la commune, depuis
long-temps, ne fournissaient plus les choses nécessaires aux
trois prisonniers du Temple : Madame Elisabeth n'avait
d'autre coiffure qu'un pauvre petit fichu de linon.

On vint lui signifier son acte d'accusation, dans l'appartement du concierge. Elle fit prier, aussitôt, M. Chauveau-Lagarde de vouloir bien être son défenseur. Le jurisconsulte
accepta cette périlleuse mission ; mais il ne lui fut point permis de conférer avec sa cliente.

Le lendemain, 10 mai, dès les huit heures du matin, Madame Elisabeth-Philippine de France parut devant l'effroyable tribunal. On lui reprocha, 1°. d'avoir, au 6 octobre,
accompagné la Reine et le Roi à toutes leurs conférences particulières ; 2°. de les avoir aidés de sa présence et de ses conseils, lors de la fuite à Varennes, et du tumulte du 20 juin ;
3°. d'avoir su approbativement, le 9 août, que si la Famille
royale était attaquée, elle repousserait la force par la force.
Enfin, on accusa cette fille vertueuse des rois d'avoir traité le
jeune Orphelin, son neveu, comme un être digne d'attentions
et d'hommages ; d'avoir, dans les appartemens des Tuileries,
pansé, de ses propres mains, les gardes nationaux blessés
aux Champs-Elysées.

Enfin, ils l'accusèrent insolemment d'avoir envoyé ses diamans au comte d'Artois, son frère, pour l'assister dans son
émigration.

A toutes ces accusations, digne de cannibales, elle répondit que l'humanité n'était pas un crime, et qu'elle croyait n'y avoir mérité ni éloges, ni punitions.

Elle fut condamnée à mort!!! Et comme, en ces temps affreux, la vie était plus cruelle encore que le supplice, Madame Elisabeth, instruite, par les débats, de la triste fin de la Reine, se réjouit d'aller rejoindre sa Sœur et Louis XVI, dans ces autres royaumes, où les méchans n'ont plus de pouvoir.

On lui lia les mains, dans le vestibule de la prison. Elle monta, d'un front serein, sur l'une des fatales charrettes; et, par sa contenance calme et religieuse, elle rendit le courage aux tristes compagnons de son sort.

Arrivée au bas du Pont-Neuf, le vent fit envoler sa coiffure légère. Toutes les dames, condamnées avec elle, agitèrent aussitôt leur tête, et firent tomber leurs frêles bonnets, ne voulant pas rester couvertes, quand la sœur du bon Roi souffrait des injures de l'air.

Sur la plate-forme de l'échafaud, le public eut à considérer un nouveau spectacle. Le tribunal avait fait placer des bancs autour de l'instrument de mort. Les bourreaux contraignirent toutes ces victimes de s'y asseoir, et de voir couler et fumer le sang de leurs chères compagnes!!!

Madame Elisabeth, exténuée, mais belle encore, s'élança la première, et voulut encourager, par son exemple, toutes ces personnes illustres, qui ne concevaient pas la mort. L'exécuteur la ramena violemment sur son siége, et tua, sous ses yeux, plus de trente personnes, avant de lui permettre de mourir (1).

_____

(1) La famille respectable du cardinal de Loménie, et les arrière-nièces de Madame de Maintenon, périrent, ce jour-là, avec la princesse.

N°, X.

HORRIBLE PROJET DES COMITÉS

CONTRE L'HONNEUR DE LA REINE.

LE lecteur attentif n'a point retrouvé, parmi les griefs énoncés contre Madame Elisabeth, au tribunal révolutionnaire, l'affreuse accusation *d'avoir corrompu et perverti son Neveu.* Cette accusation, qu'Hébert dirigea, le 15 octobre, sur les deux princesses, devenues solidaires, avait été foudroyée par l'éloquence de la Reine, en présence du public. Hébert venait de mourir sur l'échafaud; le gouvernement, toujours versatile et inconséquent dans ses moyens, parut avoir mis cette accusation au rang des armes affaiblies; il la laissa, comme dit le peuple, pour ce qu'elle était.

Je me garderai bien de terminer cet ouvrage sans révéler à mes contemporains, et par conséquent aux races futures, l'épouvantable dessein qu'avaient formé les Comités de Gouvernement pour avilir la Reine sans ressource, et la tuer dans l'esprit de la multitude, avant son jugement et son exécution.

Ces pervers, expérimentés dans les ressources du crime, se procurèrent un jeune homme, d'une taille accomplie, et de la plus rare beauté. S'adressant à son ambition, ils lui promirent, pour récompense, les grades rapides de lieutenant, de capitaine et de colonel dans la gendarmerie, et puis les

dignités d'apparat, avec une brillante fortune, proportionnée
à son élévation.

Simple gendarme, pendant quelques jours, il allait être
promu au grade de brigadier; et, alors, on devait l'installer,
comme gardien militaire, chez la Reine. Il s'engageait à
feindre dans ses conversations un dévouement des plus extraordinaires, des plus passionnés, pour l'auguste Captive, afin
de l'amener à quelque confidence essentielle, ou tout au
moins à quelque lettre ou billet pour l'extérieur. Tout-à-coup,
il devait se précipiter à ses pieds, baiser ses mains avec transport, imiter les emportemens d'un cœur tombé en délire, et
attirer, par cette agitation romanesque, et nécessairement
combattue, les regards de la sentinelle placée en-dehors.

La sentinelle, à ce signal, aurait frappé dans le vitrage, pour
constater que ses yeux voyaient tout.

Le brigadier aurait été saisi sur l'heure, mis entre les mains
de la justice militaire; et se serait déclaré coupable d'un violent amour pour une femme belle encore, qu'il aurait désho-
norée pas d'impudiques récits, transformés en aveux formels.
On lui aurait fait grâce, en faveur de son ingénuité, de sa
beauté, de sa jeunesse; et s'il avait consenti, plus tard, à soutenir ces mêmes déclarations devant la Reine, mise en jugement, il aurait gagné l'avancement promis, et le trésor dont
on éblouissait sa crédule scélératesse.

Le beau gendarme, au moment d'entrer chez la Reine,
comme son gardien, et de commencer le rôle effronté qu'a-
vait accepté son imprudence, fit, apparemment, de graves
réflexions, ou se laissa donner d'utiles conseils : tout-à-coup,
son ambition rétrograda. Il fit comme ces acteurs consciencieux, qui se décomposent en mettant pour la première fois
le pied sur la scène. Loin de songer à perdre une Reine captive, il se perdit lui-même, en refusant son emploi.

Les hautes confidences sont terribles. Le gouvernement *fit disparaître* un homme qui se montrait plus scrupuleux que ses maîtres, et qui pouvait, un jour, maudire et répandre le plus important des secrets.

Il serait beau que le président du comité de sureté générale, Vadier, voulût ne point mourir sans donner à l'univers ses Mémoires sincères : Si de tels Mémoires étaient jamais publiés, sans lacunes, le fait qu'on vient de lire s'y trouverait amplement rapporté.

Le Gouvernement se voyant abandonné par le timide gendarme, tourna ses vues d'un autre côté : Chaumette et son substitut Hébert, dressèrent, (par son ordre), une déclaration du jeune Dauphin contre sa Mère et contre sa Tante. Les deux malfaiteurs lui lurent un modèle de requête ou de pétition, par laquelle ce jeune Captif demandait à être remis à sa famille. L'aimable enfant crut signer cet acte... et il signa l'arrêt de mort de deux personnes, que son cœur et sa voix redemandaient nuit et jour.

L'épouse d'Hébert, plongée dans les cachots par la trahison et le despotisme de Robespierre, mêlait à ses fureurs les révélations les plus effrayantes. On assure que Chaumette et son camarade Hébert, observaient un profond silence, et qu'abattus par le coup de foudre, ils écoutaient les imprécations des prisonniers royalistes, sans lever les yeux, sans répliquer un mot.

N°. XI.

LA COMTESSE DU BARRY. SON TRÉSOR.

JE ne me rendrai point, certainement, l'apologiste des premières années de cette dame, devenue à jamais célèbre par une fortune trop éclatante, et par son malheur immérité.

Jeanne l'Ange de Vaubernier, née à Vaucouleurs, n'avait guères que dix-huit ans, lorsqu'elle parvint à la faveur et à la tendre amitié du roi Louis XV. Nièce et filleule d'un traitant, elle fut amenée à Paris, par madame de Vaubernier, sa mère, qui se flattait de trouver un protecteur et un ami, dans cet opulent financier. Le financier aurait, sans répugnance, donné des soins et d'utiles secours à sa jeune parente, presqu'orpheline ; mais, n'ayant jamais affectionné la mère, il les repoussa l'une et l'autre, et les mit à une distance considérable de son hôtel.

L'éducation, déjà commencée, de mademoiselle de Vaubernier, avait développé ses grâces prodigieuses. Sa mère, inconsolable, ne pouvant mieux faire, la plaça chez une marchande de modes de la rue des Petits-Champs, qui, établie dans de beaux appartemens, à un premier étage, ne servait et ne recevait que des dames du premier rang. Voilà comment la petite l'Ange conserva une élocution polie, des manières élégantes, et tout cet extérieur facile et de bonne source, que le monde appellera toujours le bon ton.

A peine Louis XV eut-il rendu le dernier soupir, que son jeune Successeur punit sévèrement la favorite.

Sa lettre d'exil lui assigna l'abbaye de Pont-aux-Dames, située sur le territoire de Meaux. Là, elle se vit dépouillée de tous ses atours, et soumise à une inspection gênante et assez rigoureuse. L'abbesse, madame de Fontenilles, ne voulut point la traiter avec dureté; mais quelques religieuses, poussées par un faux zèle, et par un sentiment exagéré de modestie et de vertu, se permirent, envers la comtesse déchue, des paroles trop mortifiantes, et des mépris, qui n'étaient plus de saison.

Une année toute entière s'écoula, dans cet esclavage pénible. La jeune comtesse, voyant que sa captivité se prolongeait, et que ses anciens amis n'obtenaient aucun adoucissement à sa peine, se ressouvint de l'heureux naturel de madame la Dauphine. Jamais elle ne l'avait ni offensée, ni méconnue; quoiqu'on lui eût donné bien des conseils dans ce sens-là. Maîtresse absolue du cœur et des volontés du Monarque, elle avait toujours applaudi au penchant et à l'inclination de ce Prince pour sa belle-fille. Plusieurs fois, elle l'avait engagé à la distinguer dans la foule, et à la favoriser de ses dons et de ses nobles cadeaux. Un jour, Louis XV, sur un superbe écrin, rempli de perles et d'émeraudes, avait écrit de sa main : *A Madame la comtesse du Barry.* La comtesse avait collé de suite un papier blanc sur cette espèce de dédicace, et, à sa prière, le Roi avait écrit cette autre intention : *A Madame la Dauphine.*

Marie-Antoinette, émue jusqu'aux larmes, avait goûté cette ingénieuse prévenance, et l'on savait, à la cour, que la jeune Etrangère n'oubliait jamais un bon procédé.

Madame du Barry lui écrivit une lettre ingénue et respectueuse, une lettre où elle avouait sa faute, commandée en quelque sorte par l'autorité d'un roi; et, cette lettre, elle la terminait en implorant les bontés de la Reine, et en lui promettant la joie d'un Dauphin.

Marie-Antoinette, au risque d'essuyer, d'abord, quelques réponses un peu sévères, accepta, par humanité, le rôle intercesseur d'une médiatrice courageuse. Elle fut éloquente, parce que son cœur était souverainement bon. Elle fut persuasive, parce que Louis XVI respectait, pardessus toutes choses, la mémoire de son aïeul.

Madame du Barry obtint la permission de se réunir à sa tendre mère, et madame de Fontenilles, qui la trouvait parfaitement aimable et bien élevée, lui ouvrit, à regret, la porte et les grilles de son couvent.

La comtesse, remise en possession de Luciennes (1), en fit sa résidence habituelle, et ne voulut plus d'autre séjour. Lorsque la révolution éclata, sa maison devint le rendez-vous de tous les amis de Louis XVI et de la Reine. Les gardes-du-corps, échappés au massacre du 6 octobre, se traînèrent de Versailles à Luciennes; et la comtesse les fit soigner dans son château, comme auraient fait leurs propres parens.

La Reine, informée, à Paris, de cette conduite aimable et généreuse de la comtesse, chargea quelques seigneurs, de sa confiance, d'aller à Luciennes, et d'y porter ses remercîmens empressés.

La comtesse du Barry, aussitôt, eut l'honneur d'adresser à la Reine les paroles que je vais transcrire : je les tiens d'un de ses parens.

★ MADAME,

» Ces jeunes blessés n'ont d'autre regret que de n'être » point morts avec leurs camarades, pour une Princesse aussi

_____

(1) Luciennes appartient, aujourd'hui, à M. Laffitte, Banquier.

« parfaite, aussi digne de tous les hommages, que l'est, as-
» surément, Votre Majesté. Ce que je fais, ici, pour ces bra-
» ves chevaliers, est bien au-dessous de ce qu'ils méritent :
» si je n'avais point mes femmes-de-chambre et mes autres
» serviteurs, je servirais vos Gardes, moi-même. Je les con-
» sole, et je respecte leurs blessures, quand je songe, Ma-
» dame, que sans leur dévouement et ces blessures, Votre
» Majesté n'existerait peut-être plus.

» Luciennes est à vous, Madame : N'est-ce pas votre bien-
» veillance et votre bonté qui me l'ont rendu? Tout ce que
» je possède me vient de la Famille Royale : j'ai trop bon
» cœur et trop de reconnaissance pour l'oublier jamais. Le
» feu Roi, par une sorte de pressentiment, me força d'ac-
» cepter mille objets précieux, avant de m'éloigner de sa
» personne. J'ai eu l'honneur de vous offrir ce trésor, du
» temps des Notables; je vous l'offre encore, Madame, avec
» empressement et toute sincérité : vous avez tant de dépenses
» à soutenir, et des bienfaits sans nombre à répandre. Per-
» mettez, je vous en conjure, que je rende à César ce qui ap-
» partient à César.

» De Votre Majesté

» La très-fidèle et soumise servante et sujette

» Comtesse Du Barry. »

La Reine, toujours grande et magnanime, n'accepta point
ce trésor, offert pour la seconde fois; et ce trésor, enfoui
dans les jardins de Luciennes, en présence de deux serviteurs
cupides et barbares, causa la mort de la comtesse du
Barry (1).

---

(1) L'abbé Delille a mal interprété ces mots suppliants de la victime :
*Monsieur le bourreau, encore quelques minutes; quelques minutes,
je vous en supplie.* En voici la fidèle explication : D'après le conseil de

N°. XII.

LA GARDE ROYALE BRISSAC.

CET ouvrage serait incomplet à mes propres yeux, si je le
terminais, sans avoir payé le tribut de la reconnaissance et
de la douleur, à ce Corps illustre qui voulut sauver le trône,
et dont tous les chefs s'immolèrent pour la Reine et pour
nos Bourbons, au mois d'août 1792.

Marie-Antoinette et son epoux choisirent le duc de Brissac
pour être le chef de leur garde constitutionnelle : ce seigneur
possédait toutes les qualités et tout le talent qu'exigeait, à
cette époque, un si difficile emploi. A la physionomie la plus

---

son avocat, Madame du Barry, condamnée à mort, et voyant, par les
débats du procès, que deux de ses gens l'avaient perdue, afin de s'appro-
prier son trésor, écrivit au comité de sûreté générale, pour offrir une
révélation. Elie Lacoste et Vadier se transportèrent auprès d'elle. « Mes-
» sieurs, leur dit-elle, accordez-moi la vie, avec la liberté de quitter la
» France, et je vais donner à l'État mes diamans et mes joyaux, qui sont
» d'un grand prix ; tous ces objets seront ignorés et perdus, si vous me
» faites perdre la vie. » Les deux agens feignirent d'aller consulter la
Convention, sur un cas de cette importance. Après un délai suffisant, ils
reparurent à la Conciergerie, et dirent à la comtesse : *Tes offres sont
acceptées ; tu vivras, si le trésor existe aux lieux que tu vas indiquer.*
Elle l'indiqua. Les comités firent le pillage ; et on envoya la comtesse
mourir. Elle crut que le tribunal agissait par précipitation, ou par erreur :
de là venaient ses cris et ses gémissemens, sur toute la route.

noble et la plus expressive, il joignaît un air de bienveillance, et même de popularité. Son coup-d'œil devinait les caractères, sans les interroger ni les étourdir; il s'énonçait avec aisance; il savait commander à ses plaisirs, à ses ~~habitudes~~; il travaillait avec ordre et facilité.

Par ses soins et l'heureuse activité de ses collaborateurs (désignés d'avance), on fit de bons choix dans les régimens. Les administrateurs en chef des districts présentèrent aussi, de leur côté, des jeunes-gens restés étrangers à l'effervescence des idées nouvelles : la Reine, à la vue de cette légion, dévouée aux intérêts de son époux et du trône, versa des pleurs d'attendrissement.

La garde constitutionnelle venait remplacer les mousquetaires, les gardes-du-corps, et les gardes-françaises. Elle se composait de six cents hommes de cavalerie, et de douze cents fantassins.

Le service extérieur et celui des appartemens étaient faits par les officiers et les soldats des deux armes. Et quand la Reine ou le Roi sortaient dans Paris ou dans la campagne, les officiers des deux armes les accompagnaient, à cheval.

La portion du public, amie de la paix, vit avec plaisir, dans le nombre des officiers, MM. de Pont-l'Abbé, d'Hervilly, d'Atilly, de Damas, de Précy, de Charleval, de Falguerettes, d'Ezcourre, de Laroche-Jacquelin, d'Averton, de Beausset, d'Autichamp, de Chantereine.....

Dans les colonnes des simples soldats, on remarqua d'anciens mousquetaires, d'anciens gardes-du-corps, des officiers de la ligne, éloignés du service par l'odieuse persécution du nouveau serment. Plusieurs de nos émigrés rentrèrent, afin de soutenir le trône, pour ainsi dire, de leurs propres mains; le duc de Brissac les inscrivit comme simples gardes presque tous comme fantassins.

Le matériel de cette légion, toute monarchique, avait été formé par la prudence même et la discrétion. On avait appelé trois citoyens, choisis en chaque département dans les familles honnêtes et incorruptibles; trois militaires, choisis dans chaque corps de la ligne; et un grand nombre de *Volontaires*, des classes distinguées de la société, parmi lesquels on comptait deux Cossé-Brissac, des Rohan-Chabot, des Bérenger, des Lachapelle, des Brégeot, des Mouzures, des Vaubercey, des Vauz-le-Mont, et beaucoup d'autres noms aussi recommandables.

Le corps des officiers fut composé avec le même discernement, avec le même avantage.

Des colonels, des lieutenant-colonels, des majors, des commandans de place acceptèrent des grades subalternes; des officiers, depuis long-temps retirés du service, redemandèrent de l'activité; des officiers de la ligne la quittèrent pour des postes inférieurs et subordonnés, dans la garde-Brissac.

Enfin, le Roi y appela des officiers supérieurs de la Garde nationale parisienne, officiers dont l'attachement à sa personne et à sa famille, s'était fait distinguer en des circonstances délicates, et qui méritaient cette honorable distinction.

Parmi ces officiers, à jamais recommandables, on vit MM. Picquet, Robert, Coquelin, Roulleau, Parizot, Cazotte, etc.

A la création de ce corps, faite avec précipitation, puisque le danger le voulait ainsi, on n'avait point fixé le rapport de ses grades avec ceux des corps de la ligne; mais on n'ignorait pas que le Roi se proposait de statuer sur tous ces détails, au premier moment de calme; et M. de la Porte, son ministre, s'en occupait avec des lieutenans-généraux, de choix.

Ces avantages, recherchés par l'amour-propre, en des

temps de prospérité publique, n'étaient d'aucun prix dans les circonstances présentes. La garde Brissac servait la famille royale, par dévouement, par respect, par tendresse filiale : elle trouvait ses honneurs dans son objet.

D'aussi louables sentimens étaient ceux de l'immense *majorité* de la garde, mais puisque j'indique une *majorité*, je donne l'idée, en même temps, d'une minorité répréhensible. Oui, malgré tout le soin apporté dans le choix des simples gardes, « malgré la bassesse et la lâcheté qu'il y aura toujours » à prendre, sans y être forcé, les couleurs d'un parti que, » dans son cœur, on désapprouve (1) » , plusieurs individus, souillés d'inconduite, et traîtres à la monarchie et au Roi, s'étaient glissés dans cette admirable phalange. Leurs lectures journalières, leurs demi-propos, leurs fréquentations, les démasquèrent... Ils furent reconnus et remerciés. De ce nombre était Joachim Murat, venu d'un régiment de cavalerie, où sa tournure seule l'avait fait remarquer et choisir.

La belle tenue, l'excellent esprit de cette garde constitutionnelle, enflammèrent de dépit les novateurs et tous les ennemis de la cour. Aux spectacles, on siffla ses officiers, parce que le crêpe noué, de leur bras, se rapportait au décès de l'empereur Léopold, frère chéri de la Reine. Dans les cafés, sur les boulevards, on les accueillait par le chant du coq, parce que la tête du coq, symbole de la vigilance, décorait l'épée des gardes et des officiers.

L'audace des improbateurs n'étant abaissée ni contenue par un gouvernement de jour en jour plus craintif, les factieux en chef réclamèrent, d'abord, et puis ordonnèrent la dissolution de ce corps. Je l'ai dit plus haut : Louis XVI per-

---

(1) Expressions charmantes de M. d'Averton, à qui je les emprunte.

mit imprudemment que l'assemblée-législative lui fît cette violence : Louis seize reçut et sanctionna cet affront.

À cette faiblesse du Monarque, la Reine versa tant de
pleurs, que l'émail de ses yeux parut décoloré pendant plusieurs jours, et que ses larmes formèrent comme deux sillons
sur ses joues.

Larmes touchantes ! larmes précieuses ! vous fûtes appré-
ciées et, pour ainsi dire, recueillies par tous ces guerriers,
dignes d'un meilleur sort !

Lorsqu'on lut officiellement à la garde constitutionnelle,
l'ordonnance Royale qui prononçait, au bout de trois mois
d'existence, et son licenciement et sa dispersion, des pleurs
d'attendrissement furent le signal de l'obéissance, et des
larmes de désespoir coulèrent, bientôt, de tous les yeux. Plusieurs gardes, plusieurs officiers, voulurent briser leur front
contre les murailles ; ils déchirèrent leurs uniformes désho-
norés ; ils brisèrent leurs épées, devenues inutiles.

L'ordonnance du 30 mai 1792, relative au licenciement
de la garde est un monument qui éternisera la gloire de cette
légion. Le Roi s'y exprimait en ces termes :

« Sa Majesté, voulant donner à sadite garde une preuve
» de son affection et de la satisfaction qu'Elle a de son ser-
» vice, continue les appointemens et solde à tous les offi-
» ciers, sous-officiers et gardes, et à tout ce qui compose l'é-
» tat-major, jusqu'à ce qu'Elle ait fait connaître ses intentions
» ultérieures à cet égard : Et, néanmoins, leur accorde des
» congés, pour se retirer où bon leur semblera. »

Louis XVI, en s'exprimant avec cette bonté, voulait calmer et consoler des ames trop vivement affectées : il ne prévoyait pas que ces expressions publiques de bienveillance at-
tireraient sur la tête de ses gardes, et la proscription et la mort.

La cour savait que le soupçon *d'aristocratie et d'incivisme*

avait amené la haine publique sur ce corps militaire. La
Reine désira que, par sa conduite ultérieure, la garde licenciée ne justifiât pas une si funeste accusation. En conséquence, on fit dire à chaque individu que la famille royale les
suppliait de ne pas sortir du royaume, et de suspendre, au
moins, tout projet d'émigration.

Le 20 juin a vu la fidélité de cette garde généreuse. Le 10
août la retrouva, pour ainsi dire, à son poste ; et les Marseillais le savaient très-bien ; mais il n'y eut ni chefs, ni gouvernement, ces deux jours-là.

Mes lecteurs retrouveront ici, avec attendrissement, les
noms de ceux de MM. les officiers qui perdirent la vie, ou qui se
sont le plus particulièrement distingués, en défendant la cause
de la royauté, la cause de l'honneur et de la véritable Patrie.

. Messieurs,

Le duc de Cossé-Brissac, général commandant, assassiné
à Versailles le 7 septembre 1792.

Le chevalier d'Escourre, premier aide-de-camp de M. de
Brissac ; guillotiné en 1793.

Le chevalier de Maussabré, deuxième aide-de-camp, assassiné à l'Abbaye, aux 2 et 3 septembre.

Le chevalier de Damas, troisième aide-de-camp, guillotiné
en 1793.

Le comte d'Hervilly, maréchal-de-camp de la cavalerie,
mort des blessures reçues à Quiberon.

Le baron de Pont-L'Abbé, maréchal-de-camp de l'infanterie, mort à l'étranger.

Chantereine, colonel, s'est tué à l'Abbaye, en disant :
Point de Roi, point de Chantereine.

Bourgeois, colonel, s'est tué.

Marguerie, colonel, guillotiné en 1793.

GARSAUT, colonel, s'est tué.

CHARLEVAL, lieutenant-colonel, guillotiné en 1793.

NOIRMONT, capitaine, assassiné à l'Abbaye, aux 2 ou 3 sept.

VILLERS, capitaine, tué le 10 août par des soldats d'un corps qu'il avait commandé.

LACHAPELLE, capitaine d'abord au siége de Lyon, puis tué à Quiberon.

PUTHAUD, capitaine, tué le 10 août.

CARTEJA, capitaine, tué le 10 août, aux appartemens de la Reine.

RIGNAC, capitaine, guillotiné en 1793.

BEAUSSET, capitaine, guillotiné en 1793.

MONTMARIN, aide-major à l'armée de Condé.

SOMBREUIL, capitaine, guillotiné avec son père, en 1793.

D'HUDEBERT, lieutenant, mort à Quiberon.

CLAUDE, lieutenant, assassiné à Versailles, le 7 sept. 1793.

GAUDRECOURT, lieutenant, guillotiné en 1793.

LAROCHE-JACQUELIN, sous-lieutenant, tué général dans la Vendée.

BOISDEFRE, lieut.-colon., blessé grièvement à Quiberon.

EVRARD, quartier-maître de l'infanterie, guillotiné en 1794.

MORIN, trésorier, guil'otiné en 1794.

DE PRÉCY, lieutenant-colonel, a défendu Lyon.

D'AUTICHAMP, aide-major, a commandé dans la Vendée.

JUMILHAC, lieutenant-colonel, blessé à Quiberon.

DE LAVAUX, aide-major, blessé le 10 août.

DE VEAUX, capitaine, blessé le 10 août.

SAINT-DIDIER, capitaine, a fait la campagne de Quiberon.

SAINT-PRIEST, sous-lieutenant, guillotiné.

MALORTI, a fait la campagne de Quiberon.

VELCORT, sous-lieutenant,   *idem.*

LE CHARRON, aide-major,   *idem.*

DE LAUNOI, capitaine à l'armée des Princes.

NEUFCHAISE, lieutenant,   *idem.*

VAUBERCY, lieutenant,   *idem.*

LA TOURETTE, sous-lieutenant,   *idem.*

D'AVERTON, aide-major,   *idem.*

DE LORT, passé en Amérique.

VAUBERCEY, capitaine, passé en Amérique.

PICQUET, soutenait avec ses propres moyens, après le licenciement, ses gardes, à Paris.

ROBERT, a vécu à l'étranger pendant plusieurs années.

CAZOTTE. Son père fut guillotiné et tous ses biens vendus. Il était au 10 août, s'est sauvé de Quiberon.

PARISOT fit offrir à Madame ELISABETH le produit de sa vaisselle d'argent.

COQUELIN a été incarcéré pendant plus de douze mois.

ROULLEAU, capitaine, a sacrifié une partie de sa fortune pour la cause royale dans la Vendée; il a, aujourd'hui, le grade de lieutenant-colonel, en retraite.

N. B. La confiscation a dévoré les biens de presque tous ces officiers et de leurs familles.

N°. XIII.

LE TESTAMENT DE LA REINE,

RETROUVÉ CHEZ COURTOIS.

L<small>E</small> conventionnel Courtois fut chargé, comme on sait, de rédiger le fameux Rapport, relatif aux papiers entassés chez Robespierre. Et cela est si vrai, que le rapport dont il s'agit porte encore son nom.

Courtois, en sa qualité de Régicide, *employé pendant les cent jours*, fut condamné à la déportation. Il possédait un superbe château *national*, sur les bords de la Meuse. Il désirait, malgré tous ses crimes, finir sa vie, en paix, dans cet agréable domaine; il restitua le Testament de Marie-Antoinette, espérant que cette restitution tardive, et pour ainsi dire forcée, lui obtiendrait sa grâce et l'entier pardon.

Il est mort sur les terres étrangères. Sa fille unique a vendu, aussitôt, l'héritage onéreux dont je viens de parler; et elle s'est retirée à Châlons, petite et jolie ville de Champagne. En 1794, Courtois, imitant ses amis les Thermidoriens, s'empara, chez Robespierre guillotiné, de tous les effets et papiers secrets qui furent à sa convenance. Le Testament douloureux de Marie-Antoinette avait été *conservé* par Robespierre, qui se proposait de l'offrir, un jour, à la Fille de Louis XVI, en lui proposant la couronne, et sa main !.... O Providence impénétrable ! Deux régicides, guidés par leur égoïsme et leur intérêt, ont laissé vivre et nous ont transmis la noble justification de la Reine !!!

~~~~~~~~~~~~~~~~~~~~~~~~~~~~~~~~~~

N°. XIV.

PORTRAIT GÉNÉRAL DE LA REINE.

Marie-Antoinette avait une de ces figures plus frappan-
tes que régulières, et dont la physionomie et les grâces distinguées, constituent la véritable beauté. Ses grands yeux
bleus, à fleur de tête, laissaient voir tout son génie et son
esprit : esprit de discernement, et non pas d'ostentation, esprit de supériorité obligée, qui, chez les Souverains, est un
attribut d'état, comme chez les particuliers une parure. Son
nez, légèrement aquilin, n'était pas aussi prononcé que dans
les médailles. Son front, assez élevé, formait, dans son milieu, comme une division ou fossette, pour se dessiner un
peu carrément au-dessus des tempes, comme tous les fronts
des Princes Lorrains. Son col, par son élévation, favorisait le
port libre et majestueux de sa tête, et autorisait ces larges
nattes mouvantes et ces boucles parfumées, à quoi se prêtaient ses beaux cheveux. Ils étaient blonds; et donnèrent
naissance à la mode la plus durable qu'on ait vue en France,
et qu'aient adoptée les pays étrangers : long-temps, nous
n'aimâmes qu'une couleur, la couleur *cheveux à la Reine.*

La taille de Marie-Antoinette était la taille avantageuse des
femmes; son maintien lui prêtait quelque chose de théâtral.
Quoique la liberté de la vie privée eût, pour cette Princesse,
bien des charmes, elle tenait sa cour avec une admirable assi-

duité; et les princes étrangers, tous les voyageurs illustres se louaient de son accueil et du noble à-propos de ses discours. Musicienne consommée, sa voix et sa harpe savante, brillaient dans les concerts. La poésie française avait, pour son cœur, mille charmes: Elle la cultivait avec succès; et nous dûmes à sa protection et à sa noble générosité, la muse de Collin-d'Harleville, et le poëme éclatant des *Jardins*. Dans les bals, elle était le plus souvent spectatrice; elle y jouait son rôle quand il le fallait, mais alors elle marchait, plutôt qu'elle ne prenait part à la danse, laissant à quelques mouvemens de mesure, le soin de faire croire que la Reine de France dansait.

Avant les Etats-Généraux, le fond de son caractère était l'enjouement du bonheur et de la jeunesse; à dater de nos discussions politiques, elle perdit sa sérénité. Les libelles, les trahisons, les émeutes, les ingratitudes multipliées, agitèrent et bouleversèrent sa belle âme. Les injustices prodiguées au Roi le plus humain et le plus juste, brisèrent mille fois son cœur; les irrésolutions de ce Monarque la mirent au désespoir. Le séjour forcé de Paris, et la triste habitation des Tuileries, lui enlevèrent son embonpoint et sa fraîcheur: la Reine de France ne se plaignait pas, mais Marie-Antoinette fondait en larmes. Si la loi Salique ne l'avait pas condamnée à un grand titre sans puissance, elle avait assez d'activité pour se grossir un parti, assez d'éloquence pour électriser les siens et la multitude, assez de justesse dans l'esprit, pour rétablir ses Parlemens, se donner un Connétable; assez de probité pour récompenser tous les dévouemens, tous les services; assez de grandeur d'âme pour faire tête aux orages, pour enlever la victoire, pour consoler et ramener les vaincus.

Louis XIV, d'une taille élevée et majestueuse, d'une figure séduisante quoiqu'héroïque, d'une valeur qu'il transmettait

à tous ses soldats, commença par se faire adorer de ses peuples, et puis, régna (comme le Soleil son emblême), par la
nécessité même de son influence et de son éclat. Mais
Louis XIV ne pouvait convenir qu'à des Français : il fallait
à ce monarque une Noblesse imitatrice et chevaleresque, et
des sujets, admirateurs passionnés de ses faiblesses, de ses
travaux, de sa splendeur et de son pouvoir. En Angleterre,
Louis le Grand se serait trouvé à la gêne : il aurait souffert,
ou changé l'Etat. Marie-Antoinette avait quelque chose de
Louis XIV; mais, par son sexe même, elle ne pouvait se
passer de collaborateurs et d'appui. Sur le trône de France,
tous ses grands moyens furent inutiles; en Angleterre, elle
eût embelli et honoré le trône, comme Marie, ou comme
Elisabeth.

N°. XV.

EXHUMATION DE LA REINE.

Par ordre du Roi, et deux jours avant la cérémonie du 21 janvier 1815, M. de Barentin, chancelier de France, et M. le prince de Poix (Noailles), capitaine des gardes-du-corps, se transportèrent officiellement au cimetière de la Madeleine, faubourg Saint-Honoré, pour y procéder à l'exhumation des restes mortels du Roi Louis XVI et de la Reine Marie-Antoinette, son épouse. Ce cimetière, abandonné depuis l'année 1720, n'avait été rouvert qu'en 1793, pour recevoir les innombrables victimes du tribunal de sang. Abandonné de nouveau, après le supplice de Robespierre, il avait été vendu comme *propriété nationale ;* et un homme de bien (M. Descloseaux), s'en était rendu acquéreur, dans l'unique intention de le protéger. Ce triste enclos touchait à son habitation ; il l'avait planté d'arbres odoriférans et d'arbres allégoriques ; un vert gazon, mêlé de fleurs, recouvrait la terre applanie ; et, dans l'angle du nord, une petite croix de pierre indiquait la sépulture du bon Roi. Le corps de Louis XVI fut trouvé à dix pieds de profondeur ; celui de la Reine, à une profondeur moins considérable ; une couche fort épaisse de chaux pétrifiée, abritait le cercueil de cette Princesse, dont le corps, après vingt années, offrit encore des vestiges, qui frappèrent les spectateurs. M. de Barentin, âgé de plus de quatre-vingts ans, joignait ses mains et priait, à genoux sur une petite émine. Lorsque les fossoyeurs présentèrent un des bas, les jarretières élastiques et des cheveux de la Reine, le prince de Poix, tout en pleurs, poussa un cri, s'évanouit et tomba à la renverse. Placé à une croisée de la maison voisine, j'ai vu moi-même ce que je raconte ici; et je ne me suis fait la violence d'en être le témoin, qu'afin d'en parler plus surement dans mes Mémoires historiques.

Les débris, trouvés dans la fosse de la Reine, furent recueillis dans un cercueil de plomb, et transportés, avec le corps de Louis XVI, dans l'abbaye de Saint-Denis. Ces deux cercueils, marqués de leur plaque d'argent, occupent le fond du vaste caveau, consacré aux sépultures royales. On y a joint, successivement, les dépouilles mortelles de Madame Comtesse de Provence, de Madame Comtesse d'Artois, de Madame Adélaïde, de Madame Victoire, du vieux prince de Condé, et de l'infortuné Duc de Berry, tué à la fleur de son âge.

LE CRIME DU SEIZE OCTOBRE,

OU

LES FANTOMES DE MARLY,

ÉLÉGIE

DÉDIÉE AUX PRINCES DE L'EUROPE.

(1822.)

Vox quoquè per lucos vulgò exaudita silentes.
(VIRGILE.)

UNE vive clarté, semblable à une aurore boréale,
ayant paru, deux années de suite, sur les bois de
Marly, après la mort de la Reine, les habitans de ces
campagnes attristées se persuadèrent aisément que
l'Ame de leur Bienfaitrice venait leur demander des
prières.

Est-il vrai, répondez, Nymphes de ces vallées,
Est-il vrai que la Veuve et la Mère d'un Roi,
Sous les pompeux débris de vos sombres allées
Se montre et reparaît, sans y causer d'effroi?

Est-il vrai que le jour où sa tête charmante
Roula, parmi les cris de lâches assassins,
Est le jour que choisit son Ombre gémissante
Pour visiter ces lieux, et pleurer ses destins?

Les pasteurs, répandus sur vos monts solitaires,
Ont redit ce prodige aux voyageurs surpris...
Nymphes, admettez-moi dans vos sacrés mystères :
D'un auguste bienfait mes vers seront le prix.

Une Nymphe, à ces mots, soulevant le feuillage,
Me découvre un sentier, qu'elle indique à mes pas.
Elle fuit; et, de l'œil, me montre un sarcophage,
Où sont unis un sceptre et la faulx du trépas.

Sur ce marbre ignoré, des platanes antiques
Balancent une voûte impénétrable au jour;
Et des pâles jasmins les vapeurs balsamiques
Parfument cette enceinte et les bois d'alentour.

« Ami des morts, me crie une voix sépulcrale,
» Tes vœux sont exaucés. J'y consens. Tu verras
» Celle qui, toujours grande, et jamais inégale,
» Tandis que tout changeait, seule ne changea pas.

» Le mensonge inhumain poursuivit sa mémoire;
» Et lui dispute encor des cœurs mal affermis.
» Mais le Temps, qui sait tout, va livrer à l'Histoire
» Les noms et le secret de ses fiers ennemis.

» Non loin de ces gazons, que sa tombe décore,
» Et qui virent les jours de sa prospérité,
» La Reine apparaîtra. Mais l'aspect de l'aurore
» Dissipera soudain ce Fantome agité.

» Garde-toi de troubler, par un zèle coupable,
» Le doux recueillement qui plaît tant à son cœur.
» Garde-toi d'irriter une Ombre lamentable,
» Et d'appeler sur toi le regard du malheur. »

L'Oracle avait parlé. Tout-à-coup, des nuages
Lugubres et sanglans viennent frapper mes yeux.
J'entends, au loin, ce bruit précurseur des orages ;
Et la Nuit, de son crêpe, enveloppe les cieux.

L'aquilon, du couchant accourt avec furie ;
Les chênes des forêts s'agitent dans les airs.
La tempête mugit, s'étend, se multiplie ;
Et l'horizon s'allume aux feux de mille éclairs.

La foudre éclate, vole.... O Dieux ! votre puissance
Vient-elle anéantir un monde corrompu !....
Epargnez, s'il se peut, le toit de l'innocence,
Et l'humble mausolée offert à la vertu.

L'horizon s'éclaircit. La Lune décroissante
Réfléchit dans les eaux son front calme et serein ;
Et les oiseaux, trompés à sa lueur mourante,
S'apprêtent à chanter le retour du matin.

Minuit sonne. Au signal de l'airain pacifique,
Je sens mon cœur ému. Je frémis. J'aperçois
Comme un point lumineux, une clarté magique
S'avancer et grandir, venant du fond des bois.

Le Fantome, à pas lents, suit la verte colline.
Je distingue, bientôt, son regard, ses attraits.
Je vois, je reconnais cette fierté divine,
Et cette grâce, enfin, le plus beau de ses traits.

Antoinette, à la fleur de sa jeunesse aimable,
Brillait, comme Cypris, au milieu de sa cour :
Sa beauté, maintenant, est douce, inconsolable,
Commande le respect, et dédaigne l'amour.

Mais, quel objet, d'abord, échappait à ma vue !
Quel est ce jeune enfant, qui marche à ses côtés ?
Ses charmes, sa langueur, sa figure ingénue,
Tout révèle un grand Nom, et des adversités.

La Reine le soutient, d'une main caressante.
Comme elle il est vêtu des ornemens du deuil !
Cet Enfant serait-il la Victime étonnante
Que réclame à la fois le monde et le cercueil?...

C'est lui-même. Ecoutons parler sa noble Mère ;
Ecoutons les accens de sa touchante voix :
» O déplorable fils d'un trop malheureux Père !
» Sa mort, son échafaud vous mit au rang des Rois.

» Votre règne orageux a passé comme l'ombre ;
» Vous n'avez succédé qu'à nos cruels revers.
» Et, tué lentement dans un dédale sombre,
» Vous avez disparu de ce triste Univers.

» Semblable à ces soleils que l'automne brumeuse
» Sous un ciel obscurci laisse à peine entrevoir,
» Et qui, bientôt, rendus à la nuit ténébreuse,
» Faibles dès le matin, meurent avant le soir.

» Dans les cachots, témoins de ma longue souffrance,
» Je formais votre cœur, j'aidais votre raison ;
» Je vous disais souvent :« Pour régner sur la France,
Soyez prudent, mon fils ; et, surtout, soyez bon.

27

» Lorsque vous penserez à ce séjour d'alarmes.,
» Pleurez sur nos douleurs, et ne les vengez pas.
» Nourri dans l'amertume, arrosé de nos larmes ,
» Que la seule clémence ait pour vous des appas.

» Le peuple, à nos bontés, un jour, rendant hommage ,
» Maudira les fureurs qui déchirent son sein.
» Et la France, attendrie en contemplant votre âge,
» Peut-être chérira son Monarque orphelin. «

» Mais de ces vains honneurs, qu'un abyme environne,
» Le ciel compâtissant voulut vous affranchir...
» Qui pourra souhaiter un sceptre, une couronne,
» Quand on saura les maux qu'ils nous ont fait souffrir !

» Aux plus noirs attentats je pouvais me soustraire ;
» Je pouvais m'élancer vers les Rois protecteurs.
» Mais, où porter mes pas !.... J'étais épouse et mère :
» Je ne pus séparer mon sort de vos malheurs.

» Loin de vous, de ma fille, et d'une sœur chérie,
» Condamnée à répondre à des juges pervers,
» On me vit abaissée, et non pas avilie :
» Reine jusqu'à la fin, j'étonnai l'Univers.

» La victime, autrefois, donnée en sacrifice,
» Couverte de festons, arrivait aux autels. ..
» La fille des Césars est traînée au supplice
» Sous l'habit, sur le char des plus vils criminels ! !

» O Thérèse, ô ma Mère, ô Reine magnanime !
» Tu connus , comme moi, les caprices du sort.
» Mais, défiant, du moins, la fortune et le crime,
» Tu sus les désarmer en affrontant la mort.

» Je voulus, comme toi, la braver. Ma constance
» Pouvait sauver ce trône, où me plaça ta main.
» J'avais ta fermeté.... Je n'eus pas ta puissance !...
» Et nous avons subi les arrêts du Destin ! »

A ces mots douloureux, la plaintive Amazone
Se penche vers son fils, le presse sur son cœur,
De ses voiles flottans le couvre, l'environne,
Et des soins maternels fait encor son bonheur.

S'éloignant de ces bords, jadis si magnifiques,
De ces jardins, aimés des peuples et des rois,
Antoinette et son fils, spectres mélancoliques,
S'élèvent lentement sur la cîme des bois.

Leur route, dans les airs trace un long météore.
Le plus doux des parfums les précède et les suit.
Ils voudraient s'arrêter.... Mais la naissante aurore
Est pour eux le signal de l'éternelle nuit.

Prospectus

DE LA SOUSCRIPTION

POUR

le Portrait en pied de la Reine;

SUIVI

DES Iere., 2e. ET 3e. LISTES,

PRÉSENTÉES

AU ROI ET A LA FAMILLE ROYALE,

LE 15 MAI 1824.

———◦◦◦◦◦———

La France et l'Europe vont enfin posséder un beau portrait de MARIE-ANTOINETTE, Archiduchesse d'Autriche, Reine de France et de Navarre.

On a retrouvé, comme par miracle, dans un vaste dépôt du vieux Louvre, un magnifique portrait de cette infortunée Princesse, où sa ressemblance est si parfaite, qu'elle produit une émotion d'étonnement et de douleur sur l'âme de tous ceux qui l'ont connue et admirée. Dans ce tableau, traité avec beaucoup de soin, la Reine est représentée en grand costume de cour et en manteau royal. Sa couronne de diamans est auprès d'elle; ses pieds foulent un riche tapis. Son maintien, véritablement royal, rappelle ces mots du poëte : *Et vera incessu patuit Dea.* Ses belles mains, les plus belles que les artistes aient jamais copiées, se voient là dans toute leur per fection. Sa coiffure est élégante et gracieuse : telle, en un mot, que nous l'avons vue nous-mêmes, il y a trente ans, et non telle qu'on la vit dans le grand portrait par Madame Lebrun, exposé au Louvre, en tapisserie des Gobelins.

Le tableau, que nous venons de décrire, et que l'on attribue à Rossline le Suédois, va être gravé en taille-douce par M. Roger, auteur de l'*Attala*, des *Allégories de l'Amour* (de feu Prudhon), et l'un des artistes les plus marquans de l'époque actuelle. La gravure de ce portrait aura les mêmes proportions que celle du portrait de Louis XVI, par feu Berwic. Le public la paiera 60 fr., et les *Souscripteurs* 35 fr., dont 18 fr. comptés d'avance. Les épreuves, *avant la lettre*, seront pour eux de 120 fr., dont moitié en s'inscrivant.

S'adresser, franc de port, à M. Mondor, directeur des *Annales françaises*, rue de Vendôme, n° 12; ou à M. Morand, Notaire de la Souscription, rue Meslée, à Paris.

La gravure paraîtra dans le courant de 1824. La liste des Souscripteurs est publiée, tous les trois mois, par la voie des Journaux, et de plus elle accompagnera chaque épreuve de la Souscription. Les Journaux mettent l'empressement le plus louable à la faire connaître.

***

M. Morand, Notaire de la Souscription, n'a pas attendu l'effet de ce *Prospectus*, pour favoriser de tous ses moyens une si coûteuse et si louable entreprise. Il a noblement ouvert sa caisse à nos Artistes, et leur a dit : *Commencez*. (Note de l'Auteur.)

PREMIÈRE LISTE DES SOUSCRIPTEURS.

S. M. l'Empereur d'Autriche. Avant la lettre.
S. M. le Roi de Prusse. Av. l.
S. M. la Reine de Portugal. Av. l.
S. A. R. Mgr. Duc d'Angoulême. Av. l.

S. A. R. Madame, Duchesse d'Angoulême. Av. l.

S. A. R. madame la duchesse d'Orléans. Av. l.

S. A. R. le grand-duc de Toscane. Av. l.

M. le marquis de Bourbon-Conty. Av. l.

M. le chevalier de Bourbon-Conty. Av. l.

Madame la princesse Constance de Salm.

M. le comte de Forbin. Av. l.

M. Chauveau-Lagarde, av. aux Cons., déf. de la Reine.

M. Lafont d'Aussonne, historien de la Reine.

Me. Morand, notaire à Paris.

M. Mondor, directeur des Annales Françaises.

M. Michaud de Villette, éditeur de la Biographie universelle.

M. Duff, ancien officier des gardes de S. M. le Roi d'Angleterre.

M. Pasquier, secrétaire des command. de la feue Reine.

M. de Piessac, chef d'escad. aux lanciers de la Garde royale.

M. le marquis de Laurière, au château de Plansy.

M. l'abbé Enard, aumônier de la Chambre des Députés.

M. le comte de la Boessière Chambors, lieut.-général, gentilhomme d'honneur de S. A. R. Monsieur.

Madame Dubourg, vicomtesse de Berthier-Bisy.

M. le comte d'Oilliamson, lieuten.-général, commandeur de Saint-Louis, à Falaise. Av. l.

MM. les Questeurs de la Chambre des Députés. Av. l.

M. le chevalier Druon, biblioth. de la Ch. des Dép. Av. l.

M. Mailhat, chef d'institution, à Paris.

M. Puget, l'aîné, à Paris. Av. l.

M. Baron, ancien magistrat, à Paris.

M. François-Auguste de Vasserot de Vinci, ancien colonel, chevalier du mérite militaire; en Suisse.

M. F. Marie, imprimeur-libraire, à Rouen. Av. l.

Mlle. de Verthamont, à Saint-Germain-en-Laye.

M. le comte de Durfort, génér. comm. l'École de S.-Cyr.

Madame veuve Craufurd. Av. l.

S. Exc. M. le comte de Peyronnet, garde des sceaux, ministre secrétaire-d'État de la justice.

M. le comte de Coutard, command. la 1re divis. milit.

M. le prince de Talleyrand-Périgord, grand chambellan. Av. l.

M. le vicomte D'Hardouineau, maréchal de camp.

Madame la comtesse de Groslier.

M. Soulié, homme de Lettres, réd. de la Quotidienne.

M. Destains, homme de Lett., réd. de la Gaz. de France.

S. Exc. M. le vicomte de Chateaubriant, ministre secrétaire d'État des affaires étrangères. Av. l.

M. le vicomte D'Audifred, directeur des octrois à Paris.

M. le comte de Lespinasse-Langeac.

M. Hermann, cons. d'Etat. Av. l.

M. Mignoneau, chevalier de Saint-Louis. Av. l.

M. Eisemann, à Paris.

M. Becquey, cons. d'État, direct.-gén. des ponts et chaus.

M. Mutin, homme de Lettres. Av. l.

M. Delavau, conseiller d'État, préfet de police.

M. Marc, ancien négociant, à Paris.

M. le marquis de Latour-Maubourg, gouv. de Invalides.

M. Forestier, à Paris.

M. Pitou, libraire, à Paris.

M. le comte de Chabrol, préf. de la Seine. Av. l.

M. le baron Trouvé, ancien préf., imprim.-lib., à Paris.

M. le baron de Tannoy de Watteau, directeur de la ferme du Roi, à Rambouillet.

M. de Courvoisier, procureur-général, à Lyon.

M. DE VANSSAY, préfet de la Seine-Infér.

M. BOSSANGE, père, libraire, à Paris.

M. COSTER-VALAYER, ancien receveur-gén. du Domaine.

M. le chevalier ROULLEAU, lieut.–colonel, ancien capitaine de la garde à cheval de Louis XVI.

M. le chev. DE LA RIVIÈRE, ancien command^r. de Malte.

M. le vicomte de MESSEY, lieut-gén. com^r. de S.–Louis.

SECONDE LISTE.

S. A. R. Madame, Duchesse de BERRY. Av. l.

S. A. R. Mgr. Duc de BORDEAUX. Av. l.

S. A. R. MADEMOISELLE d'Artois.

S. M. le Roi des Espagnes et des Indes. Av. l.

S. M. la Reine des Espagnes et des Indes. Av. l.

S. A. R. l'Infant de Portugal, Don Michel. Av. l.

S. A. R. le Duc d'YORCK. Av. l.

M. REGNAULT, ancien maire de Lésigny–Penthièvre.

M. le baron DELAGNY, maire de Laferté-sous-Jouare.

Madame la comtesse DE COURWAY, à Paris.

M. François Frédéric, duc DE LA ROCHEFOUCAULD.

M. le baron DE THORENC, colonel des Dragons de Malthe.

M. ROUSSET, employé à l'adm. des Impôts Indirects.

M. CHABOUILLÉ, architecte, à Paris.

M. le comte DE SAINT-CRICQ, conseiller d'Etat.

M. BRAUN, étudiant en droit, à Paris.

M. MILLOT, brig. des Gard.-du-Corps, comp. de Luxembourg.

M. le comte DESÈZE, déf. de LOUIS XVI, pair de France, premier président de la Cour de cassation, trésorier de l'Ordre du Saint-Esprit.

M. Joseph DE TERVES, ancien page de Louis XVI, à Angers.

Mlle. DE VILLOUTREYX, à Angers.

M. ALLARD, maire de St.-Mandé, près Paris.

M. le baron DESTOUCHES, préfet de Seine-et-Oise, à Versailles.

M. DE SAINT-PAUL, avocat, agent d'affaires de S. A. R. *Monsieur*.

M. DUSSAULT, à la Réole, (Gironde).

Madame la marquise de TOURZEL, née de Pons. Av. l.

M. D'HÉLIE, économe du Collége royal, à Bordeaux.

M. le comte FERRAND, ministre d'Etat, pair de France.

Le Ministère de la Marine et des Colonies.

S. Exc. M. le marquis de CLERMONT-TONNERRE, ministre de la Marine.

M. BALTAZARD-NORÈS, secr.-gén. des gr. Ec. du Roi.

M. le comte de NANTOUILLET, pr. gentilh. de Mgr. le duc de BORDEAUX.

M. LEFEBVRE, secrét. de la Ch. de Mgr. le duc de BORDEAUX.

M. REY, docteur en médecine et accoucheur, à Paris.

M. CUCHETET, commiss.-général des Maisons de S. A. R. Madame la duchesse de BERRY, et des Enfans de France.

Madame Athénaïs DE BOURGJOLLY, à Paris.

M. le comte DE VILLENEUVE, maître des Requêtes, Préfet des Bouches-du-Rhône.

M. Hyppolite TILLIARD, imprimeur-libraire, à Paris.

M. DRAPIER, principal clerc de Notaire, id.

M. ROBERT, lieut. col. de cav., anc. cap. de la garde à ch. de Louis XVI.

Madame la duchesse de TOURZEL, née D'HAVRÉ.

Madame la comtesse DE BÉARN, née de TOURZEL.

S. Em. le Cardinal de BEAUSSET.

M. de la BRUNIÈRE, évêque de Mende.

M. Le comte Alexandre de LAROCHEFOUCAULD.

M. HARLET, recev. aux décl. à la Douane de Dunkerque.

M. le Maire de Dunkerque, pour la ville.

M. BENIT, libraire, à Verdun.

M. de COET-DUVIVIER-DE-LORRY, officier des gardes-du-corps de Louis XVI.

M. le vicomte de PREISSAC, à Rabastens (Tarn).

M. le chevalier de BLUMENSTEIN, maire de Lezoux, (Puy-de-Dôme).

M. MONDOR, huis. près le trib. de Jonsac, (Charente-Inf.)

M. JOSSE, percep. des contr. dir., à Pont-Sainte-Maxence.

TROISIÈME LISTE.

Sa Hautesse l'Empereur de Constantinople.

S. M. le Roi de France. Av. l.

S. M. le Roi de Naples et de Sicile. Av. l.

S. M. le Roi de Danemark. *id.* Av. l.

S. M. le Roi de Sardaigne. *id.* Av. l.

S. M. le Colonel GUSTAVE, ancien Roi de Suède.

S. A. R. le Prince, son fils.

S. A. R. Monseigneur Comte D'ARTOIS. Av. l.

S. A. S. le Prince DE CONDÉ. Av. l.

La ville d'Amiens. Av l.

M. le duc DE GRAMMONT, capitaine des gardes.

S. Exc. M. le baron DE DAMAS, ministre de la guerre. Av. I.

La ville de Metz. Av. l.

M. l'évêque d'Autun.

M. Hocquart, à Dijon.

M. le comte de Gontaut.

M. le marquis de Caraman, pair de France.

Mme. la duchesse de Rohan.

M. le secrétaire des commandemens de S. A. R. Mme. la duchesse de Berry. Av. l.

M. Henry, à Paris.

M. Camuzet. id.

M. Langlacé, notaire honoraire. id.

M. le chevalier de Suze. id.

M. Chédeville, avoué. id.

M. Gibé, propriétaire. id.

M. Gihaut, marchand d'estampes.

M. Remoissenet, marchand d'est.

M. Bénard, marchand d'est.

MM. Billard et Gacquerel, à Paris.

M. Périé, peintre. id.

M. Fleuriat. id.

M. Chevalier, avocat. id.

M. Péant-de-Saint-Gilles, notaire. Av. l.

M. Chevrier, propriétaire, à Paris.

M. de Solirène.

M. le marquis de Lally-Tolendal, pair de France, ministre d'Etat.

M. le baron d'Etchegoyen. Av. l.

M. le marquis de Bonnay.

M. le baron d'Arion, maire de Niviliers.

M. Coupé, graveur, à Paris.

S. Exc. M. le maréchal marquis de Lauriston, ministre de la maison du Roi.

M. de Valory, receveur-général de la Marne.

M. de Fontenay, garde-du-corps du Roi.

M. Favel, receveur-général de l'Ain.

M. de Morgan, garde-du-corps du Roi.

M. le chevalier de la Salette, maréchal-des-logis des gardes-du-corps.

M. le chevalier Dupont, chirurgien-major des gardes-du-corps.

M. de la Renity, maître des requêtes.

M. le comte d'Alonville, préfet du Puy-de-Dôme.

M. le comte de Puységur, préfet des Landes.

M. le baron de Montureux, préfet de l'Ardèche.

M. le vicomte de Rézé.

M. Pepin-Lehalleur, négociant, à Paris.

M. le baron de Privesac.

M. Sentex, fils, bibliothécaire de la ville d'Auch.

M. le marquis de Mons de Dunes.

M. Morel, à Avignon.

M. le baron de Veauce.

Mme. veuve Chibourt, à Paris.

M. Daulion commandant l'école royale de la Flèche.

Mme. la marq. du Mesnil, née de Bavière-Deux-Ponts.

M. le vicomte Héricart de Thury, conseiller d'état.

M. Roger de Villiers, à Paris.

M. Beaurcemil. *id.*

M. Vandermusch-Van-Merris, à Bailleul.

M. Chédeville de Lamaury, trésorier des gardes-du-corps, compagnie de Grammont.

M. Trouvin, négociant, à Paris.

M. Louis-Charles Mouroult, propriétaire. *id.*

M. Hébray, propriétaire. *id.*

M. Dublanc, aîné, pharmacien. *id.*

M. Denailly, commissaire-priseur. *id.*

M. le chevalier d'Engente.

Madame la duchesse de BEAUMONT-LUXEMBOURG.

M. le chev. de MONTUEL, inspecteur des postes, à Montpellier.

M. GAGNON, directeur des postes, à Perpignan.

M. GAY, à Bordeaux.

M. DE SURVILLE, à Nîmes.

M. Louis DU DEVANT, négociant à Bordeaux.

M. DU CHASTEL, anc. Député, à Troyes.

M. le baron Auguste PÉTIÉT.

M. Louis RABOU, substitut du procureur du Roi, à Semur.

La ville de Bayonne.

M. SÉDILLOT, propriétaire, à Paris.

M. le baron RICHARD D'AUBIGNY.

M. BLANC, architecte, à Montpellier.

M. GIRARD, libraire, à Besançon.

M. Charles REPOUX, chev. de Saint-Louis, ancien officier de cavalerie, à Autun.

M. HUBERT, propriétaire, à Paris.

M. le comte DE RECHTERÉN.

M. Henri-Charles DUGON, à Autun.

Nota. Les Listes sont publiées successivement dans le *Moniteur universel* et distribuées avec le Prospectus; on les trouve chez MM. Morand et Mondor.

———

TABLE GÉNÉRALE.

        FIN DE LA-TABLE DES MATIÈRES.

Printed in Great Britain
by Amazon.co.uk, Ltd.,
Marston Gate.